Florian Pa

Tarot de Marseille

Guide de l'utilisateur

Éditions TrajectoirE

L'éditeur remercie la société France Cartes de l'avoir autorisé à reproduire, dans cet ouvrage, les lames du Tarot de Marseille de Grimaud.

ISBN 978-2-84197-652-2

Une marque du groupe éditorial PIKTOS
355, rue de la Montagne Noire – 31750 Escalquens

www.editions-trajectoire.fr

À ma mère, Marie-Claude, pour l'incroyable combat qu'elle mène contre la sclérose en plaques depuis plus de quarante ans.

AU FIL DU TEMPS...

L'origine du Tarot de Marseille a de tout temps intrigué les praticiens des arts divinatoires au même titre que les historiens. Ce fabuleux jeu de tarot aux motifs moyenâgeux a su traverser les siècles, les civilisations et les cultures sans jamais perdre ni son identité ni son message originel. Décliné dans de nombreuses versions plus ou moins colorées au fil de son histoire, le Tarot de Marseille demeure encore aujourd'hui un outil divinatoire unique en son genre. Alors que son iconographie médiévale varie sensiblement selon les influences culturelles, les images allégoriques auxquelles il fait référence renferment la même symbolique universelle. S'il est de notoriété publique que le Tarot de Marseille n'a pas pris une seule ride, qu'en est-il alors de son « big bang » ?

Tandis que sa traçabilité continue de faire polémique parmi les historiens, et que personne ne sait dater avec précision son origine, on peut néanmoins, preuves à l'appui, dégager plusieurs pistes sérieuses. Il est admis que le Tarot naquit avec l'avènement de l'imprimerie au XVe siècle et notamment avec le développement de la xylographie. Selon les historiens, il serait né il y a près de 500 ans et remonterait donc en théorie à l'époque de la Renaissance. Si les jeux de tarots européens se sont inspirés des cartes à jouer des mamelouks islamiques desquelles ils seraient de lointains cousins, le Tarot serait véritablement apparu en Lombardie au XVe siècle vers 1420 avant de franchir la frontière française au XVIe siècle dans la région de Lyon. L'iconographie du Tarot de Marseille qui aurait été élaboré par les imagiers du Moyen Âge fait écho au célèbre Tarot de Visconti, qui était alors utilisé en Italie du Nord au sein de la noblesse. La numérotation romaine ne fait nul doute sur ses origines italiennes.

À vrai dire, le Tarot dit « de Marseille » est révélé par Nicolas Conver en 1760 dans la cité phocéenne. À l'époque, les maîtres cartiers l'impriment sur son actuel support cartonné. On y retrouva des représentations, certes grossières, mais fidèles en tout point à sa version actuelle. C'est par ailleurs à cette même époque que le Tarot se détourne de son rôle premier pour être utilisé exclusivement à des fins divinatoires. On entre alors dans l'ère de la taromancie. L'idée selon laquelle le Tarot de Marseille serait le monopole de la cité phocéenne fait encore aujourd'hui florès parmi certains utilisateurs aguerris. Bien que l'origine du tarot remonte très probablement à des temps immémoriaux, bien plus lointains que nous l'imaginons, le plus ancien jeu de tarot français conservé à ce jour demeure celui de Catelin Geoffroy paru en 1557.

INTRODUCTION

Les 22 arcanes majeurs forment la moelle épinière du Tarot de Marseille ; chaque arcane fait partie intégrante de son ADN. À l'instar de l'alphabet qu'il nous convient de maîtriser pour parler couramment, il appartient à qui veut apprendre le Tarot de Marseille de commencer à décrypter ses 22 précieuses de manière à accéder aux messages ancestraux que renferme ce magnifique support divinatoire.

Afin de faciliter l'assimilation de ces 22 arcanes par le néophyte, j'ai pris soin de dresser leurs portraits-robots sous forme de fiches signalétiques. À cette occasion, j'y étudie notamment leurs univers professionnels, leurs comptes en banques, leurs amours et leur santé en y reprenant les mots-clés à la fin de chaque rubrique.

J'encourage l'apprenti à commencer l'étude des arcanes majeurs dans l'ordre qui lui convient en fonction de ses besoins et de ses affinités. Inutile de vouloir tous les apprendre par cœur, seule la pratique assidue des tirages permettra de les maîtriser au fil du temps. En effet, s'il me semble certes fondamental de pouvoir décoder les secrets sous-jacents à chaque lame, il n'en demeure pas moins que seule l'alchimie des 22 arcanes majeurs au contact les uns des autres permet de révéler toute la richesse divinatoire de ce bel outil qu'est le Tarot de Marseille.

Grâce au vécu de mes consultations privées et aux retours d'expériences issus des ateliers que j'anime sur Paris, je me suis vite aperçu que le succès d'une bonne interprétation repose principalement sur le visuel. En effet, la contemplation des lames de tarot active notre subconscient et déclenche le phénomène de la clairvoyance. Balayez vos tirages de tarot du regard et laissez vos ressentis et votre intuition vous parler. Aussi simpliste que cela puisse paraître, je dirais que pour voir, il suffit de regarder, d'observer... Lire le tarot revient à lire une bande dessinée, la trame de l'histoire se tisse au fur et à mesure que vous progressez dans votre lecture. Chaque arcane vit, existe et exprime sa quintessence au travers de son graphisme. Les images allégoriques qui sont dépeintes sur les lames de tarot retracent des scènes de la vie courante ; elles symbolisent les malheurs et les bonheurs qui égrainent la vie de tout être humain.

Admirez le Tarot comme vous le feriez d'un tableau de maître. Prenez le temps de vous imprégner des images... Le film de votre vie se déroule peut-être sous vos yeux !

CHAPITRE I

Portrait-robot des 22 arcanes majeurs

LE BATELEUR

FICHE SIGNALÉTIQUE

SA PHOTO. Schématisé par un jeune homme blond coiffé d'un large chapeau en forme de huit, le Bateleur se tient debout, une baguette à la main, devant une table garnie de multiples objets (un couteau, des dés, une besace, des pièces de monnaie...). La scène se déroule en extérieur, comme le suggère la végétation environnante.

SON PROFIL. Symbole de fraîcheur et de jeunesse, le Bateleur incarne la naissance, l'origine des choses. Il est tantôt le nouveau-né qui découvre le monde dans lequel il vient d'être parachuté, tantôt le jeune homme qui débute dans la vie et dont les possibilités sont infinies (en référence au chapeau qui fait écho à la lemniscate, le symbole de l'infini en mathématique). Ce jeune personnage, habile de ses mains, va devoir utiliser tous les outils mis à sa disposition afin de construire son avenir.

Notre Bateleur matérialise donc un nouveau départ dans la vie ; il incarne volontiers un jeune homme possédant plusieurs cordes à son arc. Selon les tarots, notre Bateleur aura souvent changé d'identité au fil des siècles. Ainsi, il s'appellera indifféremment « Mage » ou « Sorcier », du fait qu'on lui prête volontiers des talents de magicien et d'illusionniste.

SES FORCES. Sa jeunesse, son dynamisme, sa fougue, son esprit d'initiative, son besoin d'action, sa polyvalence, son adresse, sa dextérité, sa ruse.

SES FAIBLESSES. Sa crédulité, sa fourberie, son immaturité, son manque d'expérience, son jeune âge.

SON ÂGE. Selon le contexte, le Bateleur représente un nourrisson ou un enfant en bas âge (0 à 4 ans maximum), voire un adolescent. C'est fréquemment le dernier de sa fratrie. En règle générale, il incarne un jeune homme de 20 à 30 ans maximum.

SON NUMÉRO D'IMMATRICULATION. Le 1. Ce chiffre symbolise le départ, l'initiation, le commencement de toute entreprise, de tout édifice matériel et immatériel. Le « 1 » est le seul chiffre qui demeure indivisible ; il est l'unité absolue.

SON UNIVERS PROFESSIONNEL

En règle générale, le Bateleur augure d'un nouveau départ ou d'une reprise d'activité. Vecteur de renouveau, il matérialise le lancement d'un projet, la création d'une start-up, le commencement d'un nouveau job. Sa présence dans un tirage annonce presque systématiquement le démarrage d'une activité ou un retour à l'emploi. Le Bateleur fait l'apologie de la valeur travail ; il est animé d'un dynamisme contagieux, et possède cet esprit d'initiative si cher aux jeunes entrepreneurs de notre pays. Il symbolise également les stages pratiques ainsi que les tutorats de tous ordres. Il représente, de surcroît, tous les emplois jeunes et les contrats d'apprentissage. En revanche, son manque de connaissances ou d'expérience ainsi que son impatience légendaire peuvent le desservir, des paramètres qu'il lui conviendra d'intégrer dans son évolution de carrière.

Le Bateleur est sans nul doute l'un des personnages les plus polyvalents du Tarot de Marseille. Le graphisme de la carte suggère d'emblée les métiers manuels tels les **artisans** et les **techniciens**... Le Bateleur, qui exhibe plusieurs marchandises sur la table devant lui, rappelle les vendeurs à la criée ; il endosse donc volontiers le rôle du **commerçant**, du **vendeur ambulant**, etc. Traditionnellement, le Bateleur incarne un joueur, il est le bouffon du roi. On le voit fréquemment comme un **magicien**, un **illusionniste** qui fait des tours de passe-passe (en référence aux dés sur la table et à la baguette qu'il tient dans la main). Le Bateleur représente également les **artistes** et les **créateurs** de tout horizon, à l'instar des **écrivains** (notamment aux abords de la Papesse). Enfin, la table évoque très nettement les métiers de bouche tels les **cuisiniers**, les **sommeliers**, les **serveurs**...

Bien aspecté. Nouveau job, mission bénéfique, start-up, auto-entrepreneur, apprentissage, stage positif, débuts prometteurs, reprise d'activité, période d'essai concluante.

Mal aspecté. Projet immature ou mal encadré, souci avec un jeune employé, stage mal vécu, manque de connaissances ou d'expérience préjudiciable, caractère emporté.

SON COMPTE EN BANQUE

Jeune et joueur par définition, le Bateleur n'est pas toujours sérieux dans la gestion de ses finances. Il est plus cigale que fourmi et a une nette tendance à vivre au jour le jour. Sa trésorerie est rarement à la une de son actualité. Il a le profil type d'un étudiant en colocation. Il dépense principalement son argent dans les loisirs et notamment dans les sorties entre ami(e)s. Il dispose souvent de faibles revenus si bien qu'il reste parfois à la charge des parents pendant plusieurs années. Il représente un livret jeune, un livret A ou un compte épargne jeune. En termes de dépenses *stricto sensu*, le Bateleur matérialise les frais relatifs aux enfants, notamment le budget consacré aux tout-petits. Dans certains cas, le Bateleur symbolise les dépenses liées à des menus travaux, et ce eu égard à la table qui évoque volontiers un établi.

Bien aspecté. Petit budget savamment géré, frais limités aux dépenses courantes, budget alloué aux enfants, prime de rentrée scolaire, argent issu de l'activité professionnelle, possession d'un livret, ouverture d'un plan épargne logement, fluctuations financières bien cadrées, système D.

Mal aspecté. Moyens financiers insuffisants, faibles revenus, dépenses excessives, épargne inexistante, petits découverts, dettes de jeu, sorties coûteuses, mauvaise gestion de son porte-monnaie, manque de sérieux.

SES AMOURS

Le Bateleur, c'est aussi l'histoire de ce jeune adolescent qui part à la conquête de son corps et qui découvre sa sexualité. Ce jeune éphèbe pense essentiellement à s'amuser et à faire la fête avec ses ami(e)s. Il est joueur et ne cherche pas réellement le sérieux d'une relation amoureuse stable. Il incarne la fougue de la jeunesse et collectionne les amourettes sans lendemain. Le Bateleur joue donc la carte de la séduction et papillonne volontiers au gré de ses envies. Il représente bien évidemment la rencontre d'un jeune homme et, très souvent, l'amorce d'une nouvelle histoire d'amour (notamment aux abords de l'arcane 6, l'Amoureux).

Bien aspecté. Relation naissante, renouveau affectif, rencontre d'un jeune homme, projet lié à un enfant.

Mal aspecté. Flirt, inconstance, frivolité, rencontre d'un coureur de jupons, d'un fêtard devant l'éternel, jeune amant volage.

SA SANTÉ

En règle générale, le Bateleur incarne un jeune homme en pleine santé. Traditionnellement, l'arcane est associé aux maladies infantiles et juvéniles. On le retrouve ainsi très souvent dans les pathologies liées aux boutons (acné, rougeole, oreillons, rubéole...). Plus communément, le Bateleur nous parle de migraines, de problèmes capillaires, mais aussi des méfaits du tabagisme eu égard au bâton qu'il tient dans sa main gauche et qui fait écho à la cigarette. Avec le Bateleur, il s'agit de passer des analyses médicales ou un test de santé quelconque, tel un dépistage... (La table et les objets qui y sont entreposés évoquent le plan de travail d'un laborantin.) Enfin, en présence de l'arcane sans nom, notre Bateleur parlera davantage de bloc opératoire et de chirurgie (les couteaux et la faux rappelant le scalpel du chirurgien).

Bien aspecté. Vigueur, vitalité à toute épreuve, bonne forme physique, petits examens de santé, tests de routine (dépistage...).

Mal aspecté. Maladies infantiles ou juvéniles, migraines, tabagisme (notamment au contact du Jugement), petite intervention chirurgicale (aux abords de l'arcane sans nom).

CONCLUSION

À l'origine du monde et de tous les projets qui se sont succédé depuis la création de l'univers, le Bateleur symbolise la naissance de l'humanité. À lui seul, il est une véritable invitation à entreprendre, à créer, à aller de l'avant. Son esprit d'initiative est son principal atout. En revanche, lorsqu'il est mal entouré, il dénote d'un cruel manque d'expérience, et nous enseigne à ne pas agir dans la précipitation ou sous le coup de l'impulsion.

Dans un tirage de tarot, quelle que soit la méthode utilisée, le Bateleur apporte une coloration positive au tirage, il le dynamise et lui insuffle son énergie de « jeune premier ».

LA PAPESSE

SA FICHE SIGNALÉTIQUE

SA PHOTO. Schématisée par une femme d'âge mûr vêtue d'une grande cape et coiffée d'une tiare pontificale, la Papesse est assise sur un trône dont le dossier est recouvert d'une voilure. Immobile, silencieuse, un livre sur les genoux, la Papesse est comme absorbée dans ses pensées.

SON PROFIL. Symbole de sagesse et de réflexion, la Papesse incarne le savoir et l'instruction. La tiare qui sort du cadre de la carte évoque un très haut degré de spiritualité, un lien avec l'au-delà, avec le sacré. Recouverte d'une grande robe et d'un voile, telle une religieuse, la Papesse symbolise fréquemment la religion arabo-musulmane, sa tenue vestimentaire faisant écho au port de la burqa. Traditionnellement, la Papesse représente ce qui est caché, l'occulte, les mystères de l'humanité. Ses connaissances encyclopédiques sont matérialisées par le livre qu'elle tient dans les mains, le grand livre des secrets (allusion à la Bible, à la Torah ou au Coran), dont elle est seule à connaître toute l'histoire. Il semble donc que le commun des mortels n'ait plus aucun secret pour elle. On associe communément la Papesse à l'enseignement et aux études, eu égard à ce manuscrit qui repose sur ses genoux.

SES FORCES. Sa discrétion, sa réserve naturelle, son expérience, ses connaissances, son instruction, son sens du devoir, sa bienveillance, son côté « mère poule ».

SES FAIBLESSES. Sa psychorigidité, sa sévérité, son intransigeance, sa médisance, son hypocrisie, son mysticisme, son sectarisme.

SON ÂGE. En règle générale, la Papesse représente tantôt la grand-mère tantôt la mère ou la belle-mère. La Papesse est, par définition, une femme mûre, voire très âgée. Elle oscille très souvent entre 50 et 60 ans lorsqu'elle symbolise la maman, mais elle peut également représenter une centenaire, voire la doyenne de l'humanité.

SON NUMÉRO D'IMMATRICULATION. Le 2. Ce chiffre symbolise la dualité et la féminité.

SON UNIVERS PROFESSIONNEL

Retranscrit dans le monde du travail, la Papesse symbolise essentiellement les études et les formations académiques. Le livre évoque volontiers des travaux rédactionnels telle l'écriture d'une thèse, d'un mémoire ou d'un manuscrit. L'arcane matérialise également les épreuves écrites des examens ou des concours administratifs. En cas de recherche d'emploi, elle présage de la rencontre décisive d'une femme d'expérience ou de la nécessité de consulter les petites annonces, voire de constituer un dossier administratif. Elle représente fréquemment les femmes importantes dans la hiérarchie professionnelle.

Nanties de solides connaissances et d'une bonne culture générale, notre grande prêtresse représente d'emblée le corps enseignant : elle sera tantôt **institutrice**, tantôt **agrégée ou maître de conférences**. Le manuscrit posé sur ses genoux fait écho à la presse écrite, et notamment aux **bibliothécaires**, aux **éditrices**, aux **libraires**, mais également aux **écrivaines** (surtout aux abords du Bateleur). Sa tenue vestimentaire évoque une **sœur missionnaire**, une **infirmière**, une **sage-femme**... Silencieuse et à l'écoute d'autrui, la Papesse représente une confidente ; son empathie naturelle la porte instinctivement vers les carrières de **psychologue** ou de **psychothérapeute** (notamment associée à la Lune). Enfin, à l'instar du Pape, son homologue masculin, la Papesse représente toutes les femmes spécialistes, à l'image des **femmes médecins** (aux abords du Pendu), des **avocates** (associée au Jugement ou à la Justice), etc.

Bien aspecté. Stage ou formation bénéfique, connaissances recherchées, intelligence vive, grande érudition, proposition de travail intéressante, fin(e) psychologue, parcours scolaire ou universitaire exemplaire, entretien professionnel avec une dirigeante, vous répondez à une offre d'emploi, éthique irréprochable, confidentialité, grande capacité d'écoute.

Mal aspecté. Secrets, rétention préjudiciable d'information, niveau d'études insuffisant, manque de connaissances ou de culture générale, différend avec une responsable ou avec une collègue acariâtre, caractère asocial, trahison féminine (notamment avec le Pendu), mauvais rapport de stage, épreuve écrite mal préparée.

SON COMPTE EN BANQUE

Économe et prévoyante par nature, la Papesse renvoie à l'image d'Épinal de la grand-mère qui cache ses économies dans des bas de laine. Elle « planque » son argent par peur du lendemain. Sans doute par peur de manquer et quitte à passer pour une pingre, notre Papesse épargne beaucoup plus qu'elle ne dépense. Pour elle, un sou est un sou ! Elle se montrera cependant prodigue envers ses enfants et petits-enfants. Si elle représentait un produit financier, elle serait sans nul doute une assurance vie ou un plan épargne retraite.

Bien aspecté. Prévoyance, gestion saine, épargne structurée, économies savamment orchestrées, possession d'un plan épargne retraite ou d'une assurance-vie, dépenses consacrées aux petits-enfants.

Mal aspecté. Économies de bouts de chandelles, avarice, petite retraite, revenus modestes voire insuffisants, recours aux aides sociales, privation.

SES AMOURS

Matérialisée par une femme d'âge mûr, une mère de famille ou, selon le contexte, une grand-mère au crépuscule de sa vie, la Papesse n'accorde pas grand intérêt à sa vie affective, et encore moins à toute forme de sensualité. Dans la majorité des cas, notre Papesse a très souvent tiré un trait sur sa sexualité ; elle a cessé de jouer son rôle de femme. Elle a vécu et considère que sa vie amoureuse est derrière elle. D'un aspect extérieur plutôt négligé, sa tenue vestimentaire ne laisse guère entrevoir ses charmes. Son habillement de « bonne sœur » ou de vieille fille est à la hauteur de ce qu'est la Papesse, une dame qui ne se dévoile pas sans raison et qui ne se livre pas facilement. La Papesse ne manifeste que très rarement de grandes effusions de tendresse ; elle n'est guère démonstrative dans l'expression de ses sentiments. D'un abord froid et d'un naturel peu engageant, notre Papesse donne l'impression d'être constamment sur la défensive et de se retrancher derrière une attitude qui frôle parfois la psychorigidité. Gardienne des valeurs morales traditionnelles, son éducation classique voire rigoriste fait qu'elle préfère passer ses émotions et sa vie affective sous silence. En revanche, la Papesse séduit par l'esprit et par sa grande érudition. Elle sait tant de choses que l'on est souvent charmé par l'étendue de ses connaissances. Dans le Tarot de Marseille, hormis son statut habituel de mère au foyer, la Papesse incarne également une rivale amoureuse (notamment associée à l'Amoureux ou à la Lune). Elle prend alors le rôle de la maîtresse, ou de la confidente, cette femme tapie dans l'ombre, secrète et silencieuse. Dans de mauvais aspects, cette lame du tarot matérialise aussi la trahison et les médisances féminines. Enfin, le livre exposé sur les genoux de notre Papesse fait, d'une part, référence aux petites annonces auxquelles ont recours certaines consultantes et, d'autre part, aux relations épistolaires.

Bien aspectés. Mère de famille aimante, épouse dévouée, maternelle et protectrice, séduction par l'esprit, relation épistolaire, confidences amoureuses, rencontre par petites annonces, rencontre d'une femme mûre.

Mal aspectés. Maîtresse, les secrets de Polichinelle, les non-dits, mauvaise communication de couple, frigidité, sécheresse émotionnelle, mauvaise image de soi et de son corps, rejet de l'acte sexuel, sensualité quasi inexistante, négligence extérieure, mère ou belle-mère envahissante, éducation rigide, à « l'ancienne », épouse invivable, vieille fille.

SA SANTÉ

La Papesse évoque fréquemment les maladies qui sont cachées, celles dont nous n'avons pas toujours conscience ou dont on ignore l'existence. Elle parle essentiellement de maladies en « gestation » ou en sommeil. Il est donc primordial de n'émettre aucun diagnostic hâtif sans avoir consulté les cartes avoisinantes. Eu égard à son âge, la Papesse reflète surtout les pathologies liées aux vieilles personnes, et notamment les problèmes de hanche, de bassin, de col du fémur, d'incontinence ou de sénilité. Dans une grande majorité des cas, l'arcane matérialise des maux de ventre ou de bas-ventre. Il indique alors des troubles organiques ou des infections intra-utérines classiques telles que l'apparition de mycoses, de fibromes, de kystes ovariens, voire des troubles urinaires (notamment aux abords du Diable ou de la Lune). Bien entendu, notre Papesse se retrouve dans les problématiques liées à la ménopause, et invite également toutes les femmes mûres à se faire dépister en matière de cancer du sein. Le livre qu'elle tient dans les mains et qu'elle ne regarde pas vraiment évoque une vue en déclin, voire des troubles oculaires nécessitant le port de lunettes de lecture. On l'associe également à des troubles de la lecture chez l'enfant telle la dyslexie. Lorsqu'elle est très mal entourée, la Papesse indique parfois la présence d'une tumeur (surtout aux abords du Diable et de l'Arcane sans Nom). Dans le corps médical, notre Papesse symbolise principalement les infirmières, les radiologues et les médecins femmes (notamment associée au Pendu). Sachez que La Papesse est une carte à caractère « psychologique », elle apparaît donc tout naturellement chez toutes celles et ceux qui suivent une psychothérapie ou une psychanalyse, notamment si le thérapeute est une femme. Sa capacité d'écoute la prédispose à officier sur le terrain des émotions. En positif, elle suggère la grossesse puisqu'elle représente la matrice féminine et le besoin de materner (surtout aux abords de l'Étoile et du Soleil, l'arcane emblématique des enfants).

Bien aspectée. Grossesse, suivi psychologique bénéfique, vous passez des examens de santé, « check-up », consultation d'une femme médecin, prévoyance, dépistage précoce, découverte d'un problème de santé.

Mal aspectée. Maladie inconnue, vous « couvez » quelque chose, problématique liée à la vieillesse, pathologie de la hanche, du col du fémur, maux de ventre, troubles intra-utérins, infections, soucis oculaires, troubles psychotiques, tumeur cancéreuse (notamment au contact du Diable et de l'Arcane sans Nom), sénilité, maladie d'Alzheimer (notamment aux abords du Mat et de l'Hermite), dyslexie.

CONCLUSION

La Papesse demeure sans nul doute l'un des arcanes les plus mystérieux du Tarot de Marseille. Elle nous invite à ne pas rester sur nos acquis et nous montre le chemin de la connaissance. Seule la connaissance permet à l'homme de se libérer et de s'élever. Tel est le message subliminal délivré par la Papesse. Cet arcane parle certes de vécu et d'expérience, mais il nous encourage aussi à lire entre les lignes, à sonder l'invisible, à voir au-delà des apparences.

Dans un tirage de tarot, la Papesse apporte surtout une dimension psychologique et métaphysique. Elle donne de la profondeur au tirage, elle donne vie à notre inconscient, elle invite à écouter son for intérieur et à ne jamais se départir de son intuition.

L'IMPÉRATRICE

SA FICHE SIGNALÉTIQUE

SA PHOTO. Schématisée par une femme couronnée, élégamment vêtue, arborant tous les emblèmes du pouvoir, l'Impératrice est assise sur un trône, un sceptre dans la main gauche. Sur son flanc droit, l'Impératrice tient un écu sur lequel est gravé un aigle royal de couleur or ou jaune.

SON PROFIL. Symbole de la monarchie et de ses artifices, l'Impératrice représente d'emblée une princesse, une reine, une chef d'État en fonction, une autorité quelconque. Le sceptre, les armoiries et la couronne sont autant de signes extérieurs qui matérialisent le pouvoir de l'État et de ses institutions. Traditionnellement, la symbolique de la carte renvoie à la mythologie romaine, et on compare volontiers notre Impératrice à Minerve, la déesse romaine vêtue d'un casque et d'une armure. Cependant, le Tarot de Marseille l'a voulue moins guerrière et plus gracieuse. Véritable reine de beauté, distinguée et raffinée, l'Impératrice incarne l'élégance au féminin, la grande classe (elle porte un magnifique collier en or qui en dit long sur son goût de l'apparat). Connue pour foisonner d'idées, notre princesse symbolise communément les échanges et les relations publiques, mais aussi les écrits et les courriers administratifs (le sceptre évoque volontiers une plume, un stylo, à l'instar du Bateleur et de son bâton, dans un registre moins formel et moins administratif). Notre Impératrice estampille, ratifie ou appose sa signature. Enfin, gouvernée par Mercure, l'Impératrice incarne une forme d'intelligence supérieure tant sa réflexion est de qualité.

SES FORCES. Sa vivacité d'esprit, son intelligence pétillante, son bon relationnel, contact facile, ses qualités rédactionnelles, sa classe toute naturelle, son apparente sérénité, elle « fait face ».

SES FAIBLESSES. Son snobisme, ses critiques acerbes, sa pédanterie, son air moqueur, son besoin de tout contrôler, son perfectionnisme quasi maladif.

SON ÂGE. Elle représente essentiellement les femmes de 30 à 40 ans, mais pas exclusivement. Elle incarne parfois une femme, la cinquantaine bien assumée, rarement plus âgée. Selon le contexte, l'Impératrice matérialise l'épouse, la sœur, la mère... Elle symbolise également la consultante (une cliente qui vient consulter un voyant-tarologue).

SON NUMÉRO D'IMMATRICULATION : Le 3. Il est le chiffre sacré par excellence. C'est l'intelligence créatrice.

SON UNIVERS PROFESSIONNEL

Dans le monde du travail, l'Impératrice incarne bien évidemment la gent féminine. Elle matérialise principalement les courriers (CV, lettre de motivation, lettre de recommandation...) et les démarches administratives en tous genres. Dans le cadre d'un processus d'embauche, elle indiquera forcément un entretien professionnel avec une femme. En négatif, elle exprime parfois un carriérisme excessif ou un arrivisme mal vécu par les proches collaborateurs et, plus généralement, une candidature non retenue ou une réponse défavorable à une annonce.

En règle générale, l'Impératrice couvre les emplois administratifs ; elle représente tout naturellement les **employées de bureau** et les **fonctionnaires** de toute mouvance ; elle se glisse aisément dans la peau d'une **sténodactylo**, d'une **secrétaire**, d'une **assistante de direction**, d'une **chargée de mission** au sein d'un cabinet ministériel, d'une **adjointe au maire**... Elle officie souvent pour le compte de hautes administrations telles que les ambassades, les consulats. C'est une dame pour qui l'étiquette et le protocole ont gardé leurs lettres de noblesse.

En réalité, l'Impératrice n'en demeure pas moins une femme de pouvoir. Elle brigue très souvent les postes à responsabilités, elle incarne volontiers une **patronne de PME**, voire une **directrice** siégeant régulièrement au conseil d'administration de sa société. C'est une **femme d'affaires** aguerrie (notamment associée au Diable), une *executive woman* dotée d'un esprit corporatiste (l'écu évoquant volontiers le logo ou l'emblème d'une administration connue, d'une grande société). De la même manière, l'Impératrice fait écho à toutes celles et ceux qui occupent des métiers de représentation au sein desquels il existe un code vestimentaire, une tenue officielle, où le port de l'uniforme est parfois obligatoire. Elle véhicule une image de marque et de prestige à l'instar des **hôtesses de l'air ou d'accueil** (notamment aux abords du Monde et de Tempérance). On retrouve également notre chère Impératrice dans les relations publiques ; elle se transforme alors en **attachée de presse** ou en **journaliste** (notamment au côté du Mat). Enfin, sa voix lui étant un outil indispensable dans l'exercice de ses fonctions, elle fera parfois carrière en qualité d'**orthophoniste** (au contact de Tempérance) ou deviendra une **chanteuse** (surtout auprès du Jugement).

Bien aspecté. Conscience professionnelle, sens des responsabilités, travail sérieux et soigné, entretien professionnel positif ou prometteur, courrier favorable, candidature spontanée retenue, réelle implication dans son travail, sens aigu du relationnel, belle assurance, qualités rédactionnelles incontestables, intelligence vive, aide d'une femme bien placée.

Mal aspecté. Arrivisme, carriérisme excessif, esprit de concurrence malsain, vanité, manque d'humilité, supériorité affichée, jalousies féminines, rapports conflictuels avec une collègue ou une chef de service, ego surdéveloppé, obstination contre-productive, psychorigidité, courrier défavorable, réponse négative, papiers égarés, dossier incomplet ou refusé, soucis administratifs, candidature non retenue.

SON COMPTE EN BANQUE

En règle générale, l'Impératrice ne connaît pas de soucis de trésorerie, sa situation financière est saine. Son statut socioprofessionnel et son bon niveau de vie font qu'elle ne manque de rien. Elle représente principalement les couches moyennes de la société et parfois les couches supérieures. Ses postes de dépenses sont en adéquation avec ses goûts de luxe. Elle achète des bijoux, sa garde-robe est généralement bien garnie, elle se rend à des galas ou à des œuvres de charité. En somme, elle consacre un budget dédié à l'art et aux sorties culturelles sans sombrer dans l'extravagance ou l'ostentatoire. Toutefois, lorsqu'il s'agit de briller en société, elle affichera volontiers des signes extérieurs de richesse tels que de somptueux bijoux ou de jolies toilettes. Dans un tirage de tarot, notre Impératrice représente fréquemment une femme au foyer dont le niveau de vie est indexé sur celui de son mari. Ils auront alors un compte joint, et elle utilisera la carte bancaire de son époux à sa guise. À l'instar de la plupart des gens de sa génération, l'Impératrice aura ouvert une assurance-vie ; elle possède un compte épargne et se risque parfois à placer de l'argent en bourse. Elle est très souvent propriétaire de son logement principal ou aspire à le devenir. Enfin, elle ne lésine pas sur les moyens quand il est question de l'éducation de ses enfants. En résumé, l'Impératrice a plutôt une bonne gestion de son porte-monnaie et sait se raisonner lorsque la situation l'exige.

Bien aspecté. Bon niveau social qui vous met à l'abri du besoin, excellente gestion, moyens financiers satisfaisants, poste de dépenses consacré au foyer et aux loisirs, propriétaire de sa résidence principale, possession d'un compte épargne.

Mal aspecté. Attitude ostentatoire, budget grevé par un goût du luxe à la limite du tapageur, train de vie coûteux, tendance à vivre au-dessus de ses moyens, situation financière indexée sur celle de son concubin.

SES AMOURS

Séductrice devant l'éternel, notre princesse prend grand soin de son apparence. Elle aime plaire et le fait savoir. Elle est plutôt BCBG par nature. Elle est, à l'image de la femme moderne, resplendissante, lumineuse et parée de ses plus beaux atours. Cependant, ne vous méprenez pas, cette reine de beauté n'est pas une croqueuse d'hommes. Elle se fait plaisir avant tout et prend part au jeu de la séduction. C'est souvent un besoin de se rassurer sur son pouvoir de séduction. Enfin, lorsque l'amour frappe à sa porte, notre Impératrice se révèle être une parfaite épouse et une maîtresse de maison hors pair. Son côté esthète la pousse à décorer son intérieur avec beaucoup de goût. Elle fera alors tout son possible pour chérir son mari et ses enfants.

Bien aspectés. Épouse dévouée, pouvoir de séduction à son paroxysme, féminité assumée, femme épanouie, sensuelle.

Mal aspectés. Aguicheuse, femme volage, mauvaise image de soi, frustration sexuelle ou sexualité vécue comme taboue, cérébralité excessive, rivale (aux abords de la Lune et de l'Amoureux).

SA SANTÉ

L'Impératrice affiche une bonne santé. Elle apparaît cependant dans les troubles physiologiques et les maladies psychosomatiques générées par le stress du quotidien, notamment lorsque le sujet en question est une femme. On la retrouve, par exemple, dans les troubles du sommeil en raison de son hyperactivité cérébrale. En effet, l'Impératrice peine à se déconnecter de ses soucis, son mental est constamment en ébullition. Elle ne cesse de penser... Par conséquent, elle matérialise fréquemment les pathologies associées à la tête, y compris la fatigue intellectuelle. On la rencontre également volontiers dans les problématiques liées à la voix, aux cordes vocales. Elle est sujette aux extinctions de voix, aux angines... Dans certains cas, sa présence aux côtés du Diable et de la Maison-Dieu indique des troubles de la thyroïde, ce qui est suggéré par le petit renflement que nous apercevons au niveau de sa gorge. Enfin, elle évoque parfois une petite gêne oculaire sur un œil.

Bien aspectée. Santé florissante, bonne hygiène de vie.

Mal aspectée. Hyperactivité cérébrale, fatigue psychologique, maladies psychosomatiques, psychisme en berne, aphonie, extinction de voix, dérèglement thyroïdien (aux abords du Diable et de la Maison-Dieu), hernie hiatale, stress mal géré, tendances paranoïaques.

CONCLUSION

L'Impératrice mène son combat sur le plan des idées et de l'esprit. Mercurienne de souche, nantie d'une grande finesse d'esprit et d'une intelligence créatrice, l'Impératrice exhorte le commun des mortels à accomplir son œuvre ici-bas, à donner naissance à ses projets et, par là même, un sens à sa vie. Cette reine de l'intellect invite quiconque veut l'entendre à échanger avec autrui, à exprimer ses opinions, à utiliser le chemin de la pensée afin de grandir un peu plus chaque jour. Dans un tirage de tarot, elle apporte une vibration positive et, surtout, une touche féminine.

L'EMPEREUR

SA FICHE SIGNALÉTIQUE

SA PHOTO. Représenté de profil par un souverain barbu dans la force de l'âge, le personnage de l'Empereur, coiffé d'un casque et vêtu d'une armure, tel un gladiateur, tient un sceptre de sa main droite. Adossé nonchalamment à son trône impérial, Sa Majesté porte un grand collier avec un médaillon. Son regard semble fixer un point à l'horizon. Un écu, posé à même le sol, se trouve à côté du fauteuil.

SON PROFIL. Symbolisant la souveraineté ainsi que l'autorité et le pouvoir en place, notre Empereur incarne les grands hommes qui font l'histoire d'une nation, à l'instar des chefs d'États et des monarques en exercice. Il représente également le Gouvernement, la classe politique et les instances dirigeantes. Son allure décontractée, celle d'un personnage en chaussettes adossé nonchalamment à son fauteuil, donne l'impression d'un homme qui n'a plus rien à prouver à quiconque, quelqu'un qui est parvenu là où il le souhaitait. Le graphisme de l'arcane représente un empereur sans arme, ce qui suggère que le recours à la force lui est inutile pour régner sur son royaume et asseoir son autorité. Son rôle de leader lui est acquis ; il n'a plus besoin de passer à l'offensive pour justifier son statut. L'Empereur symbolise donc à lui seul la force tranquille, un individu dont le charisme naturel et le pouvoir de rayonnement sont tels qu'il inspire le respect, des qualités innées le prédestinant à endosser son rôle de meneur d'hommes.

SES FORCES. Sa puissance, son courage, sa volonté, sa ténacité, sa maturité, son pouvoir de réalisation, sa belle assurance, son charisme naturel, son envergure, son honneur, sa loyauté, son réalisme, son pragmatisme, combatif, bosseur, bâtisseur, âme d'entrepreneur.

SES FAIBLESSES. Son entêtement chronique, sa vision binaire et cartésienne de la réalité, son côté « terre à terre », son matérialisme à tout-va, son hermétisme, ses excès d'autoritarisme, son caractère tyrannique, son sectarisme, son inertie, son ego surdéveloppé.

SON ÂGE. Notre monarque représente un homme de 40 à 60 ans maximum. Selon le contexte, il incarnera le père, le beau-père, l'époux, le frère, etc. Il symbolise aussi le consultant.

SON NUMÉRO D'IMMATRICULATION. Le 4. Ce chiffre symbolise l'ancrage dans la matière et la solidité. Il représente un cube (celui-là même sur lequel est assis L'Empereur dans la version du Tarot de Marseille, illustrée et commentée par Oswald Wirth). Ce chiffre se retrouve au niveau de l'image : en effet, l'empereur croise les jambes formant ainsi un 4.

SON UNIVERS PROFESSIONNEL

Dans le monde du travail, L'Empereur incarne essentiellement la sécurité de l'emploi et la stabilité socioprofessionnelle. Il nous parle d'évolution de carrière au sein d'une même entreprise, et fait souvent référence aux postes clés. Son graphisme fait surtout écho aux gens de pouvoir et aux notables de tous milieux. À l'instar de l'Impératrice, son homologue féminin, il occupe généralement les postes de direction. Il occupe fréquemment les fonctions de **chef d'entreprise**, de **patron** de PME, de **directeur général**, tout individu capable d'encadrer une équipe de travail. Il représente indifféremment un **chef de chantier**, un **maître d'œuvre**, un **contremaître**, un **chef de service**... L'Empereur symbolise l'autorité en place (sa tenue militaire évoque l'ordre établi et toutes les administrations fortement hiérarchisées). Son uniforme matérialise autant les **policiers**, les **gendarmes**, les **CRS** que les **militaires de**

carrière. Selon le contexte, son personnage représentera ainsi un **chef d'état-major**, un **colonel** ou un **procureur de la République**, un **préfet**, un maire, etc. L'Empereur observe avec bienveillance. On dirait un **recruteur**, ou un **chasseur de têtes** qui vous examine attentivement. Concentré et adossé à son siège, notre Empereur scrute l'horizon et regarde droit devant lui, à l'image d'un **conducteur d'engin**, d'un **chauffeur de taxi**, d'un **pilote de Formule 1** (surtout en présence du Chariot symbolisant les transports terrestres).

Dans ses aspects les plus sombres, notre monarque évoque un bras de fer avec un supérieur hiérarchique ou avec un collègue borné. Enfin, il incarne également un patron esclavagiste abusant de son pouvoir.

Bien aspecté. Sécurité de l'emploi, bonne assise socioprofessionnelle, réussite matérielle, richesses, personne battante, projet d'envergure bien structuré, entretien prometteur avec un recruteur (notamment auprès du Diable), pouvoir décisionnaire, intervention d'un homme de pouvoir en votre faveur, respect de la hiérarchie et de l'ordre établi, sens aigu du devoir, force de travail impressionnante, aptitudes naturelles au commandement, la force tranquille.

Mal aspecté. Abus de pouvoir, patron esclavagiste, collègue borné, manque de stabilité, perte de statut social, confiance en soi ébranlée.

SON COMPTE EN BANQUE

L'Empereur règne en maître absolu sur le monde de la matière. Il symbolise principalement l'accession à la propriété et le placement dans la pierre. Digne représentant des propriétaires terriens, notre empereur a souvent très à cœur de se constituer un patrimoine immobilier afin de procurer un cadre de vie agréable à sa famille. Il est fréquemment l'heureux propriétaire de sa résidence principale et perçoit parfois même une rente issue d'investissements locatifs. Le fait de posséder des biens matériels rassure notre monarque, qui se sent alors tout-puissant. Il pourrait être à l'origine de l'adage selon lequel « abondance de biens ne nuit point ». Ses moyens financiers le mettent à l'abri du besoin et lui permettent de profiter d'un cadre de vie confortable. Ses comptes en banque sont généralement bien garnis, et il veille à faire fructifier son capital au mieux de ses intérêts. Adepte des placements sécurisés « en bon père de famille », il aura certainement placé son argent sur des fonds en euro ou sur un compte rémunérateur. Il sera titulaire d'une assurance-vie et d'un plan épargne logement.

Bien aspecté. Placements sécurisés, gestion saine de son compte en banque, accès à la propriété, richesses matérielles, bon rapport à l'argent, salaires élevés, économies savamment utilisées, générosité envers ses proches.

Mal aspecté. Période d'austérité financière, difficultés matérielles passagères, lourds remboursements de crédits, mensualités trop élevées, taux d'endettement important, situation professionnelle instable, tendance « Picsou ».

SES AMOURS

L'Empereur a l'âme d'un bâtisseur. Il cherche surtout à fonder un foyer, à construire sa vie maritale sur des bases solides. Il aime la stabilité que procurent les relations durables. Il s'inscrit donc souvent sur du long terme dans sa vie de couple et met un point d'honneur à sécuriser sa famille sur le plan matériel. Il s'avérera être un bon père de famille, un époux protecteur et chaleureux, l'épaule sur laquelle il fait bon se reposer. Il incarne l'autorité du chef de famille et peut se montrer sévère vis-à-vis de ses enfants. Dès lors qu'il est en situation de couple, l'Empereur se montre prévenant et attentionné, mais il n'en demeure pas moins excessivement jaloux. Se voulant exclusif, il aspire très vite à délimiter son territoire amoureux, considérant que sa concubine lui doit allégeance. En réalité, ce mari possessif peut s'avérer être un tyran en puissance et vous faire vivre un véritable enfer conjugal. Heureusement, notre Empereur est surtout connu pour être un bon vivant, un jouisseur qui ne boude jamais son plaisir. Son charisme plaît aux femmes, si bien qu'il est très souvent entouré d'une cour d'admiratrices, au grand dam de son épouse. Résistant difficilement aux plaisirs charnels, cet épicurien devant l'Éternel s'aventure parfois dans des relations extraconjugales.

Bien aspectés. Relation durable, couple solide, mari protecteur, chef de famille débonnaire, bon père de famille, époux modèle, épicurien, bon vivant, amant réconfortant, maturité bienveillante, rencontre d'un individu charismatique, viril, idylle amoureuse avec un homme dans la force de l'âge, sexualité épanouie.

Mal aspectés. Homme à femmes, conquérant, mari tyrannique, individu ultrapossessif, rencontre d'un macho, harceleur, problèmes de virilité.

SA SANTÉ

En règle générale, l'Empereur représente les gens dans la force de l'âge ; il jouit donc d'une bonne santé dans la plupart des cas. Cependant, son épicurisme, allié à sa recherche insatiable des plaisirs de la vie, lui joue parfois de bien vilains tours. L'Empereur matérialise ainsi les excès de table et les désagréments qui s'y rapportent, tels que l'indigestion, la crise de foie et le mauvais cholestérol entre autres. Briguant souvent des postes à responsabilités qui occasionnent stress et montées d'adrénaline, il souffre fréquemment d'hypertension artérielle et multiplie les risques d'infarctus à long terme. Dans un tout autre registre, notre Empereur traduit également les pathologies liées au bas du dos (hernie discale, scoliose...), notamment aux abords de la Maison-Dieu et de l'Arcane sans Nom. Le graphisme de l'arcane évoque un individu qui ne se tient pas droit, adossé nonchalamment à son fauteuil ! En raison de sa correspondance astrologique avec le signe du Taureau, on associe communément l'Empereur aux maux de gorge. La nuque demeure, quant à elle, une zone sensible chez ce dernier, celle-ci étant protégée par un large casque. La scène suggère un examen ophtalmologique ou une consultation chez un orthoptiste, notamment en raison du sceptre qu'il fixe droit devant lui comme pour tester son acuité visuelle. Enfin, le personnage porte ce qui ressemble fort à des bas de contention. Il souffre donc a priori de troubles circulatoires.

Bien aspectée. Santé éclatante, robustesse, bonne forme physique, mental de sportif.

Mal aspectée. Mauvaise hygiène de vie, excès de table, crise de foie, mauvais cholestérol, tendance à l'embonpoint, hypertension artérielle, gorge fragile, douleurs cervicales, mal de dos (disques usés, hernie), troubles circulatoires (présence de varices, sensation de jambes lourdes...), ennuis cardio-vasculaires, infarctus du myocarde (notamment associé au Diable), fond d'œil (notamment associé à l'Amoureux).

CONCLUSION

Tel un roc, un chêne, un pilier... L'Empereur renvoie une image de solidité et d'enracinement. Bien ancré dans la réalité du quotidien, son rôle ici-bas se situe sur le plan de la matière. Il nous invite à bâtir notre vie sur des bases solides, à structurer nos projets, à devenir cet individu mature et responsable qui sommeille en chacun de nous. En revanche, il nous déconseille vivement d'adopter une attitude napoléonienne dans nos rapports à autrui. Quelle que soit la thématique abordée, l'Empereur donne une impression de stabilité à l'ensemble du tirage et apporte un éclairage masculin aux solutions recherchées.

LE PAPE

SA FICHE SIGNALÉTIQUE

SA PHOTO. Schématisé par un souverain pontife d'âge mûr, barbu et moustachu, coiffé d'une tiare et vêtu d'un costume ecclésiastique traditionnel, le Pape est assis sur un trône blanc, une crosse pontificale dans la main gauche. Il semble s'adresser à un parterre de pèlerins ou de fidèles venus l'écouter agenouillés devant lui, et à qui il accorde sa bénédiction.

SON PROFIL. Symbole de l'éthique religieuse et garant de l'ordre moral, le Pape représente les hauts dignitaires de l'église catholique romaine. La tiare, qui possède trois niveaux et trois coloris, évoque la suprématie de l'intelligence et l'évolution spirituelle dont il est l'incarnation même. Son air majestueux et sa grandeur d'âme sont accentués par la présence des deux quidams qui apparaissent en minuscule en bas de l'arcane. Ses cheveux, sa barbe et sa moustache blancs symbolisent un personnage pur, un sage dont le vécu et les connaissances sont mis à la disposition de son prochain. La crosse pontificale couleur or le relie avec l'au-delà, faisant de lui un être vertueux touché par la grâce divine. Le Saint-Père est investi d'une mission noble, il est l'élu du Tout-Puissant sur terre et se doit de relayer son message d'amour et de paix auprès des fidèles venus l'adorer. Bien qu'il soit spirituel par essence, ses fonctions le conduisent cependant à œuvrer dans le monde matériel. Contrairement à la Papesse qui se tenait à l'écoute, le Pape, quant à lui, prêche la bonne parole et renseigne qui veut bien l'entendre. Sa position donne à penser qu'il bénit ou qu'il absout les deux pénitents se prosternant à ses pieds. Sa main droite est dirigée vers son cœur, il semble nous indiquer la voie à suivre. Son regard est ouvert et miséricordieux ; il est animé d'une réelle bienveillance. Enfin, le Pape figure l'union sacrée, il préside aux cérémonies officielles.

SES FORCES. Sa foi, sa bonté, ses conseils éclairés, sa sagesse, sa pédagogie, ses connaissances, son érudition, son haut degré de spiritualité, son écoute de qualité, son don d'orateur, son altruisme, sa philanthropie, son bon sens, son éthique, ses valeurs morales, son aura naturelle.

SES FAIBLESSES. Son dogmatisme, son conservatisme, son côté « moralisateur », son intolérance, son fanatisme religieux, sa propension à l'endoctrinement, sa nature superstitieuse.

SON ÂGE. En règle générale, il correspond à un homme de 50 à 70 ans, voire beaucoup plus âgé, auquel cas il rivalisera avec l'Hermite, dont le graphisme évoque un vieillard. Selon le contexte, le Pape incarnera le père, le beau-père, le grand-père, un oncle...

SON NUMÉRO D'IMMATRICULATION. Le 5. Il symbolise le pentagramme ou le pentacle, et représente l'union sacrée en Islam.

SON UNIVERS PROFESSIONNEL

Dans le monde de l'entreprise, le Pape matérialise principalement les formations, le coaching et les conventions de stage (surtout auprès de dame Justice). Sa seule présence suggère automatiquement un entretien avec un homme mûr ou influent. Le Pape étant un « grand ponte » par définition, il représente le sommet de la hiérarchie et occupe donc, le plus souvent, les fonctions de **président-directeur général**. De la même manière, il incarne aussi un **maire**, un **recteur d'académie**... Il représente plus généralement toutes les personnes au sommet de leur art, toutes corporations de métiers confondus. Il symbolise ainsi les experts et les spécialistes de tous ordres. On l'associe fréquemment aux **professions libérales**, à toute personne que l'on vient consulter à son cabinet. Selon le contexte, il officiera donc en qualité de **médecin** (notamment associé au Pendu), d'**avocat** (notamment aux abords du Jugement ou de la Justice), de **psychologue** (surtout auprès de la Lune)... À l'instar de la Papesse, son homologue féminin, ses connaissances académiques font qu'il occupe régulièrement le poste d'**instituteur**, d'**enseignant**, de **maître de conférences** ou de **professeur d'université**. Puisque sa vocation première reste de renseigner et d'éclairer autrui, il endosse très souvent le rôle de **conseiller d'orientation** (surtout aux abords de l'Amoureux), de **conseiller en recrutement**, de **guide**, de **coach**... Notons également que le Pape s'adresse à un auditoire, en l'occurrence des pèlerins ; il symbolise les **séminaristes**, les **formateurs**, tout individu voué à prendre la parole en public dans le cadre de ses obligations professionnelles. Comme son nom l'indique, le Saint-Père est le garant des institutions religieuses et matérialise ipso facto les **prêtres**, les **curés**, les **pasteurs**... Enfin, le Pape invite à pardonner à autrui ; il incarne donc les **agents de médiation** et les **conciliateurs** de tous bords. Sa recherche systématique du compromis et du consensus lui vaut aussi de matérialiser les accords d'entreprises et la convention collective.

Bien aspecté. Conscience professionnelle, formation bénéfique, spécialisation bienvenue, expérience appréciée ou niveau d'études salué, projet béni des dieux, entretien positif, accord conclu, poste d'encadrement, référence dans son domaine, individu au sommet de son art, intervention d'un haut responsable hiérarchique en votre faveur, vocation, sacerdoce.

Mal aspecté. Individu malavisé, conseils fallacieux, entretien mal engagé, examen oral raté, manque de connaissances techniques ou spécifiques, souci avec un haut responsable, négociation mal partie, approbation non consentie, blocage de la direction, manque de sérieux, confiance en soi largement entamée.

SON COMPTE EN BANQUE

En règle générale, le Pape ne connaît pas de soucis de trésorerie particuliers ; il est rarement limité au niveau financier. Néanmoins, il est consciencieux et fait preuve de sagacité quand il s'agit de gérer son compte en banque. Il a la sagesse de réaliser des économies et de vivre du fruit de son travail. En somme, le Pape dépense raisonnablement, avec parcimonie. Il s'en tient principalement aux dépenses courantes, mais n'hésite pas à se faire plaisir de temps en temps. Le Pape ne vit pas au-dessus de ses moyens, il ne se démunit que très rarement. Il incarne tantôt un retraité vivant décemment, celui-ci possédant une assurance-vie et piochant dans son épargne si besoin est, tantôt un actif dont les revenus d'activité lui confèrent un niveau de vie satisfaisant. Dans le meilleur des mondes, le Pape représente un riche retraité ou un P.-D. G à la tête d'une grosse fortune, il payera alors l'ISF. Notre souverain pontife se montre prodigue avec ses proches, notamment avec ses enfants et petits-enfants. Il accordera donc beaucoup d'importance à ce que ses enfants bénéficient de la meilleure éducation possible. Il ne lésinera pas sur son budget éducation, préférant se priver sur d'autres postes de dépenses. Enfin, le Pape est fréquemment propriétaire de sa résidence principale.

Bien aspecté. Gestion saine et pondérée de ses avoirs, propriétaire de son logement, plan épargne retraite sécurisant, dépenses mesurées, sagesse de l'épargnant, personnage prodigue avec ses proches, bonne mentalité.

Mal aspecté. Retraite insuffisante, difficultés financières passagères.

SES AMOURS

Le Saint-Père symbolise le sérieux d'une relation amoureuse, un engagement solennel, les liens sacrés qui unissent les gens entre eux. Il incarne les vœux de fidélité et la noblesse des sentiments. La lame évoque naturellement le recueillement propre aux plus grandes cérémonies religieuses. Le Pape matérialise ainsi un projet de mariage, l'aboutissement d'une histoire d'amour, son apothéose. Homme de paix, par essence et par devoir, le souverain pontife nous invite à communiquer avec son cœur, à s'ouvrir aux autres et à savoir pardonner à son prochain. Il symbolise la réconciliation et la recherche du consensus au sein du couple. Généralement, le Pape met toutes ses forces vives au service de l'éducation parentale ; il a les intérêts de ses enfants très à cœur et leur inculque souvent les valeurs familiales traditionnelles qu'il a lui-même héritées de ses aïeux. Mal entouré, il parlera d'une période de crise conjugale, d'un mariage en péril, voire d'une problématique liée à un père absent.

Bien aspectés. Amour béni des dieux, félicité conjugale, union protégée et bénéfique, réconciliation, bonne éducation parentale, mari attentif, rencontre d'un homme mature, engagement amoureux des plus sérieux.

Mal aspectés. Mariage au bord du gouffre, foyer en crise, union qui fait polémique, intolérance, soucis en lien avec le père ou le beau-père, rencontre d'un homme marié, paternité mal assumée ou père absent, appartenance religieuse handicapante, éducation judéo-chrétienne oppressante, individu trop conformiste ou conventionnel.

SA SANTÉ

En règle générale, le Pape représente une consultation chez un spécialiste. Le graphisme évoque volontiers un praticien qui reçoit une clientèle à son cabinet. Quand il apparaît dans un tirage sur la santé, le Pape préconise souvent de consulter un médecin : il convient alors d'analyser les lames avoisinantes avec précision afin de déterminer le type de spécialiste auquel on est confronté. À titre d'information, le Pape symbolise un médecin généraliste au côté du Pendu, un cardiologue associé au Soleil, un psychologue associé à La Lune, un pneumologue associé au Jugement, un homéopathe au côté de Tempérance, un diabétologue au contact de la Justice, un sexologue auprès du Diable... Sa seule présence nous invite à recueillir l'avis d'un professionnel de santé dans le domaine adéquat. En outre, le graphisme de la carte parle de lui-même : le souverain pontife représente un homme mûr, vieillissant, et augure souvent d'une baisse d'acuité visuelle ou d'une déficience auditive. On lui associe fréquemment des pathologies en lien avec nos cinq sens. À l'instar de l'Empereur, il matérialise régulièrement l'hypertension artérielle et les dangers liés au cholestérol. À un degré moindre, on le retrouve dans les pathologies prostatiques, notamment aux abords du Diable et de Tempérance.

Bien aspectée. Santé correcte, bonne hygiène de vie, bon suivi médical, prévention efficace, conseils éclairés.

Mal aspectée. Baisse de l'audition, de l'acuité visuelle, hypertension artérielle, taux de cholestérol à surveiller, pathologies prostatiques (surtout aux abords du Diable et de Tempérance), tendance à l'hypocondrie, baisse de tonus.

CONCLUSION

Guidant le commun des mortels sur le chemin de la foi, le Pape nous invite à méditer sur le sens de notre mission ici-bas, à suivre la voie qui est la nôtre, celle du cœur, celle qui nous mène immanquablement à la vérité. Son message est avant tout un hymne à la tolérance, une invitation à accepter l'autre dans sa différence, avec ses forces et ses faiblesses. Dans un tirage de tarot, Le Pape préside à la discussion, il ouvre le débat. Il est un appel à la paix universelle, à l'élévation spirituelle.

L'AMOUREUX

SA FICHE SIGNALÉTIQUE

SA PHOTO. Schématisé par un groupe de trois personnes en pleine discussion, l'Amoureux représente un jeune homme blond vêtu d'une tunique à rayures multicolores, tiraillé entre deux courtisanes, une jeune femme blonde à sa gauche et une dame plus âgée à sa droite. Au-dessus d'eux, un angelot muni d'un arc s'apprête à décocher une flèche d'amour. Habillée d'une robe rouge et coiffée d'une couronne, la femme d'âge mûr agrippe notre bellâtre par l'épaule et l'invite clairement à goûter aux plaisirs charnels, comme le suggère sa main droite, tandis que la jeune demoiselle vêtue d'une robe bleue lui montre la voie du cœur.

SON PROFIL. Symbolisant principalement les rencontres amoureuses et amicales, cet arcane du tarot matérialise toutes celles et ceux qui, un jour, croisent notre chemin et avec lesquels nous développons des affinités, des atomes crochus. Du haut de son nuage l'angelot symbolise Cupidon, l'ange de l'amour, le fils de Vénus, nous rappelant également Éros, le dieu de l'amour dans la mythologie grecque. Cet arcane pose donc ici la problématique du choix amoureux et, plus généralement, celle des choix de vie. L'Amoureux matérialise principalement un choix d'orientation cornélien, une valse-hésitation. L'expression « entre les deux, mon cœur balance » lui sied à merveille. Ce dilemme renvoie à la notion manichéenne du bien et du mal, du vice et de la vertu, à cette opposition permanente entre la raison et les sentiments. Sorti de son nuage cotonneux, l'archer s'apprête à agir sur le choix du jeune homme, à lui décocher une flèche d'amour, à le toucher de sa grâce en plein cœur afin de faire triompher l'amour avec un grand « A ». Ce chérubin symbolise le monde immatériel, et donc l'au-delà ; il pose ainsi la question du libre arbitre. Nos choix nous sont-ils dictés ? Sommes-nous maître de notre destin ? Quelle que soit la problématique métaphysique suscitée par cet arcane, notre Amoureux confirme l'adage selon lequel « le cœur a ses raisons que la raison ignore ».

SES FORCES. Sa gentillesse, sa gaieté, sa jeunesse, sa fraîcheur, son amitié, son esprit d'équipe, son invitation à la discussion, son ouverture aux autres, son adaptabilité, son libre arbitre, son sens de la famille, son insouciance.

SES FAIBLESSES. Son indécision, ses doutes, sa superficialité, ses hésitations permanentes, son hyperémotivité, son côté hâbleur, beau parleur, son goût excessif du jeu.

SON ÂGE. Il symbolise traditionnellement les adolescents et les jeunes gens de moins de trente ans, à l'image du personnage central, mais l'Amoureux matérialise également une situation de rencontre qui s'applique à tout âge, toutes générations confondues !

SON NUMÉRO D'IMMATRICULATION. Le 6. Il représente un hexagramme, une étoile à six branches formée de deux triangles, telle l'étoile de David. Il symbolise traditionnellement le Sceau-de-Salomon.

SON UNIVERS PROFESSIONNEL

En règle générale, l'Amoureux augure d'un choix de carrière. Il matérialise tout individu arrivé à un carrefour de sa vie professionnelle et pour qui un choix d'orientation s'impose. Retranscrit dans le monde de l'entreprise, l'Amoureux symbolise une équipe de travail, un groupuscule de collègues au sein duquel le sens relationnel est primordial. L'arcane figure un groupe de trois personnes en pleine discussion ; comme au cœur d'une polémique, ils argumentent, séduisent... des qualités essentielles pour travailler au contact d'un public. Notons que la scène dépeinte sur la lame de tarot évoque la présentation d'une tierce personne, ce qui, transposé dans un contexte professionnel, symbolise l'arrivée d'un nouvel intervenant, d'un(e) collègue de travail. De la même manière, le graphisme suggère également une intronisation, une personne cooptée dans un cercle d'initiés. Plus généralement, l'Amoureux, qui est la lame emblématique de l'amitié, présage souvent d'un projet entre ami(e)s. D'un point de vue plus technique, notre Amoureux représente les périodes d'essais, et notamment les CDD (le numéro 6 évoque fréquemment un contrat de six mois, surtout à côté de la Justice). Il matérialise également les sélections, les recrutements et les examens de tous ordres. L'Amoureux représente d'entrée de jeu toutes les professions liées au marché de la séduction. Il incarne donc volontiers un **agent matrimonial**, un **coach en séduction**, un **organisateur de séances de *speed dating***. Symbolisant la séduction et la beauté, l'Amoureux représente tout naturellement le monde de la mode et de l'habillement, il excelle alors en qualité de **vendeur de prêt-à-porter**, de **designer**, de **styliste**, de **couturier**, de **relookeur** (conseiller en image) ou de **créateur de mode**. Arcane du « look », l'Amoureux nous parle des canons de la beauté. Il côtoie les podiums, l'univers strass et paillettes du show-biz et des « people » ; il soigne sa plastique. Il s'épanouit régulièrement comme **maquilleur**, **visagiste**, **esthéticien**. L'iconographie de la carte fait également écho à l'univers féerique des spectacles, notamment aux revues et aux comédies musicales... L'Amoureux est le roi de la mise en scène. Il endosse le rôle de **comédien** à la perfection, il a vocation à jouer la comédie. Il semble sorti tout droit d'une pièce de théâtre, comme le suggèrent par ailleurs les costumes médiévaux revêtus par les personnages. Il aura, le plus souvent, le statut d'intermittent du spectacle, à l'instar des **acteurs de théâtre**, des **artistes** de tout bord. Par extension, il évoque parfois les métiers où le port d'un costume ou de l'uniforme est de rigueur : selon le contexte, il portera tantôt une toge et se transformera en ténor du barreau (surtout au contact de la Justice), tantôt la blouse d'un laborantin ou d'une aide-soignante (notamment en présence du Pendu à ses côtés). Enfin, l'Amoureux évoque le jeu, l'amusement et les divertissements en tout genre. Il incarne donc volontiers les **animateurs de jeux télévisés**, les **présentateurs d'émission de téléréalité** (surtout aux abords de la Tempérance et du Jugement).

Bien aspecté. Son sens aigu du relationnel, choix d'orientation bien défini, prise de décision assumée, intervention d'une tierce personne en votre faveur, aide d'un(e) ami(e), d'un membre de la famille, piston bénéfique, examen réussi, entretien ou réunion informel, choix multiples, période d'essai ou CDD renouvelé, recrutements ou sélections prometteurs.

Mal aspecté. Indécision handicapante, doutes concernant votre orientation professionnelle, choix de carrière qui vous tétanise, malaise au sein d'une équipe de collaborateurs, tendance à mélanger travail et sentiments, examen raté, on hésite sur le choix de votre candidature, des problèmes affectifs ou familiaux viennent perturber votre activité, période d'essai ou CDD non renouvelé, le cœur de la polémique, les rumeurs.

SON COMPTE EN BANQUE

À l'instar du Bateleur, l'Amoureux vit au jour le jour sans se soucier du lendemain. Étant plutôt cigale que fourmi, il n'est donc pas étonnant de constater de nombreuses fluctuations sur ses comptes en banque, ceux-ci étant fréquemment « dans le rouge ». Afin de ne pas dépasser son découvert autorisé, il jongle régulièrement entre deux comptes. Victime de la mode, narcissique au possible, notre Amoureux consacre un budget colossal à soigner son image. Son dressing est généralement bien garni. Il collectionne les vêtements derniers cris et les accessoires de mode dernière tendance. C'est un fait, l'Amoureux aime plaire et se faire plaisir ! Poussé à son paroxysme, il est capable de dépenser une fortune dans les cosmétiques, les soins du visage et parfois même dans la chirurgie esthétique. L'Amoureux aime les sorties entre ami(e)s ; c'est un poste de dépense qui lui occasionne beaucoup de frais. Fêtard devant l'éternel, ses sorties sont multiples et il se surprend même à jouer les grands princes alors que ses moyens ne le lui permettent pas. En bon samaritain, l'Amoureux prête facilement de l'argent à ses proches, à ses ami(e)s comme aux membres de sa famille. Paradoxalement, il est souvent contraint de leur quémander de l'argent pour le dépanner. Cet arcane représente principalement les frères et sœurs, il pourra donc compter sur eux en cas de difficultés. Enfin, s'il est un vice qui ronge notre Amoureux, c'est celui du jeu, et notamment les jeux d'argent, les jeux de hasard. Dans ses pires aspects, il se retrouvera criblé de dettes, interdit d'accès aux casinos... Son profil d'épargnant est quasi inexistant ; il possédera tout au plus un « livret A » classique et, parfois, un plan épargne logement. Il sera plus souvent locataire que propriétaire.

Bien aspecté. Fluctuations financières, dans la limite du raisonnable, on parvient à faire le grand écart entre deux comptes, dépenses qui font plaisir, notamment dans les sorties entre ami(e)s.

Mal aspecté. Dettes de jeu, « ardoises », flambeur, on vit à découvert ou à crédit, tendance à prêter trop facilement, dépenses ostentatoires dans les soins esthétiques, aide financière des proches, emprunts, reconnaissance de dettes.

SES AMOURS

Au jeu de la séduction, l'Amoureux sort grand vainqueur ! Il représente tantôt un as de la drague, tantôt un amoureux transi. Il chante l'hymne à l'amour sous toutes ses formes, de la version édulcorée de « grand séducteur » à une version plus lyrique, plus romanesque. Cet arcane symbolise avant tout le plaisir des yeux : on veut être le plus beau ou la plus belle pour aller danser ! Soyons honnête, l'Amoureux adore flirter. Il papillonne au gré de ses nombreuses sorties (fêtes entre amis, galas de charité, bals costumés, discothèques...). Il matérialise tout simplement les amourettes de jeunesse et la multiplicité des expériences amoureuses. Pas étonnant, dans ces conditions, que ses sentiments ne soient pas toujours empreints de sincérité. Dans un tirage de tarot, il exprime un choix affectif et, selon le contexte, augure d'une rencontre sentimentale.

Bien aspectés. Rencontre sentimentale, rendez-vous galant, histoire d'amour naissante, affinités amoureuses, couple épris de sentiments réciproques, envie de plaire à son partenaire, pouvoir de séduction à son comble, romantisme, sortie en amoureux.

Mal aspectés. Aventure sans lendemain, trahison amoureuse, tentation, on joue sur deux tableaux, choix entre deux partenaires, amour platonique, une tierce personne vient jouer les trouble-fête, ménage à trois, rencontre d'un coureur de jupons, racolage, insécurité émotionnelle, soif éperdue de conquêtes, on joue les entremetteurs, engagement peu sincère, rencontre « arrangée », frères et sœurs s'opposent à votre union, bisexualité refoulée, narcissisme maladif.

SA SANTÉ

L'Amoureux est un arcane très riche en matière de santé. Sa présence évoque rarement de sérieux soucis de santé tant il matérialise toutes celles et ceux qui respirent la joie de vivre. Il apparaît cependant dans les troubles associés à la santé émotionnelle, tels que l'hyperémotivité, l'hypertension (tachycardie, tachyarythmie...) et dans les pathologies consécutives à un choc émotionnel ou à un stress aigu. L'Amoureux renvoie immédiatement aux problématiques liées à l'image, au « look », et notamment au visage, la vitrine de nos émotions. Il évoque ainsi fréquemment des rougeurs, de l'acné juvénile, de l'eczéma, un psoriasis, de la couperose, une dermite séborrhéique. En règle générale, cette lame de tarot intervient principalement dans les troubles de la vue, du champ visuel... Elle nous invite à consulter un oculiste, voire un orthoptiste selon le cas (notamment associé à l'Empereur). En rapport direct avec la séduction et les canons de la beauté, l'Amoureux n'hésite pas à recourir à la chirurgie esthétique ; il nous parle ainsi de rhinoplastie, de lifting... Remarquons que la couleur dominante de cet arcane est le rouge, un détail de grande importance, puisque notre Amoureux, comme nous allons le voir, matérialise toutes les pathologies associées au sang. Cette couleur rouge évoque d'emblée les plaquettes sanguines, les vaisseaux sanguins, la vascularité, les artères qui transportent le sang et irriguent les différents organes du corps humain. Ainsi, l'Amoureux symbolise les prises de sang et les bilans sanguins (surtout associé au Bateleur). Sa présence augure régulièrement de divers troubles circulatoires tels que les phlébites, les thromboses et, à moindre degré, de la présence de varices (surtout au côté de la Tempérance). L'Amoureux évoquera volontiers de simples saignements, des lésions, un caillot, mais également des pathologies beaucoup plus handicapantes telles que l'hépatite C, la leucémie, ou les cas d'empoisonnement par le sang (HIV...), surtout s'il se trouve aux abords du Pendu et de l'Arcane sans Nom. Enfin, comme les reins filtrent le sang, on le retrouve parfois dans les soucis néphrétiques (notamment associé à la Justice).

Bien aspectée. Bien-être, joie de vivre, bonne santé psychique, choix de traitement, bilan sanguin, prise de sang (notamment auprès du Bateleur).

Mal aspectée. Troubles de la pression artérielle, problèmes oculaires, soucis dermatologiques, pathologies associées à l'émotionnel, hyperémotivité maladive, mauvaise perception de soi, problématiques liées au sang (HIV, leucémie...), reins à surveiller.

CONCLUSION

L'Amoureux est la première lame de tarot qui met en scène un groupe de personnes en extérieur. Il parle de notre interaction avec les autres, du fait que nos choix sont souvent conditionnés par les rencontres que nous faisons tout au long de notre vie. Cet arcane est une invitation à s'ouvrir aux autres et, plus généralement, à profiter des joies simples entre amis. Dans un tirage de tarot, l'Amoureux symbolise un choix d'orientation, un carrefour à partir duquel plusieurs voies s'offrent à nous. Mal entouré, il incarne la difficulté à se positionner et à prendre des décisions ainsi que l'angoisse de faire un mauvais choix.

LE CHARIOT

SA FICHE SIGNALÉTIQUE

SA PHOTO. Schématisé par un personnage couronné et vêtu d'une armure tel un jeune empereur romain, le Chariot figure un homme jeune aux cheveux blonds, un sceptre dans la main droite, debout sur un char tiré par deux chevaux. Le « carrosse », frappé des initiales SM en son centre, est recouvert d'un dais ou d'un baldaquin. Du haut de son fiacre, l'allure triomphante, le jeune suzerain a le regard rivé sur un point bien précis.

SON PROFIL. Symbolisant le triomphe et le succès, le Chariot matérialise les progrès et les avancées en tous genres. Il représente toutes celles et ceux parmi nous qui prennent leur destin en main, qui vont de l'avant et qui, motivés, partent à la conquête de nouveaux horizons. Alors que l'Amoureux était statique, enfermé dans un dilemme, le Chariot, quant à lui, se met en branle. Il s'engage dans une voie, il passe à la vitesse supérieure. Ancêtre de la voiture, le chariot symbolise tous les moyens de locomotion terrestres tels que le train, le bus, la bicyclette, le vélomoteur...

SES FORCES. Sa nature combative, sa fibre entrepreneuriale, son esprit de compétition, sa motivation, son ambition, son goût du défi, son besoin de réussir, de se réaliser, sa résistance à l'effort, sa bravoure, sa personnalité de « fonceur ».

SES FAIBLESSES. Son excès de zèle, son triomphalisme déplacé, son arrivisme, son opportunisme, son impulsivité, son impatience, sa fougue mal canalisée, sa boulimie de travail.

SON ÂGE. Il représente essentiellement un jeune trentenaire, surtout entre 30 et 35 ans. Si le jeune homme est suffisamment mature, on peut parfois y inclure la tranche des 25-30 ans, sinon on lui préférera le Bateleur.

SON NUMÉRO D'IMMATRICULATION. Le 7. C'est le chiffre de l'univers ; il symbolise la victoire. Sacré par définition, ce chiffre transcende toutes les confessions religieuses. Il revêt une valeur forte dans la tradition judéo-chrétienne.

SON UNIVERS PROFESSIONNEL

Arcane emblématique du travail, le Chariot matérialise tous les acteurs de la vie active, quel que soit le secteur d'activité concerné. Il représente principalement les jeunes cadres dynamiques, les personnes dévorées d'ambition évoluant dans un environnement professionnel ultracompétitif et prêtes à tout pour atteindre leurs objectifs de carrière. Le Chariot symbolise la *success story* à l'américaine. Il incarne un modèle de réussite : c'est l'exemple type du jeune homme qui monte à la capitale afin de réaliser ses ambitions. Il sera tantôt un jeune banquier plein d'avenir, un jeune agent immobilier prometteur, tantôt un jeune homme fraîchement sorti d'une école prestigieuse telle Saint-Cyr, HEC... En règle générale, le Chariot regroupe toutes les professions itinérantes, notamment celles et ceux parmi nous qui utilisent un véhicule de fonction dans le cadre de leurs obligations. Les **commerciaux** et les **VRP** se retrouvent tout naturellement en tête de liste (surtout associés au Mat), suivis des **conducteurs d'engins**, des **transporteurs**, des **chauffeurs de taxi**, des **livreurs**, des **pizzaiolos**... En outre, le char représente les corps de métiers en rapport avec l'automobile comme les **garagistes**, les **pilotes de Formule 1** et les **concessionnaires** (notamment aux abords de la Roue de Fortune). Le graphisme de la carte évoque également les activités en lien avec le domaine équestre et les courses hippiques. Ainsi, le Chariot poursuit parfois une carrière d'**écuyer**, de **jockey**, de **moniteur d'équitation**, de **maréchal-ferrant**... La fougue et la conduite chevaleresque du jeune cavalier sur son attelage font écho à la compétition sportive et aux **athlètes** de haut niveau (surtout si ce dernier jouxte le Diable et le Soleil). Bien entouré, le Chariot indique parfois une promotion, un avancement de carrière et, surtout, un retour à l'emploi ou la création de sa propre structure (notamment auprès du Bateleur). En négatif, il symbolise des difficultés professionnelles liées à une mauvaise ambiance ou à une perte d'emploi.

Bien aspecté. Objectifs de carrière atteints, projets couronnés de succès, aboutissement personnel, on se donne les moyens de ses ambitions, actions positives, victoire plébiscitée, réalisation de soi, réussite, promotion, avancement, prise de risques bienvenue, mentalité de gagnant, de battant.

Mal aspecté. Démotivation, perte d'emploi, problèmes au travail, souci avec un jeune collaborateur, avancement de carrière contrarié, la sphère professionnelle empiète sur la vie privée, individu consumé par l'ambition, arrivisme malsain.

SON COMPTE EN BANQUE

En règle générale, les revenus du Chariot sont issus essentiellement du fruit de son travail. Il gère savamment son compte en banque et ne connaît pas, ou presque jamais, de gros soucis de trésorerie. Dans le meilleur des cas, il dispose d'un budget honorable lui permettant de vivre décemment sans se préoccuper du lendemain. Le Chariot aime prendre des risques calculés et cherche à réaliser des placements lucratifs par tous les moyens. Il s'offre de temps à autre le luxe de jouer une partie de son argent en bourse. Il possédera parfois un portefeuille d'actions, des Sicav, des obligations... Cependant, notre jeune homme n'est pas toujours un as des marchés financiers ; il aura donc intérêt à se faire conseiller en matière spéculative. En parallèle, le Chariot cherchera à tout prix à devenir propriétaire de son logement principal. Il prendra soin d'ouvrir un plan épargne logement afin de se constituer un capital au préalable. En revanche, adepte des achats compulsifs, le Chariot a parfois de véritables « coups de cœur » pouvant littéralement ruiner le budget dédié aux loisirs. Ainsi, passionné par les voitures, une grande partie de son salaire est affectée aux frais d'entretien de son véhicule, devenu ainsi son principal poste de dépenses. Le Chariot matérialise également l'achat d'un véhicule flambant neuf (notamment associé à la Justice).

Bien aspecté. Gestion saine, risques calculés, pouvoir d'achat confortable, on profite du fruit de son travail, volonté d'accéder à la propriété, plan épargne logement.

Mal aspecté. Achats compulsifs, placements boursiers hasardeux, frais de véhicule exorbitants.

SES AMOURS

L'âme d'un conquérant, l'allure fière, un brin macho... Il n'est pas rare d'observer notre cavalier au bras d'une nouvelle « proie », cueillie au gré de ses innombrables sorties (notamment associé à l'Amoureux). Fort heureusement, notre chevalier servant n'est pas uniquement volage, il aime aussi s'engager en amour ! En règle générale, il représente un couple qui avance dans la vie, des jeunes gens qui vivent ensemble et nourrissent des projets communs. Certes, le Chariot n'a pas encore la stature et le charisme de notre Empereur, mais il en prend assurément le chemin. Notre jeune roi est un passionné, un tendre épris de sentiments romanesques, prêt à déplacer des montagnes pour conquérir le cœur de sa moitié. Le Chariot construit sa vie amoureuse pas à pas... Dans un tirage de tarot, il matérialise souvent la rencontre d'un jeune homme ayant la trentaine, parfois légèrement moins. Le Chariot décrit aussi une situation où le travail déborde tellement sur la vie amoureuse que votre couple s'en ressent, lorsque pris dans l'engrenage professionnel, les deux partenaires se perdent de vue. Enfin, représentant la vie active, cet arcane augure souvent d'une idylle sur son lieu de travail.

Bien aspectés. Projets à deux, couple qui évolue favorablement, heureux en amour, partenaires bien assortis, rencontre enthousiasmante, engagement amoureux, générosité de cœur.

Mal aspectés. Prédateur sexuel, incartades amoureuses, carriérisme nuisible à votre vie de couple, manque d'engagement ou de preuves concrètes.

SA SANTÉ

En règle générale, le Chariot représente les gens qui jouissent d'une excellente santé. Cependant, mal entouré, il révèle des pathologies plus sérieuses. Symbolisant les déplacements terrestres et les mouvements, le Chariot évoque des dysfonctionnements liés à la vélocité et aux membres inférieurs. Ainsi, il matérialise régulièrement les problèmes de hanche et de bassin. Il symbolise aussi le mal des transports et les problèmes d'orientation dans l'espace. À l'image de l'attelage qui semble vaciller, cet arcane survient parfois dans les troubles de l'équilibre, et plus particulièrement au niveau de l'oreille interne (problème d'étrier...). Dans ses aspects les plus sombres, le Chariot représente les accidentés de la route et tous les handicaps psychomoteurs (notamment aux abords de la Maison-Dieu et de l'Arcane sans Nom). Le graphisme du char fait écho à celui d'un fauteuil roulant, le Chariot incarne donc également les paralysés tels que les hémiplégiques. Sachez également que le Chariot, lorsqu'il est associé à la Roue de Fortune, évoque parfois le syndrome de Gilles de la Tourette, une pathologie qui se manifeste sous forme de tics nerveux à répétition.

Bien aspectée. Bonne vitalité, cœur de sportif, dynamisme à toute épreuve, vélocité, santé resplendissante.

Mal aspectée. Handicap moteur, troubles psychomoteurs, fragilité au niveau des membres inférieurs, pathologie de la hanche ou du bassin, accidentés de la route (notamment aux abords de la Maison-Dieu et de l'Arcane sans Nom), tics nerveux, syndrome Gilles de la Tourette (notamment associé à la Roue de Fortune).

CONCLUSION

Le Chariot préside à l'action, il nous invite à prendre notre destin en main. La voie du Chariot est celle de l'accomplissement de soi, celle qui permet de nous révéler à nous-même. Le Chariot exhorte quiconque veut le suivre à aller de l'avant, à se donner les moyens de ses ambitions. Arcane puissant, sa présence dans un tirage est généralement bénéfique. Elle dynamise l'ensemble du jeu.

LA JUSTICE

SA FICHE SIGNALÉTIQUE

SA PHOTO. Représentée de face par une tête couronnée tenant un glaive de la main droite et une balance de la main gauche, l'arcane figure une femme aux cheveux clairs torsadés. Vêtue d'une robe recouverte d'un manteau, dame Justice trône sur un large fauteuil couleur or orné de deux colonnes.

SON PROFIL. Symbole de droiture et d'équité, la Justice incarne la loi, les règles régissant toute société, les limites à ne pas franchir. À l'instar de la représentation de Thémis dans la mythologie grecque, cet arcane arbore tous les attributs de la magistrature : les deux plateaux de la balance servent précisément à peser le pour et le contre, tandis que le glaive symbolise les sanctions ; il punit quiconque transgresse les interdits. Ce glaive rappelle étrangement l'épée de Damoclès.

SES FORCES. Sa droiture, son équité, son impartialité, sa franchise, son sens des responsabilités, son respect des codes et des conventions, sa discipline, son esprit analytique, sa force de caractère, sa maîtrise de soi, sa nature pondérée, ordonnée.

SES FAIBLESSES. Sa psychorigidité, son intransigeance, son intolérance, sa sévérité, sa nature procédurière, son esprit binaire, son besoin de tout rationaliser, sa froideur apparente, son manque d'hospitalité.

SON ÂGE. En règle générale elle représente une dame de quarante ans. Toutefois, la Justice incarne avant tout un concept d'équité et de droiture qui s'applique à tous les mortels, qu'ils soient jeunes ou vieux.

SON NUMÉRO D'IMMATRICULATION. Le 8. Symbole de complétude, le « 8 » est un chiffre sacré dans la société japonaise. Dans la mythologie indienne, il fait écho aux bras de Vichnu qui sont au nombre de huit. Le « 8 » rappelle également la lemniscate qui symbolise l'infini et l'universalité.

SON UNIVERS PROFESSIONNEL

Dans ce domaine, la Justice renvoie principalement à la signature de contrats. Tandis que dame Justice présage régulièrement de la signature d'un contrat de travail à durée indéterminée lorsqu'elle apparaît aux abords du Chariot, sa présence auprès de l'Amoureux augure très souvent d'un contrat à durée déterminée. Symbolisant surtout les concours administratifs de la Fonction publique ainsi que les contrôles de compétence, l'arcane matérialise les diplômes et les sésames divers et variés. Elle pose également les actes de carrières. En règle générale, l'arcane nous parle d'emblée des emplois administratifs et, par conséquent, des **fonctionnaires**. Elle matérialise aussi les accréditations, les agrémentations et, par extension, toutes les autorisations administratives. Elle incarne souvent les organismes tels que la Chambre de commerce, l'Urssaf, toutes les administrations chargées de réguler et d'immatriculer les sociétés. Elle représente fréquemment un **préfet**, un **maire**, un **employé municipal**... L'iconographie évoque spontanément les administrations étatiques et les instances juridiques chargées d'appliquer la loi et de faire régner l'ordre. Son graphisme fait écho aux emplois de la magistrature, et notamment au métier de **juge d'instruction** (ce qui est suggéré par le mortier qu'elle porte sur la tête), d'**avocat**, d'**huissier**, de **notaire**, de **mandataire judiciaire**... Cette lame du tarot matérialise donc la rédaction de tous les actes notariés. Dame Justice incarne aussi les forces de l'ordre. Elle endosse donc volontiers le rôle de **procureur de la République**, de **commissaire** ou de **policière** (notamment au contact du Diable). Dans un tout autre registre, les deux plateaux de la balance servaient autrefois à peser et à évaluer le prix des denrées alimentaires, à en définir la valeur marchande, c'est pourquoi la Justice symbolise également les **comptables**, les **gestionnaires**, les **hôtesses de caisse**, les **agents de change**, les **statisticiens**, les **auditeurs**, les **professeurs de mathématiques**, toutes celles et ceux qui doivent effectuer des calculs ou manipuler des chiffres dans le cadre de leurs obligations professionnelles. Ainsi, selon le contexte, dame Justice matérialisera un taux, un quota, un pourcentage, un ticket de caisse, une fiche de paie... Enfin, associée à l'Amoureux, l'arcane représente un **délégué syndical**.

Bien aspecté. Signature d'un contrat de travail indéterminé (notamment au contact du Chariot), réussite à un concours administratif, de la Fonction publique, sécurité de l'emploi, respect de la hiérarchie, mérites récompensés, ratification d'un protocole d'accord (surtout associée au Soleil), avancement de carrière, augmentation de salaire, subventions accordées, éthique exemplaire, autorisations légales délivrées, comptabilité saine voire excédentaire, bénéfices, profits.

Mal aspecté. Sanction punitive (blâme...), autorisations administratives refusées, soucis de papiers, projet mal cadré, échec à un concours administratif, imbroglio juridico-administratif, contrat dolosif, conflit salarial, action devant les Prud'hommes (notamment auprès du Diable), contrôle Urssaf, mauvaise comptabilité, indemnités non perçues, procès, problèmes liés à des baux commerciaux.

SON COMPTE EN BANQUE

En règle générale, dame Justice a une gestion plutôt « carrée » de son porte-monnaie. Elle garde la tête sur les épaules et ne gaspille pas son argent à tort et à travers. Elle ne dépense pas plus que ses moyens financiers ne le lui permettent. Elle occupe souvent un emploi réputé stable et, à ce titre, s'octroie quelques fantaisies, dont l'achat de bijoux (le graphisme de la carte évoque un goût prononcé pour les bijoux en or massif). Son sens de la mesure et son attitude pondérée la préservent de toute imprudence dans ce domaine. Toutefois, dans ses aspects les plus sombres, la Justice matérialise un procès coûteux, des procédures juridiques qui grèvent le budget familial, mais également une activité dont les cotisations sont devenues beaucoup trop élevées. Étant plutôt prévoyante par nature, dame Justice aura pris soin de mettre ses économies sur un compte épargne rémunérateur. Elle sera également adepte de placements sécurisés au sein d'organismes bancaires réputés sérieux. Dans un tirage de tarot sur votre actualité financière, sachez que l'arcane symbolise aussi les transactions commerciales, les achats et les ventes de marchandises de tous ordres (notamment associé au Soleil).

Bien aspecté. Gestion par anticipation, âme de planificateur, équilibre budgétaire, achats raisonnés, placements sécurisés.

Mal aspecté. Période d'austérité et de rigueur budgétaire, chute du pouvoir d'achat, procès devenu coûteux, soucis de trésorerie, charges élevées, vie à crédit, allocations-chômage (en présence de l'Arcane sans Nom).

SES AMOURS

Côté cœur, la Justice matérialise un acte officiel, un engagement solennel tel un Pacs ou un mariage (notamment associée au Soleil). En règle générale, elle représente l'équilibre conjugal, une relation sérieuse, une partenaire ordonnée et pragmatique sur laquelle on peut compter au sein du foyer. Elle aura à cœur d'inculquer de vraies valeurs morales à sa progéniture, lui prodiguant une éducation plutôt rigoriste. Parent sévère, elle met l'accent sur les règles de la bienséance, sur le respect de son prochain et sur les limites à ne pas dépasser. En société, dame Justice paraîtra parfois trop sérieuse, et sa froideur extérieure déconcertera plus d'un soupirant. Au pire, elle affichera une personnalité psychorigide engoncée dans une vision surannée du couple, totalement incapable de se livrer ou de s'abandonner à quiconque. Dame Justice peine à couper le flux de son mental ; elle est très cérébrale et cogite sans cesse. Elle donne par ailleurs l'impression de peser continuellement ses paroles, si bien qu'elle manque souvent de spontanéité. L'arcane indique également une période de bilan au sein d'une relation de couple : on fait le point, on soupèse le pour et le contre. Elle matérialise très fréquemment la rencontre d'une personne mariée. Mal entourée, elle symbolise les divorces, car elle représente tous les actes officiels sans exception.

Bien aspectés. Officialisation, engagement solennel, mariage, équilibre conjugal, relation sérieuse, valeurs traditionnelles.

Mal aspectés. Divorce pénible, déséquilibre conjugal, relation extraconjugale, rencontre d'une personne mariée, psychorigidité, personne « coincée ».

SA SANTÉ

Principe même de l'équité, la Justice augure fréquemment d'un bon équilibre général, d'une bonne hygiène de vie, et de bilans de santé normaux. Cependant, dame Justice intervient principalement dans toutes les pathologies liées au poids. En effet, les deux plateaux de sa balance matérialisent la pesée des aliments, le poids et donc tous les instruments de mesure comme, par exemple, un pèse-personne. Ainsi, la Justice renvoie essentiellement aux problématiques liées à l'embonpoint et aux régimes alimentaires en tous genres. Le graphisme de la lame évoque une dame grassouillette engoncée dans ses vêtements avec un petit renflement au niveau du ventre, un signe évident d'épicurisme. La présence de cet arcane indique souvent de la mauvaise graisse, du cholestérol et parfois même du diabète (notamment associée à la Lune). Elle invite donc à surveiller son poids ainsi que son indice de masse corporelle. Tandis que dame Justice matérialisera une perte de poids inquiétante auprès de la Maison-Dieu, elle incarne un régime qui porte ses fruits aux abords de l'Arcane sans Nom. En revanche, associé à l'Étoile ou à la Tempérance, l'arcane évoque un régime diététique, une alimentation saine et équilibrée, un suivi nutritionnel... En règle générale, la lame symbolise les calculs. Elle apparaît donc tout naturellement dans les pathologies rénales ou biliaires (surtout aux abords de la Tempérance et de l'Amoureux). Mal entourée, dame Justice exprime des troubles de l'équilibre et des vertiges. Sachez également que cette lame de tarot représente le sommeil, c'est pourquoi elle parlera volontiers d'une perte d'équilibre liée à un sommeil perturbé ou de mauvaise qualité. Enfin, l'arcane indique quelquefois une pathologie de la hanche, un décalage du bassin, une jambe plus longue que l'autre...

Bien aspectée. Bon équilibre général, bonne hygiène de vie, régime alimentaire sain, sommeil de bonne qualité, bilan de santé correct, taux de sucre stable, indice de masse corporelle dans la moyenne.

Mal aspectée. Troubles de l'équilibre, embonpoint, cholestérol, diabète, calculs rénaux, biliaires, fragilité néphrétique, pathologie de la hanche, sommeil perturbé.

CONCLUSION

Incarnant les principes moraux et les règles d'éthique qui gouvernent notre société, dame Justice se veut garante des droits de chaque citoyen.

Elle symbolise les devoirs qui nous incombent et veille au strict respect des codes et des conventions en vigueur. En réalité, l'arcane nous invite surtout à réfléchir avant d'agir, à peser le pour et le contre dans nos prises de décisions, à rechercher l'harmonie et l'équité en toutes circonstances. Dans un tirage de tarot, elle évoque principalement les contrats et la signature de tous les actes régissant la vie courante. En revanche, mal entourée, cette huitième lame du tarot nous parle davantage d'imbroglios juridico-administratifs.

L'HERMITE

SA FICHE SIGNALÉTIQUE

SA PHOTO. Représenté par un vieillard enveloppé d'un long manteau bleu à capuche, l'Hermite dépeint un homme âgé marchant vers la gauche, légèrement voûté, muni d'une lanterne et d'un bâton de pèlerin. La scène se déroule en extérieur comme le suggère la végétation environnante.

SON PROFIL. Symbolisant la sagesse des anciens et la somme de nos expériences, l'Hermite incarne le vécu, les événements qui jalonnent notre parcours, notre vie. Témoin du temps qui passe, notre Hermite reste tourné sur son passé, comme le suggère son personnage qui marche vers la gauche, retraçant son parcours. Il puise inlassablement dans son histoire pour enrichir ses réflexions présentes et futures. De par son symbolisme, la lame est avant tout une invitation à rechercher au plus profond de soi les clés de son destin. Carte d'introspection et de méditation contemplative, l'Hermite explore la richesse intérieure de l'être. Sa lanterne et son bâton évoquent les quêteurs et symbolisent les chercheurs de vérité. Le personnage avance à tâtons cherchant à faire la lumière, à nous éclairer de sa lanterne, à nous guider. L'Hermite incarne l'œuvre du temps qui passe, la sagesse que nos aïeux ont acquise au fil des siècles, celle-là même qui permet à tout un chacun de trouver sa voie, de se réaliser et d'atteindre cette maturité bienveillante. L'arcane matérialise également une quête spirituelle. Il nous plonge dans les réflexions métaphysiques et philosophiques sur le but de notre existence ici-bas.

SES FORCES. Sa sagesse, son vécu, son parcours, sa richesse intérieure, sa maturité, son esprit éclairé, son savoir, sa grande érudition, ses connaissances abyssales, son recul sur les événements, repli sur soi salutaire, un initié.

SES FAIBLESSES. Sa lenteur, son besoin viscéral d'isolement, son apparente austérité, sa timidité maladive, sa réserve excessive, son mysticisme.

SON ÂGE. Voici le doyen du tarot, un homme d'âge avancé, au crépuscule de sa vie. Il représente un grand-père, voire un arrière-grand-père. Le graphisme évoque un vieillard âgé de 80 ans et plus. L'Hermite, symbole de longévité, représente volontiers les centenaires.

SON NUMÉRO D'IMMATRICULATION. Le 9. Année de bilan en numérologie, l'année 9 marque la fin d'un cycle et le début d'un autre. C'est aussi le neuvième mois de la grossesse qui annonce un heureux événement. Avec le chiffre « 9 », on passe en mode « pause », c'est le principe de la jachère, de toutes les périodes de gestation. Il porte déjà en lui le germe d'un renouveau.

SON UNIVERS PROFESSIONNEL

Dans le domaine du travail, notre Hermite représente surtout l'ancienneté, eu égard à sa longévité. Cependant, selon le contexte, l'iconographie de la lame évoque d'abord une quête, une recherche... Au côté du Chariot, ce dernier nous parle principalement de recherche d'emploi.

Le graphisme de la lame évoque d'emblée un homme d'âge avancé, voire un grabataire. De fait, le personnage représente toutes celles et ceux qui travaillent dans les hospices, les maisons de retraite, etc. L'Hermite incarnera donc volontiers un **gérontologue**, un **gériatre**, le personnel hospitalier évoluant au contact des personnes âgées, et notamment le personnel médical préposé aux soins palliatifs. Par extension, la lame matérialise également un service d'aide à la personne. Adepte des professions qui exigent méticulosité et persévérance, l'Hermite avance lentement mais sûrement. Tel un coureur de fond, un marathonien, l'Hermite est un travailleur acharné, appliqué et méticuleux. Il s'investit volontiers dans les travaux de recherche de longue haleine. Cette lame englobe fréquemment les **doctorants** et les **thésards**, tous ceux qui font des études universitaires de troisième cycle en vue de passer maître dans leur domaine de compétence. Son besoin naturel de fouiller, de chercher à comprendre « le pourquoi du comment » en fait un **chercheur** né, un **scientifique** aguerri, un **savant**, un **laborantin**, un **psychologue** (notamment associé à la Lune). Dans le même registre, l'Hermite est un enquêteur, un **investigateur**, un **détective privé**. Sa lanterne évoque les **archéologues**, les **spéléologues**, les **veilleurs de nuit,** tandis que sa canne nous fait penser à un **sourcier**, un **radiesthésiste**. Cette lame et ce regard scrutateur rappellent aussi la posture des **accoucheurs**, des **obstétriciens** (notamment lorsque notre Hermite se marie à la Papesse ou au Pendu). Carte du passé par excellence, l'Hermite incarne également les **historiens**, les **archivistes** et les **généalogistes**. Il se nourrit du passé et prend plaisir à remonter à l'origine des choses. Sa tenue vestimentaire et son besoin de solitude inspirent le recueillement cher aux **moines**, aux **prêtres**... On dirait même que ce brave Hermite effectue un pèlerinage. Enfin, le personnage représente les **philosophes** et les **théologiens**, tous les penseurs ou intellectuels versés dans la métaphysique.

Bien aspecté. Sérieux, méticuleux, travailleur acharné, expérimenté, son ancienneté, entreprise pérenne, sens du labeur, la richesse de son parcours professionnel, son perfectionnisme, sa philosophie de vie, son cursus universitaire exemplaire, son endurance, sa patience, le temps joue en sa faveur, attente bénéfique, maître éclairé, initiateur hors pair.

Mal aspecté. Monotonie, sa lassitude, le train-train quotidien, projet freiné, lenteurs excessives, blasé, peu communiquant, manque d'ouverture sur l'extérieur, passivité alarmante, retards handicapants, déprime lancinante.

SON COMPTE EN BANQUE

Dépouillé du superflu, l'Hermite avance dans la vie avec bien peu de moyens pécuniaires. Le graphisme de la lame nous présente un vieillard à l'allure peu flatteuse muni d'un bâton et d'une lanterne pour seules possessions matérielles. À l'instar des religieux, et tel un moine tibétain, l'Hermite se contente de peu. En règle générale, le personnage incarne principalement la rigueur budgétaire, les petits moyens, et trahit parfois une pointe d'avarice. Fort heureusement, dans de nombreux cas, l'Hermite aura thésaurisé au fil du temps et se sera constitué un capital vieillesse sous forme d'assurance-vie ou d'épargne retraite. L'Hermite matérialise également les rentes viagères, surtout associé à L'Arcane sans Nom. Néanmoins, ce grand-père dépense uniquement ce dont il a besoin pour vivre ; les biens matériels, à l'exception des biens de première nécessité, lui importent peu. La sagesse qu'il a acquise au cours de sa vie lui a forgé une personnalité prévoyante, un sou étant un sou ! Mal entouré, cet arcane augure toutefois d'une vie de misère et de privations, d'une retraite insuffisante, de déchéance sociale... si bien qu'on est parfois contraint de se rendre aux « restos du cœur ». À ce titre, l'Hermite matérialise fréquemment le Secours populaire, l'Armée du Salut, la Fondation Abbé-Pierre, les Emmaüs, etc.

Bien aspecté. Sagesse de l'épargnant, sens des économies, prévoyance, assurance-vie, épargne retraite, petits moyens satisfaisants, retraite suffisante pour vivre, budget affecté aux biens de première nécessité, aucune dépense superflue, rentes viagères.

Mal aspecté. Cure d'austérité budgétaire, période de restriction, manque de moyens, difficulté à boucler les fins de mois, paupérisation, niveau de vie en dessous du seuil de pauvreté, retraite ou salaire de misère, minima sociaux, avarice.

SES AMOURS

Solitaire dans l'âme, l'Hermite incarne volontiers un vieux garçon, un célibataire endurci. Il donne l'impression de s'être retranché derrière son long manteau, osant à peine pointer le bout de son nez. Il avance à tâtons tellement il semble timide et réservé. Contemplatif, l'Hermite l'est par nature, il peut ainsi filer un amour platonique pendant plusieurs années avant de se déclarer à l'élu(e) de son cœur. Son allure monacale en fait un individu pieu, voire chaste. Il n'y a donc rien d'exceptionnel à retrouver cet arcane dans les problématiques de couple dont l'origine est un manque de désir sexuel. L'Hermite a réellement besoin de plages de solitude pour se retrouver. Introverti par nature, il est peu expansif dans l'expression de ses sentiments, peu enclin aux grands élans passionnés. En couple, notre Hermite privilégie les relations de longue durée. Il cherchera toujours à construire sur du long terme. On lui reproche principalement sa nature casanière, son style de vie pantouflard et son manque de communication légendaire. Dans ses aspects les plus sombres, et lorsque ce n'est pas par choix, l'Hermite est condamné à la solitude. Sachez également que l'Hermite demeure avant tout la lame emblématique du passé, et que, à ce titre, il matérialise à lui seul une ancienne relation amoureuse, un(e) ex-petit(e) ami(e). Enfin, notez que son personnage symbolise la rencontre d'une personne mûre ou plus âgée que soi. Il apparaît aussi chez les couples qui ont une grande différence d'âge.

Bien aspectés. Relation durable, vie de couple pérenne, un(e) ex revient dans votre vie, attirance pour les gens mûrs, les personnes plus âgées, célibataire par choix.

Mal aspectés. Solitude pesante, timidité maladive, peu expansif, manque de communication, amour platonique, vieux garçon, célibataire endurci, style de vie pantouflard, look peu soigné, baisse de la libido.

SA SANTÉ

Représentant un vieillard et incarnant la longévité, le personnage de l'Hermite évoque d'entrée de jeu toutes les maladies inhérentes aux personnes âgées. L'Hermite schématise les pathologies rhumatismales et articulaires en priorité. Il inclut notamment les patients souffrant d'arthrose, d'arthrite, voire de polyarthrite rhumatismale. Il évoque volontiers une décalcification osseuse, une ostéoporose... L'Hermite indique également une baisse d'acuité visuelle, des problèmes de surdité (notamment aux abords du Jugement et du Pendu). Notez surtout que l'arcane matérialise les carences et les déficiences quelles qu'elles soient. Notre vieillard augure aussi de troubles de la mémoire et, dans le pire des scénarios, il sera atteint de la maladie d'Alzheimer (notamment associé au Mat). Hormis les maladies liées au vieillissement du corps, l'Hermite évoque les grossesses et les suivis obstétriques (surtout associé au Pendu). Le chiffre « 9 » symbolise les neuf mois de la grossesse, la fin d'une période de gestation. Comme nous l'avons vu précédemment, l'Hermite est un savant, un chercheur. Il incarne donc tout naturellement les laboratoires d'analyses médicales, tous les examens de santé approfondis au même titre que la recherche médicale et la prévention. Notons que la lame de tarot renvoie aux problèmes liés à l'hérédité et la génétique... En effet, il faut parfois remonter au grand-père, voire à l'arrière-grand-père, pour pouvoir définir l'origine de certaines pathologies. D'un point de vue psychologique, cette lame apparaît fréquemment dans le jeu de personnes nostalgiques, mélancoliques tournées vers leur passé, enfermées dans leurs souffrances passées et incapables de se projeter dans le futur. On parlera alors de déprime latente, de lassitude, de cyclothymie, voire de dépression chronique. Combiné à la Lune, l'Hermite est souvent l'aveu d'un suivi psychologique. Enfin, le bâton de ce grand-père évoque une canne, il souffre donc parfois de claudication.

Bien aspectée. Longévité, grossesse, suivi obstétrique, examen de santé approfondi, prévention, suivi psychologique.

Mal aspectée. Arthrose, rhumatisme, polyarthrite rhumatismale, problèmes osseux (décalcification, ostéoporose), baisse d'acuité visuelle, surdité, déprime, dépression chronique, cyclothymie, nature mélancolique, caractère taciturne, sénilité, claudication, problématique liée à la génétique, à l'hérédité.

CONCLUSION

L'Hermite fait l'apologie du temps qui passe, c'est un philosophe dans l'âme. Cet arcane nous invite à réfléchir longuement avant d'agir, à prendre du recul sur les événements, à s'inspirer de nos expériences passées afin de mûrir les projets qui nous sont chers aujourd'hui. L'Hermite, c'est la lenteur personnifiée, ce temps qui s'écoule inlassablement et qui joue en notre faveur. Incarnant la sagesse des aïeux, son leitmotiv préféré serait sans conteste « tout vient à point nommé à qui sait attendre ».

LA ROUE DE FORTUNE

SA FICHE SIGNALÉTIQUE

SA PHOTO. Représentée par une roue en bois à six rayons, sur laquelle gravitent trois étranges créatures, la Roue de Fortune repose sur un socle à deux pieds, relié à une manivelle qui semble tourner dans le vide. En haut de l'image, trônant au sommet de la roue tel un sphinx, une chimère ailée et couronnée est assise immobile sur une plate-forme, une épée à la main. Deux autres créatures animales donnent l'impression de tourner avec la roue, de se pourchasser, l'une agrippée à droite de la roue monte vers son sommet tandis que l'autre descend le long du côté gauche.

SON PROFIL. Symbolisant les cycles de la vie et le principe même de l'évolution de l'humanité, la Roue de Fortune incarne un perpétuel recommencement à l'instar des saisons, de la vie et de la mort. La symbolique de la roue évoque volontiers les aléas de la vie, les hauts et les bas qui jalonnent notre parcours ici-bas. Cette roue de la destinée ne cesse de tourner en alternant les périodes de chance et de malchance. Elle est notre bonne ou notre mauvaise « fortune ». L'arcane suggère donc que des circonstances extérieures influent sur notre destinée, c'est en cela que la lame symbolise l'imprévu, le hasard... En effet, à cette grande loterie qui est la vie, les circonstances nous sont tantôt favorables ; on parvient à se hisser en haut de l'échelle, on rejoint alors la lumière, tantôt défavorables et cette même roue nous mène vers notre déclin. On s'enfonce alors dans les ténèbres un peu plus chaque jour. Selon le contexte, la Roue de Fortune prendra donc la forme d'une spirale infernale, ou a contrario, d'un cercle vertueux. Traditionnellement, la Roue de Fortune symbolise le mouvement et la mobilité ainsi que toutes les opportunités, bonnes ou mauvaises, qui émaillent notre chemin de vie.

SES FORCES. Sa réactivité, son dynamisme, sa spontanéité, son ingéniosité, son inventivité, son esprit novateur, son âme d'aventurier, sa mobilité, son opportunisme.

SES FAIBLESSES. Son instabilité, son manque de technicité, sa précipitation.

SON NUMÉRO D'IMMATRICULATION. Le 10. Il marque l'avènement d'un nouveau cycle, enrichi du vécu des neuf lames précédentes. Premier nombre composé de deux chiffres, le « 10 » englobe l'énergie créatrice du Bateleur, le chiffre « 1 », auquel s'ajoute la valeur du 0. Enfin, 1 + 0 équivaut à un nouveau (1) cycle (0). La forme « 0 » rappelle de surcroît la forme ovale de la Roue de Fortune.

SON UNIVERS PROFESSIONNEL

Arcane emblématique des mutations et de la mobilité professionnelle, la Roue de Fortune est la lame de mouvement par excellence. Elle préside aux changements d'affectation, notamment lorsqu'elle est associée au Mat. En règle générale, la Roue de Fortune exprime surtout une réorientation ou une reconversion professionnelle. Elle augure d'un renouveau et présage de l'avènement d'un nouveau cycle. Dans le domaine du travail, cette roue symbolise aussi les évolutions de carrière et toute nouvelle opportunité qui se présente à nous.

Le graphisme de la roue évoque d'emblée les véhicules et tout ce qui « roule ». Elle incarne autant les **mécaniciens**, les **concessionnaires** et les **techniciens** que les **commerciaux** de tous horizons (notamment au contact du Mat). En effet, sa forme ovoïdale matérialise un engrenage ou un mécanisme quelconque tel un système de poulie, un tambour de machine à laver, une montre... À ce titre, cette roue représente donc indifféremment un **vendeur**, un **réparateur en électroménager**, un **horloger**, un **machiniste**. En raison de sa ressemblance frappante avec la roue de l'Euromillion ou celle de la Loterie nationale, on associe communément cet arcane aux jeux de hasard, et notamment au métier de **croupier**. Notons également que la Roue de Fortune incarne tout une série de professions liées à l'argent, à l'instar des **agents de change**, des **agents de bourse**, des **courtiers** ou des **traders**. Principe de l'évolution et donc du progrès, l'arcane symbolise principalement les inventions et les technologies de pointe, tous les concepts novateurs qui ont vocation à révolutionner le quotidien de tout un chacun. Il représente donc les **inventeurs**, les **consultants en nouvelles technologies** ainsi que les **ingénieurs** (automobiles, aéronautiques...). Schématisant également les **programmateurs informatiques** et les **électroniciens**, le visuel de la carte fait penser à un CD rom, à un disque dur, à un logiciel informatique... Enfin, la Roue de Fortune évoque clairement un scanner ou une IRM ; elle incarne notamment un service de neurologie. Elle représente donc les **neurochirurgiens** et les **neurologues**, surtout lorsqu'elle se trouve aux abords du Mat ou du Pape.

Bien aspecté. Évolution de carrière, réorientation bienvenue, renouveau enthousiasmant, mobilité imminente, mutation à l'ordre du jour (notamment auprès du Mat), déblocage de votre situation, occasion en or, opportunité bénéfique, enchaînement d'événements positifs, heureux concours de circonstances, activité en plein essor, promotion interne, chance inespérée, accession à un niveau de rémunération supérieur, prime exceptionnelle, bonus, reprise d'activité, regain d'énergie, employé réactif.

Mal aspecté. Instabilité professionnelle, projet mal engagé, report d'avancement, coup du sort, brusque revirement de situation en votre défaveur, malheureux concours de circonstances, période de malchance, conjoncture défavorable, job aléatoire, enlisement, on « patine », opportunisme malveillant, salaire gelé, soucis de trésorerie, dettes (notamment associée à l'Arcane sans Nom).

SON COMPTE EN BANQUE

La Roue de Fortune est instable par définition. Elle évoque d'entrée de jeu les fluctuations boursières et le caractère volatil des marchés financiers. Elle représente notamment les cotations boursières, mais également l'actionnariat d'entreprise, la part de tout un chacun au sein de la société. La Roue de Fortune est une invitation à prendre des risques, à « slalomer » dans le monde impitoyable de la finance. En général, l'argent rentre et sort selon les besoins du moment, on ne se soucie guère de l'état de ses comptes en banque. Lame d'argent, la Roue de Fortune matérialise les crédits à la consommation et les prêts bancaires. Elle incarne principalement celles et ceux qui vivent à crédit. Selon le contexte, cet arcane parle tantôt de bénéfices et de déblocage de fonds, tantôt d'agios et de surendettement (surtout associé à l'Arcane sans Nom). En négatif, cette roue exprime des revers de fortune liés à la tentation de l'argent facile : c'est celle des joueurs invétérés qui arpentent les salles de casino dans l'espoir sans cesse renouvelé de décrocher le jackpot. Avec cette roue, grande est alors la tentation de sombrer dans l'ivresse des jeux de hasard.

Bien aspecté. Aubaine financière, obtention d'un prêt, déblocage de fonds, gain à la loterie, placements boursiers rémunérateurs, augmentation de salaire, fonds de roulement satisfaisant, comptabilité exponentielle, participation à l'actionnariat d'entreprise.

Mal aspecté. Placements boursiers hasardeux voire dangereux, budget grevé, surendettement (au côté de l'Arcane sans Nom), vie à crédit, marasme, dettes de jeu, charges trop élevées.

SES AMOURS

La Roue de Fortune incarne le changement. Elle prône la spontanéité dans ses échanges amoureux. Elle a besoin d'être surprise par son partenaire. Si vous voulez la séduire, il vous faudra déployer des trésors d'ingéniosité et sans cesse vous renouveler, faute de quoi elle se lassera très vite de votre compagnie. En règle générale, elle représente une relation en cours ou un couple pour lequel tout « roule ». La Roue de Fortune apporte de l'imprévu dans notre vie, elle matérialise à elle seule le hasard des rencontres. Selon le contexte et les cartes environnantes, elle parlera autant du retour soudain de votre ex que d'un changement de cap définitif. Dans la grande majorité des cas, elle augure de nouvelles opportunités de rencontres, d'un renouveau affectif. En négatif, elle apparaîtra instable et volage, enchaînant alors les flirts sans lendemain. Mal entourée, elle symbolise aussi l'enlisement du couple dans les méandres de son train-train quotidien.

Bien aspectés. Renouveau affectif, idylle imprévue, changement de cap bénéfique, période de rencontres multiples (notamment aux abords de l'Amoureux et du Diable), le « hasard » fait bien les choses, retour soudain d'un(e) ex (notamment associée à l'Hermite), couple qui évolue à la faveur des circonstances.

Mal aspectés. Mauvais timing, engrenage malsain, cercle vicieux, enlisement dans le quotidien, couple incapable de se renouveler, cycle de malchance, instabilité émotionnelle, besoin impérieux de changement, souci d'argent à l'origine de problèmes conjugaux.

SA SANTÉ

En règle générale, la Roue de Fortune n'augure pas de problèmes de santé majeurs. Elle présage, au contraire, d'un regain d'énergie vitale et d'un dynamisme à toute épreuve. Néanmoins, dans un tirage sur la santé, il conviendra de l'analyser principalement en fonction de sa forme géométrique. Le graphisme évoque un rond ou une forme ovale, on peut y établir un parallèle avec les organes du corps humain qui épousent une forme analogue, tels que les yeux, les genoux, les chevilles, les articulations, les disques, les cervicales... Rappelons toutefois que le graphisme de la roue évoque d'emblée un scanner ou une IRM, ce qui est d'autant plus vrai que cette roue pivote sur elle-même. Dans le domaine médical, sa présence exprime souvent la nécessité de passer ce type d'examen, notamment si elle est associée au Mat (la neurologie) ou au Jugement (les technologies ultramodernes). Il conviendra, bien évidemment, de considérer le tirage dans sa globalité afin d'exhorter le consultant à se faire prescrire une IRM ou un scanner par son médecin généraliste.

Cela étant, la Roue de Fortune matérialise aussi les problèmes de disques ou de cervicales (notamment au côté de la Maison-Dieu) et de genoux (surtout combinée au Diable). Plus généralement, elle représente les douleurs articulaires telles que l'arthrose rhumatismale ou la polyarthrite... La présence de l'Hermite et de l'Arcane sans Nom parmi les lames environnantes confirmera souvent ce diagnostic. Comme précisé ci-dessus, le visuel de la roue fait penser à un globe oculaire. Il n'est donc pas surprenant de rencontrer cet arcane dans les thématiques liées au champ visuel ou aux maladies de l'œil (cataracte, glaucome, dégénérescence maculaire...). Par exemple, au côté de l'Arcane sans Nom, cette lame de tarot préconise un changement de lunettes. Sachez également que la Roue de Fortune représente les corps étrangers en général : ainsi, selon le contexte, elle symbolise aussi bien un pacemaker, un appareil auditif, une prothèse, une couronne, un cathéter.... Enfin, cet arcane évoque la circulation sanguine, notamment lorsqu'il jouxte l'Amoureux (l'arcane emblématique du sang). À cet égard, notre roue parle donc très souvent des cycles et des menstrues. À un moindre degré, la Roue de Fortune indique parfois des pathologies impliquant les globules blancs et le système immunitaire.

Bien aspectée. Bonne motricité, personne véloce, regain d'énergie ou de vitalité, dynamisme à toute épreuve.

Mal aspectée. Problèmes articulatoires, soucis rotuliens, disques usés, douleurs aux cervicales, problèmes oculaires ou auditifs (port d'un appareil...), circulation sanguine à surveiller, trouble de la vitesse de sédimentation, pathologies liées aux globules blancs.

CONCLUSION

La Roue de Fortune est sans nul doute un des arcanes les plus versatiles et les plus déroutants pour les néophytes. Il est important de toujours garder à l'esprit sa forme géométrique quand elle apparaît dans un tirage de tarot. En règle générale, elle symbolise une opportunité tant attendue ou, a contrario, un imprévu fâcheux qui vient changer la donne de départ. Elle préside ainsi aux changements de cap dans la vie de tout un chacun. Elle apporte toujours un vent de renouveau, nous rappelant que le changement, bon ou mauvais, est nécessaire à notre évolution.

LA FORCE

SA FICHE SIGNALÉTIQUE

SA PHOTO. Représentée par un personnage féminin élégamment vêtu, la Force figure une femme aux formes généreuses, debout, tenant écartée la gueule d'un lion, du bout des doigts. Habillée d'une jolie robe rouge à lacets et d'une longue cape bleue, la dame est également coiffée d'un beau chapeau aux larges bords.

SON PROFIL. Symbolisant notre pouvoir d'action et l'affirmation de soi, l'arcane évoque autant la force physique que la force intérieure. La puissance physique est matérialisée par la carrure imposante de la dame ainsi que par la scène de domination en elle-même. Ainsi, cette lame fait largement référence à la dialectique du maître et de l'esclave. Notons que les imagiers de l'époque se sont montrés particulièrement avant-gardistes en prenant le risque de représenter la Force, un concept de virilité, par cette femme plantureuse. Sans nul doute avaient-ils compris que la véritable force est ailleurs. La Force, dont le couvre-chef en forme de lemniscate n'est pas sans rappeler la coiffe du Bateleur, nous offre d'infinies possibilités. Ce grand chapeau qui sort du cadre de la carte suggère une force immatérielle bien supérieure à la seule force physique. Principe d'intelligence, la Force symbolise également la domination de l'homme sur le règne animal. À cet égard, la scène fait référence au culte de Mithra qui ouvre la gueule du taureau. Avec cette lame, on a la victoire en main, on est passé aux commandes, on nous a confié les pleins pouvoirs, on a réussi à vaincre ses bas instincts, matérialisés ici par l'animal soumis. C'est justement de cette grande force morale dont il est question ici, cette capacité que l'être humain a de se maîtriser, de dompter ses instincts grégaires. C'est précisément grâce à cette force morale et cette belle confiance en soi que la jeune femme parvient à domestiquer le lion. En effet, elle a su dompter ses peurs et museler ses angoisses. Ne donne-t-elle pas l'impression d'ouvrir la mâchoire de la bête sans fournir le moindre effort ? Ici, le mental domine, celui-ci suffit à vaincre l'adversaire, inutile donc de recourir à la force physique pour se faire respecter.

SES FORCES. Sa confiance en elle, sa volonté chevillée au corps, sa maîtrise de soi, ses aptitudes à manager, son sens des responsabilités, son charisme naturel, son panache, sa bonté, sa bravoure, son héroïsme.

SES FAIBLESSES. Sa tyrannie, son autoritarisme, son arrogance, ses excès de colère, son besoin maladif de reconnaissance sociale, son orgueil mal placé, sa personnalité belliqueuse, sa baisse de tonus, son manque de dynamisme, de courage, son impatience légendaire.

SON ÂGE. La Force dépeint une femme aux formes généreuses, quel que soit son âge. En règle générale, elle représente les femmes dont la tranche d'âge varie entre 30 et 60 ans. Ainsi, selon le contexte, elle incarnera autant une jeune mère de famille plantureuse qu'une dame plus mûre.

SON NUMÉRO D'IMMATRICULATION. Le 11. Située à mi-chemin entre le Bateleur et le Mat, la Force divise les 22 arcanes majeurs en deux parties. Elle insuffle une nouvelle énergie, celle du Bateleur multipliée par 2. Qui plus est, la somme théosophique nous renvoie encore au chiffre « 2 », celui de la Papesse. On retrouve la dualité, la lutte intérieure. Le « 11 » symbolise également les excès, les débordements...

SON UNIVERS PROFESSIONNEL

La Force incarne le courage et la volonté, des qualités très prisées dans le monde du travail. En règle générale, la Force représente toutes les personnes charismatiques habituées à occuper de hautes fonctions ou présentant de sérieuses aptitudes au commandement. La Force matérialise donc l'envie de tout un chacun de s'élever dans la hiérarchie, de gravir les échelons, de briguer des postes à responsabilités, de réussir par soi-même à « la seule force du poignet ». Elle symbolise donc essentiellement les **dirigeants** de multiples horizons socioprofessionnels ainsi que leurs « sous-chefs » tels que le **directeur général**, les **contremaîtres**, les **agents de maîtrise**, les **chefs d'équipe**... Toutefois, la Force représente surtout les **travailleurs indépendants**, les auto-entrepreneurs, toutes celles et ceux qui aspirent à devenir leur propre patron.

De par son nom, l'arcane regroupe aussi les activités manuelles qui font appel à la force physique telles que les **métiers du bâtiment** (notamment auprès de la Maison-Dieu), les **déménageurs**, les **chefs de chantier**, les **entrepreneurs**...

La force intimide ; elle symbolise ainsi les **forces de l'ordre** (notamment au contact de la Justice), les **CRS**, les **agents de sécurité**, les **gardes du corps**, les **videurs**... toute personne amenée à maintenir l'ordre et à recourir à la force si les circonstances l'exigent. En outre, sa bonne condition physique en fait un **coach sportif** hors pair, un **professeur d'éducation physique** aguerri, un **haltérophile**, une activité où les muscles exultent. Notons également que la scène évoque d'entrée de jeu les **dompteurs**, les **dresseurs**, les **maîtres-chiens**, les **éleveurs**, les **comportementalistes animaliers**, les **toiletteurs pour chiens** (notamment associée à l'Étoile)...

Sachez enfin que la Force, en contrepartie de ses qualités de bravoure et de courage, a tendance à instaurer des rapports de force avec son entourage professionnel. Dans certains cas, elle devient imbue de sa personne et refuse toute forme d'autorité.

Bien aspecté. Puissance de travail hors pair, motivation, volonté à toute épreuve, personnalité de leader, mental de gagnant, réussite personnelle, vous êtes en position de force pour négocier, sang-froid, force de caractère, réelles aptitudes au commandement, ambition et dynamisme, grande maîtrise de soi et des situations.

Mal aspecté. Bras de fer avec l'autorité en place, conflit avec un chef de service, personnalité autocratique, besoin viscéral de tout contrôler, de soumettre ses collaborateurs, tendance à l'agressivité, complexe d'infériorité, manque de confiance en soi, impatience.

SON COMPTE EN BANQUE

En règle générale, la Force gère son budget de main de maître. Elle tient les cordons de la bourse et maîtrise ses dépenses comme personne. Contrairement à l'Hermite, qui exprime une baisse du niveau de vie et donc une chute de son pouvoir d'achat, la Force augure d'une hausse de salaire et d'une amélioration substantielle de son train de vie. Sa volonté de s'élever socialement et de réussir dans sa profession fait qu'elle fera tout ce qui est en son pouvoir pour se mettre à l'abri du besoin. Occupant fréquemment des postes à responsabilités, son niveau de rémunération lui permet de faire des folies de temps à autre. La Force sait se montrer prodigue au-delà du raisonnable quand il s'agit de faire plaisir à son entourage proche. Elle incarne volontiers l'image de la « mama », celle d'une femme généreuse et protectrice qui couvre sa progéniture de cadeaux dès lors qu'elle en a l'occasion. Quand elle aime, la Force ne regarde pas à la dépense ! Elle consacre une bonne partie de son budget aux activités sportives ou récréatives. Enfin, selon ses moyens, la Force procédera à des placements sécurisés afin de faire fructifier son capital au mieux de ses intérêts. Dans la majorité des cas, elle aspire à devenir propriétaire de sa résidence principale.

Bien aspecté. Gestion saine, maîtrise des coûts et des dépenses, hausse de salaire, niveau de vie confortable, élévation sociale bien cadrée, générosité de cœur, placements avantageux, accès à la propriété.

Mal aspecté. Bonté excessive, dépenses ostentatoires, peur de manquer.

SES AMOURS

En amour, la Force aime passionnément, à la folie... Elle exprime son désir avec fougue et recherche l'exclusivité dans ses relations de cœur, si bien qu'elle se montre quelque peu étouffante dans l'expression de ses sentiments. Elle instaure très souvent des rapports de force dans sa vie de couple. Entière dans ses relations amoureuses, elle en attend tout autant, sinon plus de l'être aimé. Sa noblesse de cœur n'a d'égale que sa jalousie maladive. En effet, elle ne tolérera aucune incartade, aucun débordement de la part de son alter ego. Sa propension à vivre des histoires d'amour enflammées sur le mode « je t'aime moi non plus » fait que le foyer conjugal peut vite devenir le théâtre de scènes de ménage mémorables. Dans ses aspects les plus sombres, la Force évoque les violences conjugales, notamment aux abords de la Maison-Dieu et de l'Arcane sans Nom.

En règle générale, la Force s'avère être une épouse prodigue, doublée d'une parfaite maîtresse de maison. Elle incarne également la rencontre d'une dominatrice, d'une maîtresse femme, parfois charnue, qui adore soumettre ses partenaires.

Bien aspectés. Amour exclusif, couple solide, noblesse de cœur, personnalité entière en amour, rencontre d'une femme à poigne.

Mal aspectés. Passion dévorante, rapports de force, jalousie maladive, possessivité excessive, scènes de ménage volcaniques, violences conjugales.

SA SANTÉ

Adepte des salles de sport et des cours de fitness, la Force est surtout connue pour sa bonne condition physique. En règle générale, cette lame augure d'une santé de fer et ne pose pas de problèmes particuliers. Cependant, matérialisant essentiellement les muscles et la force physique, la Force symbolise les claquages et les tendinites... Notons aussi que la dame utilise ses mains pour tenir écartée la gueule du lion. Elle manipule à la manière d'un rebouteux, d'un ostéopathe. Elle évoque volontiers une séance de rééducation fonctionnelle auprès d'un kinésithérapeute. Ses mains étant mises à l'épreuve sur la scène de dressage, il n'est donc pas rare que cet arcane exprime des douleurs à l'articulation du poignet, et plus précisément au canal carpien.

Arcane emblématique de l'embonpoint, la Force apparaît dans tous les troubles associés à la surcharge pondérale ou à la perte de poids. Ainsi, selon le contexte, elle traduira une perte de poids ou une liposuccion, notamment au côté de l'Arcane sans Nom. Par extension, cette lame exprime tout ce qui est « en trop » ou « hyper », tel que l'hypertension artérielle par exemple. Enfin, on a coutume d'associer la Force au signe du Lion en astrologie, ce dernier étant lui-même associé aux maladies du cœur. Une juste surveillance de l'appareil cardio-vasculaire est donc préconisée au travers de cet arcane.

Bien aspectée. Grande forme physique, bon tonus, bonne vitalité, santé d'athlète.

Mal aspectée. Problèmes musculaires (claquages, déchirures, tendinites...), rééducation fonctionnelle, hypertension artérielle à surveiller, surcharge pondérale, poignet douloureux (canal carpien), séance d'ostéopathie, manque de tonus, fatigue cardiaque.

CONCLUSION

« Vouloir c'est pouvoir », tel est le message de la Force. Cet arcane est celui de la force morale et de la confiance en soi. Symbolisant principalement une lutte intérieure, la Force prône les vertus du mental invitant tout un chacun à se surpasser, à reculer ses limites jusqu'aux frontières du possible. Cette lame de tarot nous déconseille de verser dans les rapports de force, rappelant, d'une part, que les conflits ne résolvent pas tous les maux et que, d'autre part, le recours à la force physique est un aveu de faiblesse. Si la Force retranscrit une farouche volonté d'agir sur les événements extérieurs, elle trahit néanmoins une réelle impatience.

LE PENDU

SA FICHE SIGNALÉTIQUE

SA PHOTO. Représenté par un personnage aux cheveux bleus, vêtu d'une veste à boutonnières, le Pendu se présente la tête en bas, les mains derrière le dos, la cheville gauche attachée à une potence, tandis que sa jambe droite, libérée de toute entrave, demeure pliée. Deux troncs d'arbre dont les branches ont été élaguées soutiennent la poutre transversale sur laquelle le Pendu est suspendu.

SON PROFIL. Symbolisant les épreuves karmiques et les blocages de tous ordres, le Pendu prône le renoncement et le lâcher-prise, des vertus sans lesquelles l'humanité ne saurait évoluer. L'image de cet individu, pieds et mains liés, suggère l'inaction, la résignation ainsi que l'incapacité à agir sur les événements extérieurs. Ainsi, impuissant, prisonnier de son destin, l'homme doit accepter son sort. Le Pendu représente une période de jachère, plus ou moins longue, au cours de laquelle nos projets demeurent « au point mort ». Cette pause salutaire, imposée par les circonstances, permet à tout un chacun de fourbir ses armes en attendant un moment plus propice pour entrer en action.

Notons également que le personnage est pendu par un pied, la tête en bas, il n'est donc pas ancré dans la réalité matérielle. Cette posture, qui fait écho aux positions des yogis, évoque un individu dont les aspirations ne sont pas matérielles, mais bel et bien spirituelles. Remarquons aussi que la couleur bleue de sa chevelure contribue à renforcer l'idée selon laquelle le Pendu évolue dans le monde de la spiritualité.

SES FORCES. Son dévouement, son don de soi, sa patience, son altruisme, sa philanthropie, sa foi, sa sensibilité, son évolution spirituelle.

SES FAIBLESSES. Son immobilisme, sa passivité, sa paresse, sa nonchalance, son impuissance, son côté bohème ou « tête en l'air », son cruel manque de réalisme.

SON ÂGE. Le personnage a le physique d'un jeune trentenaire, voire même un individu un peu plus jeune. Cela étant, le graphisme de la carte suggère avant tout un obstacle et ce, quel que soit l'âge du consultant.

SON NUMÉRO D'IMMATRICULATION. Le 12. À l'instar des 12 mois de l'année et des 12 signes du zodiaque, le « 12 » rappelle les 12 branches coupées à ras du tronc sur l'arcane. Sacré dans de nombreux pays, le « 12 » se retrouve dans de nombreuses références bibliques.

SON UNIVERS PROFESSIONNEL

En présence du Pendu, on a souvent l'impression que le sort s'acharne sur nous et que tout est bloqué. Retranscrit dans le monde du travail, le Pendu matérialise fréquemment les personnes « placardisées », dont l'évolution professionnelle semble figée à jamais. L'arcane symbolise aussi les sanctions punitives telles que les reports d'avancements et les mises à pied. Quoi qu'il en soit, on est comme confiné dans une salle d'attente, en « quarantaine », condamné à l'immobilisme dans l'espoir d'une période plus clémente.

En règle générale, le Pendu marque un sérieux coup d'arrêt à nos projets. Victime d'un mauvais concours de circonstances, nos entreprises sont dans l'impasse la plus totale. Gare aussi aux projets fantasques et chimériques voués à demeurer utopiques ! Finalement, cet arcane nous invite à faire preuve de philosophie et de patience en adoptant une attitude passive. Si votre carrière est en *stand-by*, n'est-ce pas un mal pour un bien ? Peut-être devez-vous rester à votre poste pour l'instant ? Faut-il vraiment quitter la proie pour l'ombre ? Cette lame est donc une réflexion sur les raisons de ces retards.

Dans le cadre du travail, le Pendu représente également les arrêts maladie et les hospitalisations. Il évoque aussi le harcèlement moral et le *burn-out* lorsqu'il se trouve aux abords du Mat.

D'une manière générale, le Pendu regroupe toutes celles et ceux parmi nous dont l'humanisme les porte à secourir autrui, à aider leur prochain... À ce titre, le Pendu incarne principalement les professionnels de la santé tels que les **aides-soignantes**, les **infirmières**, les **internes**... toute personne vouée à alléger les souffrances d'autrui. Dans le même registre, le Pendu suscite de nombreuses vocations pour les carrières sociomédicales, et notamment les métiers à caractère social. On y retrouve donc tout naturellement les **assistantes sociales** et les **agents sanitaires et sociaux**. L'arcane matérialise aussi les associations caritatives et le bénévolat. Arrêtons-nous un instant sur la posture du Pendu. Ne fait-elle pas penser aux **acrobates**, aux **funambules**, aux **contorsionnistes**, aux **professeurs de yoga** ? De toute évidence, le personnage incarne surtout un prisonnier, un martyr ; il ne peut s'enfuir puisqu'il est condamné, attaché à sa potence. Symbolisant l'univers carcéral, nous retrouvons ce brave Pendu arpentant les couloirs des prisons dans le rôle d'un **agent de probation**, d'un **gardien de prison**... Nantis d'un haut degré de spiritualité, le Pendu est parfois prédestiné à mettre sa foi au service d'autrui. Il n'est pas étonnant de le voir officier en qualité de **prêtre** ou de **médium**, son dévouement et sa lumière lui permettant d'éclairer son prochain. Sachez également que le Pendu incarne les **écologistes** (notamment associé à l'Étoile) et apparaît fréquemment dans les tirages où il est question de projets environnementaux ou altermondialistes.

Bien aspecté. Attente salutaire, patience récompensée, dévotion, sens du sacrifice, don de soi, altruisme, ne pas lâcher la proie pour l'ombre, individu devenu philosophe.

Mal aspecté. Report d'avancement, entretien différé, projets au point mort, malaise perceptible, lenteurs handicapantes, retards importants, vous êtes sur une liste d'attente, manque de volonté affichée, fainéantise, attitude laxiste, entreprise chimérique, dépendance aux autres, asservissement, harcèlement moral, esclavagisme des temps modernes, maladie.

SON COMPTE EN BANQUE

S'il existe un marginal pour lequel les difficultés matérielles sont souvent d'actualité, c'est bien du Pendu dont il est question. En matière de fiscalité, le Pendu est en effet un bien piètre gestionnaire, qui a tendance à vivre au jour le jour, voire au crochet d'autrui dans certains cas. N'étant pas ancré dans la matière, son attitude bohème fait qu'il ne se soucie guère des contingences matérielles et encore moins de l'état de son compte en banque. Dans ces circonstances, il n'est donc pas surprenant qu'il se retrouve fréquemment dans une impasse, à devoir jongler entre les découverts autorisés et les agios. Dans le meilleur des cas, notre Pendu vit de petits moyens, mais consent à faire des sacrifices au quotidien afin de s'en sortir. Notons également que le Pendu est philanthrope par nature et peut se priver pour aider les autres. Il ne vit pas dans l'opulence. Dans la grande majorité des cas, il sera locataire de son logement, titulaire d'une assurance-vie et d'un Codevi tout au plus. Mal entouré, le Pendu vivra alors totalement en marge de la société dans une grande précarité, un peu reclus, sa subsistance dépendant alors des aides sociales et des allocations en tous genres. Au pire, il représentera un boulet à charge, un fils adulte à la charge de ses parents devenus impuissants face à cette situation. Sachez enfin que le Pendu matérialise aussi les dépenses de santé, les remboursements de Sécurité sociale et les aides médicales de tout ordre (pension d'invalidité, d'adulte handicapé...).

Bien aspecté. Sacrifices consentis, système D, on porte secours à ses proches.

Mal aspecté. Difficultés matérielles, grande précarité, dettes (notamment avec la Roue de Fortune), marginalité sociale, vie à crédit, revenu minimum, ressources très limitées, dépendant des aides sociales, importants frais médicaux.

SES AMOURS

Dans le domaine des sentiments, Le Pendu évoque surtout un attachement, un lien, une liaison amoureuse. On est « accro » à l'autre si bien que l'on en devient dépendant. Cette liaison est souvent aliénante et ne repose que très rarement sur un amour réciproque. Il matérialise parfois une relation extraconjugale, notamment aux abords de l'Amoureux et de la Lune. Le Pendu symbolise essentiellement toutes celles et ceux devenus esclaves de leurs sentiments, et dont la dépendance affective à l'autre devient invivable ou quasi maladive. En couple, Le Pendu sera dévoué à sa moitié et fera tous les sacrifices du monde pour sauver son foyer. Il représentera tantôt la maîtresse qui attend patiemment la venue de son amant, tantôt la mère de famille trompée, qui, en dépit des faits, attend sagement son mari à la maison, incapable de lâcher prise. En règle générale, le Pendu adopte une attitude passive voire effacée au sein du couple. En revanche, il est prêt à se sacrifier pour l'élu(e) de son cœur.

Bien aspectés. Romantisme, fidélité, côté « fleur bleue », sens du sacrifice, époux dévoué.

Mal aspectés. Dépendance affective quasi maladive, souffrance morale, liaison aliénante, calvaire amoureux, peur de l'abandon, plaie béante, trahison, abnégation de soi, masochisme.

SA SANTÉ

Arcane emblématique de la santé, Le Pendu représente le corps médical et les blocages de santé. En règle générale, la présence du Pendu dans un tirage de tarot n'est pas alarmante en soi, mais nécessite un examen minutieux des cartes avoisinantes afin de circonscrire avec précision le domaine médical dont il est question. Dans la grande majorité des cas, Le Pendu parle uniquement d'une baisse de tonus passagère ou d'un état de grande fatigue. En effet, l'arcane évoque souvent un état léthargique, un manque d'entrain, une forme d'apathie. Sa seule présence ne justifie donc pas de courir faire un check-up complet.

En raison de son graphisme, qui met l'accent sur les membres inférieurs, on associe traditionnellement le Pendu aux problèmes de jambes et de pieds (tendon d'Achille, foulure, entorse, cheville immobilisée...). Notons que la ficelle qui attache la cheville gauche de notre Pendu symbolise aussi les soucis ligamentaires voire tendineux. À l'instar de l'Empereur, le Pendu donne l'impression de porter des bas de contention pour endiguer les troubles circulatoires auxquels il est sujet. Étant immobilisé, notre brave Pendu représente, d'une part, les malades contraints à l'alitement et, d'autre part, toute personne victime d'un handicap moteur voire d'une maladie auto-immune telle que la sclérose en plaques, la maladie de Little... Dans un tout autre registre, le Pendu incarne aussi les consommateurs de drogues récréatives, tous les usagers de substances hallucinogènes ou d'opiacés. Bien entendu, le personnage, comme son nom l'indique, représente également un pendu et, plus généralement, les personnes souffrant de velléités suicidaires, surtout aux abords de L'Arcane sans Nom et du Mat. Fort heureusement cette lame de tarot évoque bien plus fréquemment un fœtus qu'un véritable pendu ! Le personnage se tient en position fœtale, comme accroché à la paroi de l'utérus. À ce propos, sachez que le binôme 12 + 13 matérialise une interruption volontaire de grossesse (cf. *Guide d'interprétation des 462 binômes*).

Bien aspectée. Début de grossesse (notamment associé à l'Hermite).

Mal aspectée. Pathologies liées aux pieds ou aux chevilles, état végétatif, déprime, douleurs dorsales, narcolepsie, velléités suicidaires.

CONCLUSION

Le Pendu est une leçon de vie à lui seul. Il nous apprend à lâcher prise, à prendre notre mal en patience. Tel est le prix de la liberté !

Paralysé par les circonstances, le destin nous oblige parfois à une prise de conscience forcée, à une pause salutaire. Avec le Pendu, le temps s'est arrêté un instant, le lâcher-prise apparaît alors comme le seul moyen de repartir du bon pied ; il permet ainsi aux projets de mûrir, à l'homme de progresser.

En règle générale, sa présence dans un tirage fige le cours des événements et freine la réalisation de nos projets. Il conviendra d'analyser ces blocages en fonction des lames environnantes afin de lever toutes ambiguïtés.

L'ARCANE SANS NOM

SA FICHE SIGNALÉTIQUE

SA PHOTO. Représenté de profil par un squelette faisant usage d'une faux jaune au tranchant rouge, l'Arcane sans Nom évolue sur un terrain calciné jonché d'os, de mains, de pieds et de deux têtes décapitées, dont l'une est couronnée. La scène se déroule en extérieur, comme le suggèrent les touffes d'herbe et le sol brûlé sur lequel avance notre gardien du seuil.

SON PROFIL. Symbolisant les changements brusques et parfois traumatisants, l'Arcane sans Nom évoque la renaissance et la métamorphose de l'être. Cette « lame de fond » vient balayer les vieux schémas qui n'ont plus lieu d'être. Cet arcane est avant tout une prise de conscience, une « petite mort » remettant en cause ce que l'on tenait pour acquis, nous obligeant à tourner définitivement la page. Cette transformation s'opère autant sur le plan matériel que sur le plan personnel. L'Arcane sans Nom symbolise ainsi la résurrection. Elle apparaît comme un mal pour un bien, un changement de cap salutaire, nous permettant, tel le Phœnix, de renaître à une autre réalité. Ainsi va la vie, on doit mourir à quelque chose pour refaire surface ensuite. On associe traditionnellement cette carte à la moisson et aux récoltes, la faux matérialisant le changement de saison. Le graphisme funeste de cet arcane évoque largement la mort physique et rappelle également que nous sommes tous égaux devant la mort et les drames de la vie, que les changements nous touchent tous, sans exception de classe et de condition sociale, ce qui est suggéré ici par la tête couronnée décapitée à même le sol.

SES FORCES. Sa capacité à trancher, son perfectionnisme.

SES FAIBLESSES. Son extrémisme, son agressivité, sa nature d'écorché vif, son pessimisme.

SON ÂGE. La représentation de ce gardien du seuil matérialise essentiellement un concept universel de résurrection qui touche tous les êtres humains, quel que soit leur âge.

SON NUMÉRO D'IMMATRICULATION. Le 13. Superstition ou non, le « 13 » est considéré comme maléfique et porteur de nouvelles funestes. Le fait de se trouver 13 à table est supposé porter malheur, l'étage numéro 13 est inexistant dans la majorité des hôtels et gratte-ciel du monde entier.

SON UNIVERS PROFESSIONNEL

L'Arcane sans Nom matérialise une « traversée du désert » ; il symbolise les périodes d'inactivité et de chômage. Il représente de facto les demandeurs d'emploi et les indemnités de chômage lorsqu'il est associé à la Justice. Sa présence augure fréquemment d'un licenciement ou d'une démission (surtout associé au Mat). L'arcane parle principalement d'un *break*, d'une période de crise... En règle générale, il dépeint un lieu de travail digne d'un champ de bataille, une ambiance devenue délétère voire invivable où l'on « se tire dans les pattes » !

En revanche, notre squelette incarne également le dur labeur et les activités manuelles à forte pénibilité telles que celles des **manutentionnaires** et des **ouvriers**. Le symbolisme de la carte est si riche que nous pouvons y recenser pléthore de métiers. Par exemple, la présence des ossements et des têtes décapitées à même le sol évoquent tantôt une scène de guerre tantôt une scène de crime. Ainsi, selon le contexte, ce mal aimé aux allures de guerrier incarne, d'une part, les **militaires** et les **légionnaires**, d'autre part les **criminologues** et les **médecins légistes**. À l'instar du scalpel que manipule le **chirurgien** ou du bistouri utilisé par le **dentiste**, le tranchant de la faux fait également penser aux couteaux que l'on retrouve sur l'établi du **boucher** et de **l'équarrisseur**. Cet objet contondant représente une arme potentielle, telle la dague d'un assassin ou la machette d'un guerrier Massaï. Plus généralement, cette lame matérialise les **armuriers**.

L'Arcane sans Nom est connu pour ses positions tranchées, le mouvement de la faux indique que le squelette « fait le ménage » ; il se débarrasse des gens devenus nocifs ou indésirables et rappelle, en ce sens, la profession d'**huissier de justice** mandaté pour procéder aux expulsions des mauvais payeurs. En règle générale, l'archétype de la faux renvoie directement à la terre et à la moisson (on retrouve un épi de blé sur le sol brûlé, de même que la colonne vertébrale de notre squelette ressemble étrangement à un épi de blé). Notre faucheur rend donc hommage aux **agriculteurs**, aux **cultivateurs**, aux **vendangeurs**, et aux **boulangers,** mais aussi à toutes les personnes chargées de veiller à la propreté d'un site ou travaillant parmi les détritus et les décombres telles que les **agents de nettoyage**, les **agents de fourrière**, les **éboueurs**, les **démineurs**, les **bûcherons**, les **archéologues**, les **mineurs** et les **égoutiers**... Le sol calciné sur lequel progresse notre faucheur évoque les incendies, c'est pourquoi cet arcane représente aussi les **pompiers** et les **assureurs** (notamment aux abords de la Maison-Dieu ou du Soleil).

Notre squelette matérialise les os et symbolise d'emblée les **radiologues** et les **ostéopathes**. Par extension, le graphisme renvoie aux professions qui côtoient la mort ou qui entretiennent un lien indirect avec celle-ci comme les **fossoyeurs**, les **employés aux pompes funèbres**, les **notaires**, les **généalogistes** et les **médiums spirites**. Enfin, notre mal aimé incarne les traumas de la vie et donc les professionnels qui nous aident à en faire le deuil, à l'instar des **psychanalystes** (surtout associé au Mat).

Bien aspecté. Réforme positive, transformation bénéfique, résurrection professionnelle, départ volontaire, licenciement salutaire, démission libératoire, travailleur acharné et laborieux.

Mal aspecté. Échec professionnel, entreprise en liquidation ou au bord du gouffre, on vous déclare la guerre à votre travail, ambiance délétère, collègues nocifs ou dangereux, « coup de poignard » dans le dos, période d'inactivité, chômage, licenciement à l'ordre du jour (notamment associé au Mat), suppression de poste, mise à pied, enfer professionnel, stress épouvantable, perfectionnisme handicapant.

SON COMPTE EN BANQUE

En matière de finances et de gestion, l'Arcane sans Nom indique une période de grandes difficultés matérielles ainsi que la présence de dettes au sein du foyer (surtout associé à la Roue de Fortune). Évoquant souvent une perte d'emploi ou une « galère » socioprofessionnelle, cet arcane augure d'une véritable cure d'austérité. Cette descente aux enfers transforme nos habitudes de consommation en profondeur, nous obligeant à nous dépouiller du superflu au profit d'un mode de vie des plus spartiates. Malheureusement, le compte en banque de notre squelette est très souvent déficitaire, et les impayés ou les chèques refusés sont monnaie courante. Dans ses aspects les plus sombres, cette lame de tarot matérialise les saisies-arrêts sur salaire et les relances d'huissiers.

Cependant, l'Arcane sans Nom incarne en priorité les bas salaires et les personnes qui ont la valeur de l'argent, en particulier les gens du terroir qui gagnent leur vie à la sueur de leur front, à l'image des agriculteurs et des ouvriers.

Dans un tirage de tarot, notre squelette représente aussi les legs et les testaments (surtout aux abords de la Lune et de la Justice) et intervient systématiquement dans les indivisions. Il matérialise également les indemnités de chômage ou de licenciement quand il côtoie dame Justice.

Enfin, l'Arcane sans Nom souscrira à une assurance-vie et sera locataire de son logement principal.

Bien aspecté. Prime de licenciement, de précarité, valeur de l'argent bien intégrée, legs (associé à la Justice), souscription à une assurance-vie.

Mal aspecté. Période d'austérité, perte d'emploi, difficultés financières, indemnités de chômage (associée à la Justice), restrictions budgétaires, surendettement, bas salaires.

SES AMOURS

En règle générale, le graphisme de cette carte symbolise les séparations et les divorces (notamment auprès de dame Justice) ainsi que la traversée d'un désert affectif. L'Arcane sans Nom parlera tout autant d'une rupture amoureuse douloureuse ou d'un divorce pénible que d'une résurrection sentimentale !

On retrouve fréquemment cette lame de tarot chez les consultants qui ont vécu un trauma amoureux dont ils ne parviennent pas à faire le deuil.

En situation de couple, la présence de notre squelette augure souvent de disputes conjugales et de scènes de ménages à répétition. Il exprime des rapports envenimés et des partenaires à cran.

Dans la majorité des cas, l'arcane annonce une renaissance amoureuse ainsi que la nécessité de tourner la page sur une vie sentimentale qui ne vous convient plus.

Notons également que cette carte présage souvent de la rencontre d'une personne veuve ou divorcée.

Enfin, la couleur noire de l'arcane indique parfois un partenaire originaire des Antilles ou de l'Afrique subsaharienne (notamment associé au Soleil).

Bien aspectés. Changement de cap bénéfique, séparation nécessaire, rencontre d'une personne veuve ou divorcée, partenaire antillais ou africain.

Mal aspectés. Désert affectif, rupture amoureuse, divorce pénible, scène de ménages, séparation traumatisante ou mal vécue.

SA SANTÉ

Dans le domaine médical, l'apparition de ce mal aimé est susceptible de donner la chair de poule aux amateurs de tarot, le graphisme de la carte évoquant d'emblée la mort. Fort heureusement, notre gardien du seuil n'annonce que très rarement un décès à lui seul. Même mal entourée, cette lame de tarot matérialise davantage les traumatismes et les cancers que la mort. On retrouve souvent notre squelette en cas de cancer des poumons ou dans les troubles respiratoires avérés (notamment aux abords de la Lune, de la Roue de Fortune et du Jugement). En règle générale, l'Arcane sans Nom parle principalement de fractures et de pathologies osseuses telles que l'ostéoporose ou la polyarthrite rhumatismale. Le squelette suggère un personnage émacié ou décharné, un individu avec « la peau sur les os ». Il représente également les pertes de poids, voulues ou subies, et par extension les troubles liés à l'anorexie.

Rappelons, à toutes fins utiles, que l'arcane symbolise les actes chirurgicaux de tous ordres (notamment au contact du Bateleur et de la Maison-Dieu), la faux faisant écho au bistouri du dentiste ou au scalpel du chirurgien.

Quoi qu'il en soit, l'Arcane sans Nom évoque presque toujours une agression, qu'elle soit d'origine virale ou bactérienne. Enfin, la lame symbolise les matières fécales, tout ce qui est rejeté par notre organisme. Ainsi, selon le contexte, l'arcane matérialise les troubles intestinaux plus ou moins graves. Il sera alors parfois nécessaire de se faire prescrire une analyse des selles, voire une coloscopie si besoin est.

Bien aspectée. Perte de poids salutaire, opération bienfaitrice.

Mal aspectée. Fragilité osseuse, ostéoporose, rachitisme, scoliose, perte de poids alarmante, anorexie, opération chirurgicale (notamment associé au Bateleur), fractures, polytraumatismes, coupure, brûlures (notamment associé au Soleil), souche cancéreuse, charge virale, parasite, troubles respiratoires avérés, cancer du poumon, emphysème, infections pulmonaires (notamment associé au Diable et à la Lune), troubles intestinaux, dépression, décès.

CONCLUSION

Bien que ce personnage ait souvent mauvaise presse en raison de son graphisme quelque peu effrayant, l'arcane augure néanmoins d'une profonde métamorphose. L'Arcane sans Nom participe à un grand nettoyage intérieur, à une transformation radicale de nos schémas de pensée. Arcane emblématique de la résurrection, la scène invite à faire table rase du passé, à se dépouiller du superflu afin de renaître à une tout autre réalité. Ce gardien du seuil nous rappelle aussi que nous sommes tous égaux face à la mort.

TEMPÉRANCE

SA FICHE SIGNALÉTIQUE

SA PHOTO. Schématisée par une jeune femme ailée vêtue d'une robe bicolore, une fleur rouge dans les cheveux, Tempérance représente une jolie blonde aux cheveux longs transvasant un liquide incolore d'une vasque dans une autre. La scène se déroule en extérieur, comme le suggère la présence de deux touffes d'herbe.

SON PROFIL. Symbolisant la détente et le repos, la lame incarne communément les loisirs et les périodes de vacances. D'une apparente décontraction, Tempérance dégage une impression de paix et de bien-être intérieur, la vie semble s'écouler paisiblement tel un long fleuve tranquille. Comme son nom l'indique, Tempérance est une invitation au calme, à la quiétude, à la recherche permanente de l'harmonie dans les relations aux autres. Symbolisant traditionnellement les avions et, par extension, les voyages aériens, la présence d'ailes souligne également la nature angélique de ce personnage céleste. Alors que ses ailes lui confèrent une allure éthérée, quasi surnaturelle, elles lui ouvrent aussi d'autres horizons. Grâce à celles-ci, Tempérance prend de la hauteur, elle s'envole vers d'autres cieux à la découverte de cultures étrangères à la sienne. À bien des égards, cette figure angélique symbolise l'entre-deux mondes, le trait d'union entre deux peuples, deux cultures, deux niveaux de conscience... Outre cette ouverture d'esprit, une véritable bonté émane de cette demoiselle ailée, comme le suggère la position des bras évoquant une accolade, l'expression d'une personnalité accueillante. La gestuelle des bras évoque de surcroît le sens de la mesure, de l'équilibre, un individu d'un naturel souple et conciliant. À première vue, les deux cruches manipulées par la jeune femme semblent filtrer de l'eau et renvoient à un principe de purification, de nettoyage. Pourtant ce « fluide » blanchâtre transvasé entre les deux amphores symbolise régulièrement le magnétisme ou les champs électromagnétiques ainsi que le courant électrique, rappelant ainsi les polarités négatives et positives des alternateurs ou des appareils électriques. Les vibrations évoquées par ce même fluide matérialisent également celles produites par nos cordes vocales. Elles font ainsi écho à l'onde de la voix et, plus largement, aux ondes invisibles qui sont émises par nos téléphones. C'est pour cette raison que Tempérance est principalement associée aux liaisons téléphoniques et aux échanges de toutes sortes, fussent-ils verbaux ou invisibles (contacts télépathiques...).

SES FORCES. Sa douceur, son sens de la mesure, son attitude pondérée, sa joie de vivre, sa quête permanente d'harmonie, sa bonne humeur communicative, son tact, sa diplomatie, sa souplesse, sa nature conciliante, son ouverture d'esprit, sa convivialité, sa courtoisie, son sens aigu du relationnel, sa générosité, sa personnalité accueillante, hôtesse hors pair.

SES FAIBLESSES. Son laxisme, sa paresse, sa nonchalance, son côté « girouette », son moral à géométrie variable, sa difficulté à prendre position, sa neutralité, sa tendance à ménager la chèvre et le chou, sa santé nerveuse précaire, sa nature d'écorchée vive, personnalité influençable, valse-hésitation gênante.

SON ÂGE. En règle générale, le graphisme représente une jeune femme dans la trentaine, et parfois même une quadragénaire. Elle matérialise particulièrement tout personnage féminin en quête d'harmonie et de douceur dans ses relations aux autres.

SON NUMÉRO D'IMMATRICULATION. Le 14. Multiple de 7, il renforce la valeur sacrée de ce dernier.

SON UNIVERS PROFESSIONNEL

Bien que connue principalement pour matérialiser les congés annuels et, par extension, les périodes de vacances scolaires et de farniente, Tempérance évoque également le travail en temps alterné ou à mi-temps. En raison de ses incroyables capacités d'adaptation au milieu environnant et de sa grande flexibilité, cette demoiselle ailée représente fréquemment le travail en intérim ou les emplois saisonniers. En règle générale, Tempérance augure d'un univers professionnel agréable et harmonieux au sein duquel vous travaillez dans la joie et la bonne humeur. Dans la grande majorité des cas, vous êtes sur la même longueur d'onde que vos collègues, et vos relations professionnelles sont teintées de douceur. Lame de relationnel, Tempérance incarne les échanges quels qu'ils soient et notamment les contacts téléphoniques. À ce titre, elle se retrouve souvent à officier en qualité de **standardiste**, de **réceptionniste**, d'**hôtesse d'accueil** ou comme **employé(e) dans un centre d'appels**, là où l'usage et la maîtrise du téléphone sont obligatoires. Mal entouré, cet arcane évoquera toutefois un climat de travail orageux et des rapports électriques entre vous et vos proches collaborateurs ; la tension sera alors palpable et vous vous verrez contraint de mettre de l'eau dans votre vin pour éviter l'affrontement. Le graphisme de l'arcane revêt plusieurs symboles forts intéressants. Comme nous l'avons vu précédemment, les ailes évoquent d'emblée les aéroports, les avions et donc le **personnel navigant**. Ainsi Tempérance incarne volontiers les **hôtesses de l'air**, les **stewards** et, par extension, les **contrôleurs aériens**, les **voyagistes** ainsi que tous les professionnels du tourisme. Son besoin d'évasion associé à sa nature conciliante fait que Tempérance brigue fréquemment les postes de **diplomate**, d'**agent consulaire** ou d'**ambassadrice**. Réputée pour manier plusieurs langues étrangères avec aisance, Tempérance se voit fréquemment propulsée au rang d'**interprète** ou de **traducteur**. À l'instar de la table que l'on trouve chez notre ami Le Bateleur, les deux cruches que manipule notre jolie blonde font écho aux métiers de bouche et de service. Tempérance endosse donc volontiers le rôle de **sommelier**, de **serveuse**, de **cuisinier**, de **barmaid** ou d'**ouvreuse**. Le fluide qui circule entre les deux urnes rappelle étrangement celui qu'utilisent les **magnétiseurs**, les **masseurs**, les **réflexologues** (notamment associée au Bateleur) et toute personne travaillant sur les énergies comme, par exemple, les **guérisseurs** (notamment associée au Diable), les **acupuncteurs** ou les **homéopathes** (notamment associée au Pape). Dans le même registre, ce fluide fait tantôt penser au courant électrique, et donc au métier d'**électricien**, tantôt à de l'eau et à la profession de **plombier** (notamment associée à l'Étoile et au Bateleur). Dans certains cas, cette lame matérialise également le métier de **cinéaste** eu égard à ce même faisceau lumineux qui évoque volontiers la projection d'un film sur grand écran. Enfin, notons que la position des bras de notre chère demoiselle ailée évoque celle des **violonistes** ou des **accordéonistes**.

Bien aspecté. Grandes capacités d'adaptation, polyvalence, flexibilité horaire, contacts enrichissants, entretien téléphonique prometteur, appel téléphonique porteur de bonnes nouvelles, ambiance de travail agréable et décontractée, sens aigu du relationnel, congés annuels bienvenus, travail en temps alterné, à mi-temps ou à temps partiel, recherche permanente du consensus, du juste milieu.

Mal aspecté. Dilettantisme mal perçu, laxisme agaçant, paresse, communication altérée, rapports électriques avec vos collègues, tension palpable, vous ne parvenez pas à mettre « de l'eau dans votre vin », dialogue de sourds, épuisement psychique ou physique, besoin urgent de repos, vous êtes à cran, manque d'équité, mauvaise nouvelle, contact téléphonique décevant, boulot saisonnier peu rémunérateur.

SON COMPTE EN BANQUE

En règle générale, son attitude pondérée et sons sens de la mesure fait que Tempérance se trouve rarement dans la gêne. Elle s'arrange toujours pour jongler entre deux ou plusieurs comptes afin d'éviter les découverts bancaires et, dans l'ensemble, elle est plutôt douée à ce petit jeu d'équilibriste. Modérée dans ses dépenses courantes, Tempérance affecte une grande partie de son budget aux loisirs. Par exemple, elle ne lésine pas sur les sorties en tous genres : restaurant, cinéma... et se montre particulièrement prodigue lorsqu'il s'agit de vacances et de voyages, préférant se restreindre sur d'autres postes de dépenses qui lui semblent superflus. Hôtesse hors pair, généreuse par nature, Tempérance n'hésite pas à se mettre en frais pour recevoir ses ami(e)s autour d'une bonne table. Toutefois, à ne pas regarder à la dépense, ses sorties ou réceptions peuvent s'avérer coûteuses. Quels que soient ses moyens financiers ou son niveau de rémunération, Tempérance n'a pas vraiment l'âme d'une économe. Certes, elle ne dépense pas son argent à tort et à travers et reste mesurée dans ses achats, mais elle considère que l'argent doit sortir pour rentrer ensuite. Enfin, elle sera indifféremment locataire ou propriétaire de son habitation principale. Elle ouvrira un compte épargne uniquement si elle est certaine de pouvoir disposer de son argent à tout moment.

Bien aspecté. Attitude pondérée, dépenses modérées, les rentrées et les sorties d'argent s'équilibrent.

Mal aspecté. Dépenses excessives dans les loisirs, sorties coûteuses, plus cigale que fourmi, obligation de jongler entre plusieurs comptes, équilibre budgétaire précaire.

SES AMOURS

Tempérance met un point d'honneur à promouvoir le dialogue dans ses relations amoureuses. Elle part du principe que tout est surmontable dans un couple dès lors que l'on prend le temps d'écouter sa moitié. Elle aspire à créer l'harmonie au sein de son foyer conjugal prônant la douceur comme l'ultime moyen de communication auprès des siens. Afin de conserver l'unité familiale, Tempérance sait mieux que quiconque qu'il est nécessaire de faire des concessions dans un couple. Épouse attentionnée doublée d'une excellente hôtesse, la vie maritale de Tempérance est ponctuée de petits bonheurs simples en famille et de sorties entre amis. Elle veillera tout particulièrement à l'équilibre émotionnel de ses enfants. Lorsqu'elle est célibataire, la demoiselle ailée multiplie les sorties (restaurant, cinéma...), au même titre que les relations sans lendemain. Sous couvert d'indépendance, elle se montrera alors particulièrement instable, vivant parfois deux histoires de cœur en simultané. Pour un homme, sa présence dans un jeu annonce parfois la rencontre d'une femme douce et réconfortante. Sachez enfin que Tempérance matérialise également les contacts téléphoniques et les échanges de SMS (notamment associée à la Papesse). Si, par exemple, vous attendez des nouvelles d'un(e) ex ou d'une personne rencontrée récemment, la présence de Tempérance bien aspectée est de très bon augure (notamment au contact du Jugement).

Bien aspectés. Harmonie conjugale, vie amoureuse qui coule de source, relation basée sur un dialogue de qualité, on accepte de faire des concessions, vous êtes sur la même longueur d'ondes, épouse aimante, rencontre d'une femme douce et apaisante, moments d'insouciance et de plaisirs mutuels, légèreté bienfaisante, rapports amoureux voluptueux, voyage en amoureux, relation épistolaire pleine de promesses, contact téléphonique qui vous comble de bonheur.

Mal aspectés. Tension palpable, électricité dans l'air, échanges altérés, période de très fortes turbulences, couple au bord de l'asphyxie, rencontres superficielles, instabilité amoureuse, tendance à papillonner, relation épistolaire stérile, partenaire dont on a plus de nouvelles, contacts rompus.

SA SANTÉ

En règle générale, sa présence dans un tirage sur la santé est un bon présage puisque Tempérance n'augure que très rarement de graves soucis médicaux. Elle est, au contraire, le signe d'une bonne hygiène de vie et d'une alimentation saine et équilibrée. En ce sens, elle apparaît très souvent dans les problématiques liées à la diététique et aux régimes (notamment associée à l'Étoile). Gouvernant principalement le système nerveux, cet arcane tout en douceur est une invitation à la relaxation, à évacuer les tensions corporelles. À ce titre, Tempérance représente les soins par les médecines douces, le recours aux traitements non conventionnels tels que l'homéopathie, l'acupuncture ou les massages (notamment associée au Bateleur ou à l'Étoile). Selon le contexte médical, le « fluide » qui circule entre les vasques symbolise indifféremment le sang, l'eau ou l'urine. Par ailleurs, le graphisme de la lame fait penser à un liquide qui est filtré et rappelle la fonction première de certains organes tels nos reins ou notre vessie. Dans un tirage de Tarot, ce « liquide » matérialise notamment le système vasculaire dans son ensemble. Ainsi, Tempérance apparaît fréquemment dans les troubles circulatoires ou les problèmes veineux rencontrés chez les patients atteints de phlébite, de thrombose ou présentant des varices (notamment aux abords de l'Amoureux, la carte du sang). Communément associée aux voies aériennes supérieures et aux pathologies respiratoires, Tempérance symbolise aussi les allergies telles que l'asthme. Comme nous l'avons déjà mentionné, les deux cruches manipulées par Tempérance schématisent également les cordes vocales et, par extension, l'organe de la parole. Mal entouré, cet arcane représente donc les individus sujets aux extinctions de voix, aux laryngites, aux angines ou dont les cordes vocales sont fragilisées (notamment associée à l'Impératrice). En négatif, Tempérance évoque surtout une grande fatigue énergétique et une anxiété importante. On la retrouve parfois chez les sujets stressés en proie à des crises de spasmophilie. Dans certains cas, Tempérance nous parle également de reflux gastriques et de troubles œsophagiens (notamment associée à l'Arcane sans Nom). En raison de son parallélisme avec la boisson, on y voit souvent une problématique liée à l'alcoolisme (notamment associée à la Lune ou au Diable). Enfin, le « faisceau lumineux » ou « le courant » qui passe entre les deux cruches évoque tout naturellement le laser, c'est pourquoi cette lame matérialise souvent les petites interventions microchirurgicales laser.

Bien aspectée. Bonne hygiène de vie, alimentation saine et équilibrée, soins par les médecines douces, individu bien dans sa peau, séance de massage.

Mal aspectée. Troubles circulatoires, problèmes veineux (varices, phlébites...), reflux gastriques, vésicule biliaire à surveiller, aigreurs d'estomac, hernie hiatale, cordes vocales abîmées, pathologies respiratoires, allergies (asthme...), laryngites, angine, épuisement énergétique, anxiété excessive, équilibre nerveux précaire, crise de spasmophilie, besoin de repos, pathologies rénales (notamment associée à la Justice ou à l'Amoureux), alcoolisme (notamment associée au Diable et à la Lune), douleurs au niveau d'une omoplate.

CONCLUSION

Tempérance préside aux échanges entre les êtres, elle invite les uns et les autres à communiquer afin d'avancer unis dans la vie. Symbole d'équité, cet arcane, tout en nuance, prône une attitude médiane en toutes circonstances. Bien entourée, Tempérance instaure le dialogue entre les différents protagonistes et apporte beaucoup de douceur, de compréhension et d'humanisme à l'ensemble du tirage. Elle nous enseigne également les bienfaits du lâcher-prise et nous fait découvrir les vertus du farniente. Mal entourée, elle traduit notamment le manque d'équilibre, la superficialité ainsi qu'une excessive nonchalance.

LE DIABLE

SA FICHE SIGNALÉTIQUE

SA PHOTO. Schématisé par un personnage hermaphrodite pourvu d'ailes de chauve-souris et coiffé d'un casque jaune garni de rameaux, le Diable se tient debout sur un socle, entièrement nu, une épée sans poignée dans la main gauche. Une corde au cou, tels des esclaves, un couple de diablotins, un mâle et une femelle, est enchaîné à un anneau situé sur la partie basse du socle. Ces deux créatures humanoïdes, à mi-chemin entre l'homme et l'animal, sont coiffées de casques rouges garnis de rameaux.

SON PROFIL. Symbolisant traditionnellement les forces du mal, le Diable matérialise nos bas instincts, cette part d'ombre qui sommeille en chacun de nous. En grecque, *Diabolos* se traduit littéralement par « le diviseur » et représente un personnage qui crée la polémique là où il se trouve. Le symbolisme rattaché à cet arcane transcende toutes les religions puisque, depuis des temps immémoriaux, l'évocation du Diable rappelle l'enfer et le purgatoire et fait immédiatement écho à Lucifer, Satan ou Belzébuth. Alors que les ailes de Tempérance évoquent une créature céleste, un ange gardien, celles du Diable font plutôt penser à un ange déchu. À l'instar des chauves-souris qui apparaissent à la tombée de la nuit, le Diable incarne une créature nocturne qui évolue dans les ténèbres ; il règne en maître sur le bas astral. Mi-ange mi-démon, le Diable symbolise le monde de la nuit et de la débauche. Les trois protagonistes représentés partagent autant d'attributs avec l'espèce humaine qu'avec le monde animal, comme le suggèrent les ailes de chauve-souris et les griffes du Diable ainsi que les oreilles de cochon ou la queue de rat des deux quidams. Ce symbolisme emprunté au bestiaire révèle notre part d'animalité. Les deux diablotins attachés tels de vulgaires chiens matérialisent nos bas instincts, ceux-là même desquels nous sommes prisonniers et que nous nous efforçons de maîtriser bon an mal an. Envoûtant au possible, le Diable matérialise donc l'emprise des sens. En effet, ici le corps exulte, la nudité apparaît presque comme l'unique moyen d'expression. L'œuvre du Diable se situe donc au niveau charnel, sur un plan purement sensuel. Expression de sa virilité, son sexe, qu'il exhibe avec fierté, symbolise la luxure, l'ivresse des sens, la libido et la tentation. Son physique androgyne, symbole de bisexualité, rappelle également que nous avons tous une part de féminité et de masculinité, que ni l'homme ni la femme n'arrivent à dominer leurs pulsions sexuelles. Le socle sur lequel est campé le Diable fait penser à un piédestal ou à une estrade, et souligne son besoin d'être le premier, sa volonté de se hisser sur la plus haute marche du podium, quitte à recourir à la violence, comme le suggère la lame qu'il brandit de sa main gauche. Symbole de son agressivité et de sa potentielle dangerosité, ce glaive vient compléter le portrait d'un personnage assoiffé de pouvoir, prêt à tout pour se faire justice lui-même. À elle seule, la scène fait écho à la dialectique du maître et de l'esclave : à l'instar d'une prise d'otages, les deux prisonniers tenus en laisse matérialisent l'emprise nocive que certaines personnes exercent sur d'autres. À bien des égards, le Diable a des allures de tortionnaire. Il incarne volontiers un caïd de cité qui fait régner la terreur au sein de son gang, et à un degré moindre, un guru qui recourt à la manipulation mentale. Dans un tirage de Tarot, l'arcane symbolise principalement le pouvoir, le sexe, l'argent et le sens des affaires.

SES FORCES. Sa détermination, sa puissance, son énergie débordante, sa motivation chevillée au corps, son opportunisme, individu passionné, compétiteur hors pair, sa force de conviction, son charme envoûtant, son charisme, sa ruse.

SES FAIBLESSES. Péché d'orgueil, sa vanité, son côté tyrannique, sa méchanceté gratuite, sa malhonnêteté, sa fourberie, tricherie, mythomanie, individu pervers et malsain, manipulation mentale, son égoïsme, sadisme jouissif, auto destruction dangereuse, rivalités intestines, enchaînement, son impulsivité primaire, son agressivité quasi systématique, sa jalousie maladive.

SON ÂGE. Difficile de lui donner un âge avec exactitude puisque le Diable incarne avant tout un beau dynamisme, ce goût de la compétition si cher aux sportifs. En règle générale, du fait de son corps d'athlète, on suppose qu'il correspond à un individu de 20 et 40 ans.

SON NUMÉRO D'IMMATRICULATION. Le 15. Aucune valeur symbolique particulière. Multiple de 5, on peut entrevoir un parallélisme avec les deux quidams qui se prosternaient aux pieds du Pape. 15 = 5 + 10. Les trois chimères de la 10 ressemblent étrangement aux deux diablotins de l'arcane.

SON UNIVERS PROFESSIONNEL

En règle générale, on associe le Diable à la finance et aux milieux politico-affairistes. En ce sens, il représente souvent les **hommes d'affaires** et les grands **industriels** de ce monde dont les entreprises réalisent des profits pléthoriques. Il matérialise plus largement toutes celles et ceux parmi nous qui évoluent dans un univers professionnel ultracompétitif, comme les **traders** et les **grands sportifs**, là où le niveau de stress et d'adrénaline est à son comble. Le Diable incarne le pouvoir et les hauts dignitaires de l'État tels que les **hommes politiques**. Arcane du pouvoir très souvent rattaché au ministère de l'Intérieur ou au ministère de la Défense, il occupe souvent des professions de terrain diabolisées par l'opinion publique pour leur côté répressif. Le Diable porte volontiers l'uniforme à l'instar des **policiers**, des **CRS** et des **militaires** de carrière (surtout en présence de dame Justice). Si le graphisme de la carte évoque légitimement les vices et les multiples dérives, le Diable, paradoxalement, combat aussi les délinquants. Souvenez-vous de son côté « mi-ange mi-démon » ! Plus communément, il symbolise un personnage dévoré d'ambitions, tel un jeune cadre dynamique cherchant à briguer le poste le plus en vue dans son entreprise. Son dynamisme et son goût du risque en font tout naturellement un **dirigeant** charismatique, un **entrepreneur** avisé. Dans un tirage de tarot, lorsqu'il est mal entouré, Le Diable prend alors le visage d'un patron esclavagiste, d'un collègue rongé par la jalousie ou d'un collaborateur bouffi d'orgueil peu enclin à reconnaître ses erreurs. Il nous parle alors de l'enfer au travail, d'un quotidien devenu invivable tant les coups bas sont légion. Lame d'argent par excellence, notre Diable matérialise les administrations fiscales ; il endosse volontiers le rôle de **trésorier**, de **fiscaliste**, de **contrôleur du fisc**, d'**inspecteur des impôts** (surtout au côté de la Justice ou de la Roue de Fortune). On le retrouve également chez les **banquiers** en présence du Soleil. Dans un autre registre, l'arcane est un clin d'œil à la pornographie et à l'industrie du X. Il incarne donc les professionnels du sexe tels que les **prostituées**, les **souteneurs**, les **acteurs de films X**, les **go-go dancers**, les **stripteaseuses** et les **vendeurs en sex-shop**. Retranscrit dans le domaine professionnel, l'érotisme dégagé par le diable indique une très forte attirance pour un(e) collègue ou un(e) supérieur(e) hiérarchique et matérialise parfois même une promotion canapé. Le personnage incarne aussi un **producteur** ou un **réalisateur** de film (surtout au côté de l'Étoile). Le Diable aime la musique, et notamment le rock'n'roll (surtout au contact du Jugement). Le Diable adore organiser des spectacles ou des animations de tout ordre (notamment en présence de l'Étoile). Enfin, le Diable représente les **guérisseurs**, mais aussi les **marabouts**, les **exorcistes** et toute personne se livrant à des rituels de désenvoûtement ou à des travaux occultes apparentés à la sorcellerie ou la magie noire.

Bien aspecté. Énergie créative, dynamisme à toute épreuve, goût du challenge, de la compétition, capacité à travailler sous pression, opportunisme, fin stratège, don de persuasion, esprit d'entreprise, excellent négociateur, puissance de travail fort appréciée, ambition saine, belle motivation, entreprise saine, profits pléthoriques, augmentation de salaire substantielle, promotion.

Mal aspecté. Despotisme chronique, patron esclavagiste, appétence malsaine pour le pouvoir, carriérisme exalté, arrivisme exacerbé, ambition démesurée, promotion canapé, injustice criante, collègue consumé par la jalousie, ennemis cachés ou déclarés, rapports conflictuels, coups bas, basse vengeance, rivalités intestines, provocation systématique, manipulation mentale, individu calculateur, harcèlement moral, travail au noir, exploitation professionnelle, négociation d'un licenciement (surtout avec l'Arcane sans Nom et le Jugement), ateliers clandestins.

SON COMPTE EN BANQUE

Bienvenu dans l'univers impitoyable des marchés financiers et de la spéculation boursière. Adepte des investissements lucratifs et des bonnes affaires, notre diablotin nous ouvre ici les portes de la finance et des stock-options. En règle générale, le Diable gagne honorablement bien sa vie, il dispose de ressources confortables lui assurant un cadre de vie très agréable. Notre beau diable matérialise donc fréquemment les hauts revenus, y compris les citoyens assujettis à l'ISF. Homme d'affaires hors pair, il aura très à cœur de faire fructifier ses entreprises afin d'y réaliser des profits pléthoriques. Évoluant souvent dans les hautes sphères de la finance, notre diablotin sera friand de placements financiers lucratifs et, par amour du risque ou de l'argent, il spéculera sur des valeurs boursières. Rarement concerné par des soucis de trésorerie, il se voit pourtant décerner la palme d'or des montages financiers illicites et des affaires de scandales financiers. Sans doute à cause de cette même âpreté au gain, le Diable rivalise d'ingéniosité pour échapper au fisc. En effet, il n'hésitera pas, si besoin est, à ouvrir un compte en Suisse ou dans divers paradis fiscaux. Pas étonnant alors qu'il se retrouve fiché aux Impôts pour des affaires de fraudes fiscales ! Bien entouré, il annoncera un gain substantiel ou un accroissement de votre niveau de rémunération, il s'agira alors d'une prime exceptionnelle, du versement d'intérêts d'emprunts, d'un bénéfice providentiel voire d'un gain à la loterie (notamment au contact de la Roue de Fortune). À l'inverse, lorsqu'il est mal entouré, le Diable matérialise un cruel manque d'argent ou un revers de fortune. Dans le pire des cas, notre diablotin est un imposteur, un escroc notoire ; grand est alors le risque de devenir la victime d'une arnaque à grande échelle (surtout avec le Pendu ou la Papesse à ses côtés). Sachez enfin que le Diable représente l'argent occulte tel que l'argent de la drogue (surtout associé à la Lune).

Bien aspecté. Grosse fortune, importantes rentrées d'argent, niveau de rémunération confortable, vie d'opulence, vos affaires marchent du tonnerre, profits pléthoriques, placements lucratifs, gains substantiels, défiscalisation alléchante, niches fiscales, augmentation de recettes fiscales, augmentation de salaire, prime d'intéressement exceptionnelle, parachute doré, paiement de l'ISF.

Mal aspecté. Contrôle fiscal, imbroglio avec le fisc, fortune mal acquise, budget largement grevé, cruel manque d'argent, fraude aux allocations, argent occulte, scandale financier, risque élevé d'arnaque, escroquerie, « pot-de-vin », corruption, banqueroute frauduleuse, paradis fiscaux, pertes d'argent, mauvais rapport à l'argent, cupidité.

SES AMOURS

Quiconque tombe amoureux du Diable en garde un souvenir impérissable, en bien comme en mal. Une rencontre avec le Diable, c'est d'abords la rencontre d'un être au charme fou, ensorcelant au possible, coquin à souhait, un individu charismatique et bien dans sa peau, pour qui la sexualité revêt une importance capitale. Ainsi, au fil du temps, vous tombez insidieusement sous l'emprise magnétique de ce personnage hors du commun. Formidable amant, fougueux et viril, il est fort à parier que le Diable vous subjugue par ses facéties, qu'il vous fasse vivre une passion dévorante dénuée de tous tabous. Sans même vous en rendre compte, vous succombez inexorablement à l'ivresse des sens, sombrant corps et âme dans la dépendance amoureuse. Tant qu'il demeure célibataire, notre diable jouit des plaisirs charnels à profusion, ce qui en fait un vrai « coureur de jupons » devant l'Éternel. Totalement décomplexé, il collectionne alors les conquêtes amoureuses et multiplie les expériences sexuelles de toutes sortes : ainsi, il se retrouve fréquemment à écumer les clubs libertins et les boîtes échangistes. Cependant, lorsqu'il devient lui-même « accroc » ou envoûté par vos charmes et que les rôles s'inversent, il vous portera un amour exclusif, inconditionnel. Seul bémol : une fois dans ses griffes, difficile alors de lui échapper ! Dans l'intimité du couple, le Diable, mi-ange mi-démon, incarne tantôt un mari fabuleux, un modèle de virilité, un père protecteur, tantôt un compagnon rongé par la jalousie, un amant pervers et narcissique ou encore un macho dominateur et violent... En effet, d'un naturel territorial et d'une jalousie maladive, le Diable est très attaché à sa partenaire et ne tolère aucune forme d'ingérence ou de compétition dans sa vie privée. Si, d'aventure, il découvre une infidélité, il vous fera vivre un véritable enfer conjugal. Au menu des hostilités : scènes de ménage à répétition sur fond de violence. S'il incarne volontiers un principe de libération sexuelle, le Diable peut, à l'inverse, traduire une véritable aversion pour la sexualité. Mal entouré, il exprime parfois une frustration sexuelle ou une forme d'impuissance chez l'homme. En règle générale, dans un tirage sur l'amour, le Diable évoque principalement une attirance irrépressible pour un(e) partenaire. A contrario, mal aspecté, il est l'expression d'une jalousie quasi démoniaque qui émaille vos relations amoureuses. Enfin, dans certains cas, le Diable, en raison de ses yeux bridés, annonce la rencontre d'un(e) asiatique (notamment avec l'Étoile).

Bien aspectés. Attirance quasi magnétique, sexualité saine et bien cadrée, extase amoureuse, virilité irrésistible, vous tombez sous le charme ensorcelant d'un(e) inconnu(e), amour exclusif, couple épanoui sexuellement, épicurisme, érotisme grisant, libido à son comble, bon rapport à son corps, à la nudité, rencontre d'un(e) asiatique.

Mal aspectés. Luxure, obsession sexuelle, pornographie outrancière, dépendance sensuelle, pulsion irrépressible, « coureur de jupons » invétéré, rencontre d'un pervers narcissique, d'un macho dominateur et violent, jalousie maladive, enfer conjugal, crime passionnel, mauvaises fréquentations, manipulateur, emprise dangereuse, tabous inhibant, déviances, manque de libido, dégoût du sexe.

SA SANTÉ

Voici un arcane difficile à cerner en matière de santé tant il existe de pathologies qui y sont rattachées. En présence du Diable, il convient d'être prudent avant de délivrer un diagnostic au consultant. Il est primordial de l'interpréter au contact des lames avoisinantes. En règle générale, le Diable possède une énergie débordante. Il est vigoureux, résistant à l'effort et il récupère vite. Néanmoins, même s'il est admis qu'il possède un cœur de sportif, le Diable est tout aussi célèbre pour ses risques d'infarctus du myocarde. Hormis ce cas extrême, notre diablotin matérialise surtout les maladies vénériennes ou urogénitales et, par extension, toutes les pathologies d'ordre sexuel, y compris l'impuissance masculine. De la même manière qu'il augure d'un dysfonctionnement hormonal chez la femme, il indique fréquemment un dérèglement thyroïdien, il sera alors conseillé d'orienter notre consultante vers un endocrinologue (surtout au contact de la Maison-Dieu et de l'Empereur). À l'instar d'un travesti ou d'un transgenre, l'anatomie du Diable évoque un changement d'identité, mais aussi, selon le cas, la prise d'anabolisants, de testostérone ou d'hormones femelles qui transforment le métabolisme en profondeur. Dans ces conditions, la lame matérialise un acte de chirurgie plastique en vue de changer de sexe (surtout associé à l'Étoile). Outre les problématiques liées à son physique androgyne, le Diable apparaît également dans des pathologies plus sournoises : ainsi, selon le contexte médical, il représente invariablement un kyste, un nodule, un polype voire même une tumeur maligne. Malheureusement, la présence du Diable indique parfois une dynamique cancéreuse ou l'apparition de métastases. On le rencontre tout autant dans des maladies insidieuses qui se développent à notre insu telles que le saturnisme ou les cas de contamination à l'amiante (surtout en compagnie de la Lune). Plus communément, le Diable incarne les douleurs de tous ordres : on lui reconnaît surtout une fragilité particulière au niveau des genoux et des hanches. La ceinture qu'il porte autour du bassin évoque le maintien et, par extension, une prothèse de hanche. Arcane de dépendance, notre diablotin symbolise également les addictions telles que l'emprise de la drogue, l'accoutumance à l'alcool ou aux médicaments... En parallèle à ces prises de substances toxiques qui altèrent la personnalité de quiconque en fait un usage excessif, le Diable matérialise également les troubles du comportement, les angoisses irrépressibles ainsi que les maladies d'ordre psychologiques qui en découlent. Ainsi, en présence du Diable (surtout aux abords de la Lune, du Pendu ou du Mat), on sera peut-être en face d'un cas de schizophrénie, d'un cas de névrose... Enfin, sachez que les yeux de notre personnage évoquent clairement les problèmes liés au strabisme.

Bien aspectée. Regain d'énergie, vitalité de sportif, endurance, personne résistante, dynamisme.

Mal aspectée. Douleurs vives, prothèse de hanche, pathologies liées aux genoux, risque d'infarctus du myocarde, hyperactivité, tachycardie, dérèglements hormonaux, thyroïde à surveiller, consultation d'un endocrinologue (notamment 15 + 16 + 4), foyer infectieux, MST, maladies vénériennes, fragilités intestinales (présence possible de polypes ou de diverticules), découverte de nodules, tumeur maligne, dépendance médicamenteuse (antidépresseurs...), empoisonnement, saturnisme, toxicomanie, nymphomanie, alcoolisme chronique (surtout au côté de Tempérance ou de la Lune), angoisses irrépressibles, troubles du comportement (névroses psychotiques, agressivité, paranoïa), problèmes prostatiques (PSA déréglé), impuissance sexuelle, strabisme.

CONCLUSION

Mi-ange mi-démon, mi-homme mi-femme, mi-humain mi-bestial, le personnage du Diable cristallise les forces obscures qui sommeillent en chacun de nous. Ni bon ni mauvais en soi, il évoque systématiquement la face cachée de tout être vivant. Dans un tirage de tarot, il incarne un personnage passionné, révolté, avide de pouvoir et de réussite sociale. Son besoin d'exclusivité, son désir d'être sur la première marche du podium insufflent une belle énergie à l'ensemble du tirage. On se sent pousser des ailes. En revanche, mal entouré, l'arcane matérialise nos vieux démons, la part d'ombre de tout un chacun. Il exacerbe nos bas instincts, symbolise nos pires excès... l'apanage d'une personnalité maléfique, voire dangereuse.

LA MAISON-DIEU

SA FICHE SIGNALÉTIQUE

SA PHOTO. Schématisée par une tour dont les quatre créneaux sont soufflés par une gerbe de flammes, la Maison-Dieu représente l'effondrement d'un édifice en pierre emportant dans sa chute deux personnages. À l'image d'un feu d'artifice, une pluie de flocons multicolores jaillit de part et d'autre de la tour.

SON PROFIL. Symbolisant les constructions terrestres et, par extension, le besoin d'élévation propre à l'espèce humaine, la Maison-Dieu matérialise les échecs liés à la folie des grandeurs. À l'instar du mythe de la tour de Babel, l'arcane évoque l'ambition démesurée de certains bonshommes convaincus de pouvoir défier les lois de l'univers. Pourtant, à force de vouloir aller toujours plus haut, on finit par chuter. La gerbe de flammes symbolise l'intervention divine, la colère de Dieu, un retour brutal à la réalité. En effet, la Maison-Dieu matérialise une prouesse architecturale réduite à néant par la main du Créateur. La foudre céleste qui s'abat sur la tour rappelle que même les immeubles d'habitation les plus solides ne sont pas à l'abri d'un cataclysme, que la nature finit toujours par reprendre ses droits. La scène évoque également « la goutte d'eau qui fait déborder le vase », une construction dont la hauteur excessive ne respecte pas l'équilibre cosmique. Véritable rappel à l'ordre, la Maison-Dieu a une valeur punitive. Elle inflige une sanction à quiconque pèche par orgueil ou présume de ses capacités. C'est l'épée de Damoclès qui détruit les rêves de mégalomanie, elle est une leçon d'humilité, une invitation à ne pas sombrer dans le matérialisme outrancier, à revoir ses ambitions à la baisse au profit d'aspirations plus nobles. À l'instar des deux quidams précipités dans le vide, l'arcane nous oblige à redescendre sur terre afin de rétablir l'équilibre entre vie matérielle et vie spirituelle. En règle générale, la Maison-Dieu symbolise une prise de conscience fulgurante, un coup de théâtre, une chute ô combien salutaire, une restructuration imposée par les circonstances. Enfin, telle la foudre, l'arcane exprime l'idée de soudaineté, de brutalité ; ce sont tous les imprévus qui jalonnent la vie des hommes. La scène s'apparente à une explosion, à un attentat terroriste, à un feu de cheminée, à un tremblement de terre, à un accident traumatisant. Le graphisme de la lame fait également penser à l'assaut d'une forteresse, à la prise de la Bastille, à une révolte populaire...

SES FORCES. Sa capacité à se remettre en cause, à balayer les vieux schémas, à réformer ce qui ne marche plus, son goût du risque, son incroyable audace, sa témérité, son sang-froid, fulgurante prise de conscience.

SES FAIBLESSES. Son ego surdéveloppé, ses ambitions démesurées, sa présomption, son manque d'humilité, sa mégalomanie, sa folie des grandeurs, son côté « casse-cou », son caractère emporté.

SON ÂGE. L'agilité et l'apparence juvénile des deux personnages éjectés de la tour portent à croire que la Maison-Dieu incarne surtout la jeunesse. Toutefois, la lame évoque une prise de conscience et une remise en question valable à tout âge.

SON NUMÉRO D'IMMATRICULATION. Le 16. Multiple de 4, à l'image des quatre créneaux de la tour. Notons la ressemblance frappante entre la coiffe de la tour et la couronne de notre Empereur ! Symbole que même les royaumes n'échappent pas aux lois de l'univers.

SON UNIVERS PROFESSIONNEL

Avec la Maison-Dieu, nous voici en pleine politique de restructuration au sein de l'entreprise ! Il s'agit tantôt d'un simple changement de bureaux, tantôt d'une délocalisation ou d'un déménagement imposé par les circonstances. En règle générale, la lame matérialise un changement de direction, un remaniement à la tête de la société. La coiffe de la tour qui est décapitée symbolise la fin d'une dynastie, la chute d'un roi combattu jusque dans son royaume. Retranscrite dans le domaine professionnel, la scène évoque le départ parfois précipité, voire inattendu d'un haut dirigeant, tel un P-DG d'entreprise. La Maison-Dieu représente donc les changements soudains, brutaux, ceux-là même qui nous prennent au dépourvu. Souvent vécus dans la douleur, ces bouleversements viennent balayer les anciens schémas devenus obsolètes. Traditionnellement, la Maison-Dieu incarne tout autant une mise à pied que la fermeture d'une usine ou la faillite d'un commerce. On doit se résoudre à mettre la clef sous la porte, la mort dans l'âme. Quel que soit le contexte, la lame oblige à une fulgurante prise de conscience. Elle est généralement un bien pour un mal, un échec salvateur. L'arcane représente également une profonde insatisfaction, qui conduit inéluctablement à se remettre en question. Avec la Maison-Dieu, la colère gronde, la révolte intérieure est si grande qu'elle nous pousse à réformer notre situation professionnelle en profondeur. La carte symbolise un univers de travail chaotique, une ambiance délétère, des rapports entre collègues devenus explosifs ; chacun est à fleur de peau, le cocktail idéal pour entreprendre une métamorphose. Dans un tirage de tarot, la Maison-Dieu représente les projets mal échafaudés, les examens insuffisamment préparés, et parfois même la propension à construire des châteaux en Espagne. Enfin, sachez que cet arcane matérialise les accidents de travail. Concernant les différentes corporations de métiers qui y sont rattachées, le graphisme de l'arcane parle avant tout des professionnels du bâtiment. On y retrouve ainsi tous **les métiers du BTP** comme les **architectes**, les **maîtres d'œuvre**, les **maçons**, les **grutiers**... Matérialisant l'habitat dans son ensemble, la Maison-Dieu représente les **agents immobiliers** (surtout avec le Bateleur), les **administrateurs de biens**, les **promoteurs immobiliers** et, par extension, les **gardiens d'immeubles**. L'arcane matérialise également tous les petits artisans dont le fonds de commerce dépend majoritairement de l'habitat : ainsi, selon le contexte, la Maison-Dieu prend le visage d'un **serrurier**, d'un **déménageur**, d'un **ramoneur**, d'un **chauffagiste**, d'un **ascensoriste**... La scène évoque également un sinistre, une maison en proie aux flammes, une situation périlleuse qui nécessite l'intervention des **pompiers** puis le recours à un **agent d'assurances** afin d'estimer les dégâts (surtout en présence de l'Arcane sans Nom). Poussé à son paroxysme, l'arcane évoque les catastrophes naturelles ; il parle de professions beaucoup moins répandues comme, par exemple, les **sismologues** et les **volcanologues**... Si la Maison-Dieu représente volontiers les dangers liés à la profession d'**artificier** ou l'amour du risque si cher aux **cascadeurs**, elle incarne aussi les accidents, les polytraumatismes et tous les gens amenés à travailler dans l'urgence tels que les **médecins urgentistes**, les **médecins du Samu**, les **brancardiers**, les **ambulanciers**. Enfin, à y regarder de plus près, la tour schématise une ruche en pleine activité et donc le métier d'**apiculteur**.

Bien aspectée. Restructuration bienvenue, prise de risques bien accueillie, changement positif à la tête de l'entreprise, délocalisation ou relocalisation réussie, vous investissez de nouveaux locaux, remise en cause bénéfique, arrêt d'activité providentiel, un mal pour un bien, prise de conscience indispensable, coup de théâtre en votre faveur, échec salutaire.

Mal aspectée. Mégalomanie dangereuse, ruine des projets, échec cuisant à des examens, faillite personnelle, banqueroute, chute de clientèle, ventes en berne, climat professionnel orageux, mur d'incompréhension, pression insoutenable, mauvaise gestion du stress, orgueil malvenu, bouleversements traumatisants, révélations fracassantes, accidents de travail, mise à pied (notamment avec L'Arcane sans Nom).

SON COMPTE EN BANQUE

Mal entourée, la Maison-Dieu prédit une série de « tuiles » qui met en péril votre équilibre budgétaire. L'arcane représente alors les problèmes de trésorerie, les mauvaises surprises, les lendemains qui déchantent... Elle augure, par exemple, de la chute des cours, de l'effondrement des marchés financiers, d'un krach boursier, de pertes sèches liées à un manque de clairvoyance. À l'instar des deux quidams projetés dans le vide, votre compte en banque devient un puits sans fond. En présence de la Maison-Dieu, vous subissez de sérieux revers de fortune : vous devez faire face à de graves problèmes d'ordres matériels, notamment ceux liés à l'habitat. C'est par exemple des travaux exorbitants qui grèvent votre budget, un emprunt immobilier qui est soudainement majoré... Au pire des cas, vous tombez dans la spirale du surendettement, les crédits s'accumulent et vous ne parvenez plus à honorer vos créances (surtout à côté de la Roue de Fortune). Vous vous retrouvez alors au bord de l'asphyxie financière, voire en situation de faillite personnelle. Fort heureusement, la Maison-Dieu parle également d'argent qui « tombe du ciel », d'une aubaine financière aussi soudaine qu'imprévue, comme par exemple la donation d'un bien immobilier en usufruit, un gain aux machines à sou... Bien entourée, la Maison-Dieu matérialise l'accession à la propriété et, par extension, les revenus fonciers ou du patrimoine. Avec la Maison-Dieu, on investit dans la pierre. On la retrouve fréquemment dans le cadre d'un investissement locatif (notamment en compagnie de la Justice).

Bien aspecté. Revenus fonciers, patrimoine personnel, vous héritez d'un bien immobilier, vous investissez dans la pierre, aubaine financière, argent qui « tombe du ciel ».

Mal aspecté. Mauvaise surprise, revers de fortune, dépenses imprévues, difficultés matérielles, puits sans fond, hémorragie financière, pertes sèches, situation financière catastrophique, problèmes liés à l'habitat, travaux onéreux, expulsion pour défaut de paiement (surtout au côté de dame Justice et de l'Arcane sans Nom).

SES AMOURS

Détruire pour reconstruire, tel est le message de notre Maison-Dieu. Selon le contexte et les cartes environnantes, l'arcane annonce un coup de théâtre, une histoire d'amour à rebondissement, voire un coup de foudre. Quelle que soit la situation, la lame parle surtout d'événements déstabilisants qui perturbent sérieusement l'équilibre des protagonistes. En règle générale, l'arcane représente des scènes de ménage volcaniques, une relation de couple orageuse, qui détruit inéluctablement la stabilité du foyer conjugal. On prend alors conscience qu'il y a péril en la demeure, qu'il existe de véritables dysfonctionnements au sein du foyer, que notre union est au bord du gouffre. La Maison-Dieu évoque également un revirement de situation inattendu, un rebondissement de dernière minute. À la défaveur des circonstances, on tombe souvent de très haut, la chute étant parfois douloureuse. Toutefois, lorsqu'elle est bien entourée, la Maison-Dieu matérialise la réalisation d'un projet immobilier, la construction d'un petit nid douillet. C'est aussi la décision d'emménager chez l'un ou l'autre des deux partenaires. Quant aux célibataires parmi vous, ils ne sont pas à l'abri d'une rencontre fortuite, d'un coup de foudre inespéré (notamment au contact du Soleil ou de l'Amoureux). La Maison-Dieu frappe là où vous ne l'attendez pas. Elle est tantôt ce coup de cœur qui vient bouleverser votre vie du jour au lendemain, tantôt cette rupture amoureuse qui vient anéantir tout ce que vous avez fondé ensemble. Dans tous les cas de figure, la Maison-Dieu fait toujours une entrée fracassante dans votre vie, en bien comme en mal.

Bien aspectés. Coup de foudre (notamment avec l'Amoureux ou le Soleil), volonté de bâtir, construction d'un petit « nid douillet ».

Mal aspectés. Péril en la demeure, scènes de ménage volcaniques, relation orageuse, concubin mis à la porte, violences conjugales (notamment avec la Force et l'Arcane sans Nom), coup du sort.

SA SANTÉ

S'il est admis que la Maison-Dieu évoque communément un niveau de stress important, sa présence dans un tirage sur la santé n'est pas pour autant de mauvais aloi. Le graphisme de la carte lui-même évoque une catastrophe, un séisme, une chute... En effet, l'arcane représente les hôpitaux (notamment entourée de la Lune ou du Pendu) et, plus exactement, le service des urgences hospitalières. Autrefois, la Maison-Dieu accueillait les accidentés de la vie... Encore aujourd'hui, on retrouve le mot « Dieu » dans l'Hôtel-Dieu. Retranscrite dans le domaine médical, la scène matérialise les chutes, les chocs, les syncopes, les traumatismes crâniens, les accidents et par extension, les interventions chirurgicales (surtout au côté de l'Arcane sans Nom). La coiffe de la tour décapitée fait écho à une trépanation ou à un scalp et accrédite largement la thèse d'un acte de chirurgie. Cet arcane parle tout autant de cranioplastie, que de reconstruction mammaire. À moindre échelle, le symbolisme de la chute fait écho à une perte de cheveux, une tonsure, une calvitie naissante... Notons par ailleurs que la foudre qui vient lécher le toit de l'édifice nous parle principalement de pathologies dangereuses, de maladies dites « foudroyantes », comme par exemple les attaques vasculaires cérébrales ou encore les ruptures d'anévrismes. La scène, qui rappelle un tremblement de terre, évoque également les vertiges, les troubles de l'équilibre, voire les signes cliniques de la sclérose en plaques ou de la maladie de Parkinson. Sachez, à ce propos, que la Maison-Dieu représente le handicap physique (surtout associée au Mat ou au Pendu), on la retrouve fréquemment dans les handicaps moteurs. Hormis tous ces cas extrêmes, la lame renferme des significations beaucoup moins préoccupantes d'un point de vue médical stricto sensu. Traditionnellement, on apparente notre Maison-Dieu aux maladies de la peau ; elle représente ainsi certaines pathologies liées au derme, comme les pelades, les dartres, les dermites (notamment en compagnie de l'Étoile). Qui plus est, l'explosion de « boules » multicolores qui jaillit du sommet de la tour fait penser à une éruption cutanée, à de l'acné, à une couperose, voire à la rougeole ou à la varicelle (surtout aux abords de l'Amoureux). Intervenant également dans les problématiques dentaires, cet arcane est souvent synonyme de rage de dents et de travaux dentaires (surtout associé à l'Arcane sans Nom). Enfin, notre bonne vieille Maison-Dieu gouverne le système nerveux en général ; elle matérialise la région de l'hypophyse. Mal entourée, elle parle de dépression nerveuse et parfois même de crises d'épilepsie (aux côtés du Diable). Rappelons, avec ce type d'arcane, qu'il est très important de ne jamais s'improviser médecin et de toujours analyser un arcane en association avec d'autres afin d'être le plus précis possible dans votre « diagnostic ». Dans la majorité des cas, la présence de la Maison-Dieu évoque un séjour en clinique ou la nécessité de se rendre dans tel ou tel hôpital afin d'y rencontrer un professeur. Sa seule présence ne donne pas forcément lieu à une opération !

Bien aspectée. Hospitalisation nécessaire (notamment avec la Lune), chirurgie réparatrice (cranioplastie, greffe de peau, reconstruction mammaire...), travaux dentaires, détartrage (surtout avec l'Arcane sans Nom).

Mal aspectée. Admission aux urgences médicales, opération chirurgicale (surtout avec l'Arcane sans Nom), trépanation, scalp, handicap moteur (surtout avec la Mat), colonne vertébrale douloureuse, chute, syncope, traumatisme crânien, coma, vertiges, déséquilibre, sclérose en plaques, maladie de Parkinson, maladies foudroyantes (AVC, rupture d'anévrisme), cerveau mal irrigué, accidents domestiques, problèmes dermatologiques : éruption cutanée (acné, rougeole...), dermite, dartres ; rage de dents terrible (notamment avec l'Arcane sans Nom), perte de cheveux, calvitie (surtout au côté de l'Étoile), dépression nerveuse, crise d'épilepsie (surtout en compagnie du Diable).

CONCLUSION

Tomber puis se relever, tel est le message de la Maison-Dieu. Cet arcane est une leçon d'humilité. Il nous apprend à grandir et à tirer les enseignements de nos échecs. L'allégorie de la tour montre les limites à la création terrestre ; elle rend hommage à la main de Dieu ; elle remet l'humain à sa juste place, lui adressant une sérieuse mise en garde contre les dangers liés à l'élaboration de projets extravagants. En positif, cette Maison-Dieu est celle de la reconstruction et des remises en question salvatrices. A contrario, mal entourée, notre tour de Babel matérialise les mauvaises surprises, les événements traumatisants qui jalonnent la vie de tout un chacun.

L'ÉTOILE

SA FICHE SIGNALÉTIQUE

SA PHOTO. Schématisée par une charmante demoiselle agenouillée au bord d'un point d'eau sous un ciel étoilé, l'Étoile représente une jeune femme à la chevelure abondante, entièrement nue, versant de l'eau dans la rivière au moyen de deux amphores rouges. Deux arbustes se trouvent plantés au milieu d'un paysage verdoyant. Telle une corneille, un oiseau noir aux ailes déployées est perché au sommet d'un arbuste.

SON PROFIL. Symbole de paix et de sérénité, l'Étoile matérialise le lien qui unit l'homme à son cosmos. Ainsi, agenouillée au milieu de cette nature apaisée, notre bonne fée est en osmose avec la nature environnante. Véritable chef-d'œuvre de l'univers, ce paysage rassérénant est nanti de vertus relaxantes. Il ressource quiconque vient l'honorer de sa présence. La scène souligne les bienfaits de la campagne et le besoin que l'être humain éprouve à se ressourcer et à se reconnecter aux éléments.

Les deux amphores qui versent l'eau dans la rivière symbolisent la toilette intime, les ablutions et les bains orientaux, et plus généralement, un principe de nettoyage et de purification. Source de vie, cette eau purificatrice fertilise les sols, permettant ainsi à la végétation environnante d'arborer ses couleurs printanières. Le ciel parsemé d'étoiles rappelle l'influence des constellations sur la destinée des hommes indiquant que notre parcours terrestre est écrit dans les astres. À l'instar de Vénus, déesse de la beauté, l'Étoile est touchée par la grâce divine ! À bien des égards, le personnage de l'Étoile évoque les nymphes de la mythologie grecque chargées de fertiliser les sols. D'une rare beauté, ces déesses de l'Antiquité incarnaient les canons de la beauté, l'esthétisme, mais également la fécondité. Au-delà de sa plastique de rêve, l'Étoile rend hommage au corps de la femme et à la nudité. Sa nature virginienne, quant à elle, fait référence à la Bible et, notamment, à la pureté et à l'innocence d'Ève dans le jardin d'Éden. Traditionnellement, l'Étoile matérialise nos grandes espérances, les espoirs que nous portons en l'avenir, nos aspirations les plus profondes, les rêves que nous caressons. L'Étoile nous fait voyager dans l'univers féerique des artistes : lame de création, elle matérialise toutes les formes d'art. L'Étoile prend alors l'allure d'une muse qui nous susurre, au creux de l'oreille, l'inspiration si chère au poète. Cette nature enchanteresse évoque une douce mélodie, une symphonie de sons égrenés. Le clapotis de l'eau qui ruisselle, accordé au gazouillis de l'oiseau noir, nous livre un joli concert en plein air. Enfin, l'Étoile symbolise le recueillement et la méditation ; elle invite à avoir foi en l'avenir, à faire le vide dans notre esprit et à savourer l'instant présent comme un pur bonheur.

SES FORCES. Son côté « zen », sa sérénité d'esprit, sa foi en l'avenir, sa nature créative, son calme olympien, sa douceur de vivre, son amour de la nature, son sens inné de l'esthétisme, son raffinement, sa décontraction, sa bienveillance, son inspiration, sa grande intuition, sa spiritualité.

SES FAIBLESSES. Son laxisme, sa nonchalance, son innocence, son hypersensibilité, son narcissisme, son manque de tempérament, son idéalisme béat.

SON ÂGE. On a coutume d'associer l'arcane à une jeune trentenaire, plutôt brune. Elle représente surtout une femme gracieuse et ce, quel que soit son âge.

SON NUMÉRO D'IMMATRICULATION. Le 17. En additionnant les deux nombres qui le composent, on obtient 8, c'est-à-dire le nombre d'étoiles contenues dans la carte, mais aussi le symbole de l'infini. Le « 17 » est le huitième nombre premier, uniquement divisible par 1 et par lui-même. Enfin, Il porte malheur en Italie, car il signifie « avoir vécu », et donc être mort.

SON UNIVERS PROFESSIONNEL

L'Étoile matérialise un cadre de travail idyllique au sein duquel vous vous épanouissez pleinement. Ainsi, immergé au cœur d'un univers professionnel dominé par le bien-être et la bonne humeur, vous travaillez dans des conditions optimales. Décontracté au possible, vous baignez dans un climat de sérénité propice à la réalisation de vos projets. En règle générale, l'Étoile représente une période astrale favorable à nos initiatives, notamment en matière de créations artistiques. On place alors tous ses espoirs dans une nouvelle aventure professionnelle. Sa présence augure souvent d'un heureux concours de circonstances ou d'un coup de chance inespéré. En situation de crise, l'arcane nous invite à croire en notre bonne étoile et à espérer des jours meilleurs. Elle annonce aussi une accalmie ou une embellie dans nos relations aux autres. L'arcane nous encourage à patienter. Mal entourée, notre bonne fée nous parle davantage d'attentes interminables, d'espoirs déçus et de projets manquant cruellement de réalisme. Elle incarne également un(e) collègue lymphatique dont le dilettantisme est mal perçu de son proche entourage. Quant aux métiers que peut exercer notre belle Étoile, ils sont divers et variés. Au premier coup d'œil, ce paysage de carte postale rend hommage aux professionnels des espaces verts tels que les **paysagistes** et les **jardiniers**, mais également aux **botanistes**, aux **géologues**, aux **fleuristes**, aux **maraîchers**, aux **horticulteurs**... toute personne amenée à travailler en extérieur. Cet arcane est celle des écologistes et des amoureux de la nature. En phase avec son écosystème l'Étoile prône les vertus liées aux soins par les plantes ; elle prend parfois le visage d'une **herboriste**, d'une **parapharmacienne**, d'une **phytothérapeute**, d'une **naturopathe**. L'eau qui coule des cruches et se déverse dans la rivière évoque les métiers du nettoyage, c'est pourquoi l'Étoile endosse aussi le rôle de **femme de ménage** ou d'**agent de nettoyage**. Sa grâce toute naturelle la propulse au rang de **mannequin**. Elle prend soin d'elle et des autres, à l'instar des **esthéticiennes** et des **coiffeuses**. Esthète née, son goût des belles choses fait de l'Étoile une **artiste** devant l'éternel ; elle matérialise fréquemment les **peintres**, les **restaurateurs d'art** et, à moindre degré, les **poètes**. Son nom évoque autant les graines de star et les étoiles montantes que des artistes confirmés comme les **danseurs étoiles**, les **patineurs artistiques** et, par extension, les rois de l'illusion que sont les **magiciens**. Le ciel étoilé fait écho aux **astronomes** et aux **astrologues** (surtout avec la Roue de Fortune), mais également à toutes les personnes qui prédisent l'avenir telles que les **prophètes** (notamment aux abords de l'Hermite). Enfin, le corbeau qui trône au-dessus de l'arbuste renvoie directement à celles et ceux parmi nous qui travaillent au contact des oiseaux comme les **fauconniers**, les **oiseleurs** et, par extension, les **ornithologues**.

Bien aspecté. Cadre de travail idyllique, ambiance agréable, bonne humeur communicative, vous travaillez dans la décontraction, espoirs comblés, créativité bienvenue, talents artistiques indéniables, la chance vous sourit, redressement inespéré, attente récompensée, heureux concours de circonstances, période propice à vos projets.

Mal aspecté. Espoirs déçus, idéal contrarié, cadre de travail peu harmonieux, manque de réalisme, individu rêveur, personnalité lymphatique, passivité agaçante, dilettantisme mal accueilli, circonstances défavorables, projet retardé, attente mal vécue, optimisme en berne.

SON COMPTE EN BANQUE

L'Étoile, dont les desseins sont davantage spirituels que matériels, n'est pas obnubilée par l'appât du gain, l'argent n'étant pas sur sa liste des priorités. D'un naturel plutôt rêveur, notre bonne fée est davantage préoccupée par son apparence physique que par la gestion de son compte en banque. En règle générale, la jolie demoiselle croit en « sa bonne étoile » et reste sereine face à son avenir financier. Elle présente une personnalité chaleureuse et se montre assez généreuse avec ses proches. Elle consacre une grande partie de son budget à des dépenses liées à l'esthétique et aux soins du corps. En positif, notre bonne fée annonce une période d'accalmie ; l'horizon apparaît alors dégagé et on envisage l'avenir avec confiance. Dans certains cas, on associe également l'Étoile à des rentrées d'argent émanant de la vente d'objets d'arts ou de tableaux de maître... Dans le meilleur des mondes, l'Étoile parvient à faire fortune dans l'univers de la mode et du mannequinat, sa plastique restant son principal fonds de commerce. Mal entourée, elle matérialise une vie de bohème émaillée de petits boulots mal rémunérés. Elle se retrouve vite dans la précarité, à la lisière de la pauvreté. Philosophe dans l'âme, elle aspire alors à des jours meilleurs et s'en remet volontiers à la providence. Enfin, la jolie demoiselle est souvent locataire de son logement. Elle préférera largement la qualité de vie à l'abondance de biens matériels.

Bien aspecté. Bonne période, accalmie bienfaisante, aucun nuage à l'horizon, sérénité affichée face à son avenir financier, on croit en « sa bonne étoile », coup de chance inespéré, rentrées d'argent grâce à la vente d'objets d'art.

Mal aspecté. Rêveries dangereuses, overdose de dépenses liées à l'esthétique, vie de bohème à la lisière de la précarité, on s'en remet systématiquement à la providence.

SES AMOURS

Incarnant le principe selon lequel quelqu'un nous est destiné ici-bas, l'Étoile nous invite à garder espoir en l'avenir, même lorsque notre vie amoureuse ressemble en tout point à une traversée du désert. Malgré les caprices et les vicissitudes de la destinée, sa présence dans un tirage de tarot est réconfortante, puisqu'elle augure très souvent d'une future rencontre. L'Étoile est souvent le signe avant-coureur d'un renouveau affectif. Elle évoque une période astrale favorable à une nouvelle idylle, un sentiment de plénitude. Elle traduit aussi la soif d'idéal propre aux célibataires en mal d'amour. Pour les hommes, elle annonce également la rencontre d'une jolie jeune femme. Notre bonne fée fait tourner la tête de ces messieurs à bien des égards ; sa beauté naturelle trouble quiconque la croise sur son chemin. Toutefois, l'Étoile n'est pas fille à se jeter sur le premier venu. Son caractère romanesque la fait espérer en une histoire d'amour digne d'un conte de fée à l'eau de rose ; elle se prend à rêver du prince charmant dès sa plus tendre enfance. Victime de ce romantisme exacerbé, l'Étoile a tendance à idéaliser ses partenaires, ce qui lui vaut bien des désillusions. Dès lors qu'elle est engagée dans une relation amoureuse conforme à ses attentes, l'Étoile cherchera à maintenir la paix dans son couple et fera tout son possible pour apporter la sérénité au sein du cocon familial. En règle générale, l'Étoile matérialise la félicité conjugale ; elle évoque volontiers un couple qui nage dans le bonheur absolu et dont l'amour coule de source, une complicité de chaque instant, des parents doux et attentionnés aux petits soins pour leur progéniture... En négatif, cet arcane indique un cruel manque de tendresse, un couple discordant, un espoir déçu. Dans certains cas, notre bonne fée incarne celles et ceux qui entretiennent un mauvais rapport avec leur corps et la nudité, ceux qui sont complexés à l'idée de se montrer nu(e) devant leur partenaire. Enfin, l'Étoile matérialise également le désir de devenir maman.

Bien aspectés. Félicité conjugale, bonheur sans nuage, sentiment de plénitude, relation basée sur la tendresse, histoire d'amour romantique, amour qui coule de source, signes avant-coureurs d'un renouveau affectif, hasard heureux, rencontre d'une jolie jeune femme, espoirs comblés.

Mal aspectés. Désespoir, désillusions, tendance à idéaliser ses partenaires, on rêve du prince charmant, relation dissonante, sentimentalisme larmoyant, romantisme exacerbé, sensibilité à fleur de peau, manque de féminité handicapant, on n'accepte pas son corps.

SA SANTÉ

En matière de santé publique, l'Étoile se veut rassurante puisqu'elle augure fréquemment d'un mieux-être général. Sa présence évoque tantôt un processus de guérison tantôt une convalescence ou un traitement aux effets bénéfiques. L'Étoile représente essentiellement celles et ceux parmi nous qui observent une hygiène de vie saine et qui recourent fréquemment aux médecines naturelles ou aux soins par les plantes. Elle fait référence aux produits issus de l'agriculture biologique, aux vertus des antioxydants, aux cures d'oligo-éléments, de vitamines, de magnésium... En règle générale, l'arcane indique un besoin de repos et conseille de se ressourcer au contact de la nature. Il prône l'art de la sieste. Agenouillée au bord de l'eau, l'Étoile, avec ses deux amphores, vante les mérites des cures thermales, des thalassothérapies ou des balnéothérapies (notamment aux abords de la Lune ou de Tempérance). L'Étoile regroupe également celles et ceux qui abordent la maladie et ses symptômes au travers d'une approche « holistique » alliant le corps et l'esprit. On retrouve là toute la quintessence de cette lame. La pratique régulière de la méditation ou de la visualisation créative au même titre que du yoga fait partie intégrante des exercices de relaxation préconisés par cet arcane. Dans le même esprit, l'Étoile traduit les bienfaits de la médecine ayurvédique. Elle revendique l'importance des médecines parallèles et parle indifféremment de consultations au cabinet d'un homéopathe, d'un naturopathe ou d'un phytothérapeute (notamment associée au Pape ou à Tempérance). L'Étoile matérialise aussi les drainages lymphatiques ou les enveloppements de boue en institut. En effet, l'esthétique étant au cœur des préoccupations de notre bonne fée, cette dernière fait parfois appel à la chirurgie plastique pour remédier à ses complexes ou pour rester à son avantage (pose de prothèses en silicone, d'implants mammaires...).

Schématisée par une femme nue, l'Étoile rend hommage au corps de la femme : notons que l'arcane évoque très largement la fécondité : elle présage souvent d'un fort désir de grossesse dans le jeu d'une consultante (notamment associée au Soleil). Mal entourée, elle préconise une juste surveillance de l'appareil féminin, voire une consultation de gynécologie. La morphologie de l'Étoile, qui laisse apparaître des rondeurs et notamment de bonnes cuisses, évoque une nette tendance à l'embonpoint et à la cellulite. On associe fréquemment l'arcane à la boulimie. Sur l'image, la peau est exposée, évoquant certaines maladies de la peau comme le vitiligo, l'eczéma, le psoriasis (surtout au côté de la Maison-Dieu). L'eau qui coule des vasques matérialise indifféremment un nez qui coule, un œil qui pleure. Retranscrite dans un contexte médical, l'Étoile symbolise les rhinites ainsi que les problèmes de sinusite ou de conjonctivite. Contrairement à Tempérance, qui évoque principalement le flux sanguin, le liquide qui coule des jarres ne circule pas en circuit fermé, il est déversé dans le fleuve. On y voit une analogie avec les liquides évacués par le corps tel que l'urine et la transpiration. Mal entourée, l'Étoile matérialise les désordres fonctionnels de certaines glandes qui sécrètent une solution aqueuse à l'instar des glandes lacrymales, des glandes salivaires et des glandes sudorales. Enfin, l'Étoile évoque les réactions allergiques liées à la pollinisation, comme le rhume des foins ou l'asthme pollinique.

Bien aspectée. Guérison en bonne voie, convalescence bénéfique, détente musculaire, bonne circulation énergétique, sieste régénératrice, bien-être général, excellente hygiène de vie, sérénité d'esprit, soins holistiques, méditation quotidienne, exercices de relaxation à visée thérapeutique, traitement naturel par les plantes et les médecines douces, drainage lymphatique ressourçant, cure de jouvence.

Mal aspectée. Mélancolie, désespoir, petite déprime, manque de sérénité, besoin de repos, tendance boulimique, problème de narcolepsie, allergies, asthme, herpès, conjonctivite, rhinite, sinusite, soucis liés aux glandes lacrymales, salivaires ou sudorales, la gynécologie est à surveiller de près, cheveux stressés et fatigués, complexes liés à son physique, consultation d'un plasticien (surtout associé à l'Empereur), maladie de la peau (surtout avec la Maison-Dieu), jambes lourdes, problèmes circulatoires, mauvaise irrigation sanguine, cellulite, fragilité rénale (notamment au contact de la Justice), possible incontinence.

CONCLUSION

L'Étoile rend hommage à Mère Nature et prône l'importance de se reconnecter à cette terre sainte, la terre de nos ancêtres. Elle fait l'apologie de la beauté démontrant que l'homme est une merveille de la nature au même titre que les étoiles qui scintillent dans le ciel, que les éléments de l'univers s'harmonisent les uns aux autres pour créer une belle unité cosmique. Signe de paix et de sérénité retrouvée, l'Étoile nous apprend à vivre en harmonie avec le monde qui nous entoure, dans le respect de son prochain. Elle invite le pèlerin égaré à se poser, à se ressourcer et à suivre sa bonne étoile.

LA LUNE

SA FICHE SIGNALÉTIQUE

SA PHOTO. Schématisée par un astre bleu nuit garni de rayons multicolores, un croissant de lune à visage humain en son centre, la Lune, mystérieuse et majestueuse, surplombe deux chiens campés aux abords d'un grand bassin d'eau, à la surface duquel gît une écrevisse aux pinces écartées. Les deux canidés, qui se font face sous une pluie de gouttelettes colorées, semblent hurler à la mort. En arrière-plan, deux bâtiments aux toits crénelés sont positionnés de chaque côté de la lame. La scène se déroule en extérieur, comme le suggèrent les animaux et les éléments environnants.

SON PROFIL. Symbolisant le monde de la nuit et son univers onirique, la Lune matérialise les profonds remous qui animent chaque être humain. Cet arcane nous fait naviguer dans les eaux troubles que sont nos émotions. Elle incarne des personnages lunaires dont l'humeur est à géométrie variable. Astre de la nuit, la Lune cristallise les angoisses de tout un chacun, elle fait ressurgir nos peurs ancestrales, elle nous plonge dans les ténèbres de l'inconscient. Arcane d'introspection et d'intériorité, la Lune préside à la psychologie des rapports humains ; elle sonde les mystères de l'âme.

À l'instar des lunaisons qui agissent sur les marées et les océans, la Lune modifie les perceptions sensorielles de l'homme, elle exacerbe ses ressentis, amplifie ses angoisses... Submergé par ses émotions, il est alors parfois difficile de canaliser son hyperémotivité ou ses peurs irrationnelles. L'influence de cet astre atteint son paroxysme avec la légende du loup-garou selon laquelle l'homme se transforme en animal sanguinaire les soirs de pleine lune. Ce mythe est renforcé par la présence des deux chiens qui hurlent à la mort. À moindre échelle, mais tout aussi révélateur, les commissariats enregistrent des pics d'activité importants les soirs de pleine lune.

La Lune symbolise également l'occulte et, plus généralement, tout ce qui est caché ou tu. Elle représente notre jardin secret. Ce sentiment de non-dits est matérialisé par l'écrevisse qui est tapie sous la surface de l'eau. L'allégorie de l'écrevisse retranscrit autant les angoisses qui sont enfouies ou refoulées au plus profond de notre être que l'agressivité sous-jacente qui en résulte. Cet animal apparaît ici comme menaçant, ses pinces étant grandes ouvertes. Il représente les ennemis cachés, les faux-semblants. Notons également que ce crustacé marche à reculons, comme pour remonter le temps ; il symbolise cet attachement au passé si cher à la Lune.

En règle générale, la Lune, principe de féminité, rend hommage au foyer, au cocon familial. Les deux tours présentes sur l'arcane matérialisent l'habitat, et notamment les lieux publics tels que les boutiques, les commerces, les hôpitaux (surtout aux abords du Pendu et de la Maison-Dieu). Enfin, cette nébuleuse évoque l'inconnu et le flou et tronque parfois notre vision de la réalité.

SES FORCES. Son sens de la famille, son esprit créatif, sa sensibilité, son imagination féconde, son intuition, ses pressentiments.

SES FAIBLESSES. Ses mouvements d'humeur, sa paranoïa, ses angoisses exacerbées, son hyperémotivité, sa peur de l'inconnu, son lymphatisme, ses mensonges, sa mesquinerie, son hypocrisie.

SON ÂGE. Hormis sa polarité féminine, l'arcane évoque davantage un lieu public qu'un personnage. Par conséquent, il demeure donc difficile de lui fixer un âge.

SON NUMÉRO D'IMMATRICULATION. Le 18. Multiple de 9, la Lune renforce le caractère contemplatif et réfléchi de L'Hermite. En présence de cet astre, les considérations métaphysiques et l'intériorité supplantent l'action.

SON UNIVERS PROFESSIONNEL

On associe traditionnellement la Lune aux lieux publics comme les commerces, les night-clubs, les complexes hôteliers, les hôpitaux... tous les endroits à forte concentration de clientèle. Bien que connue principalement pour son intuition et son imagination prolifique, elle représente néanmoins tous les métiers à caractère mercantile qui exigent un excellent relationnel. Bien entourée, elle traduit parfois une activité florissante, un afflux bienvenu de clientèle. En règle générale, la Lune représente un cadre de travail pesant plombé par la morosité ambiante. L'avenir apparaît alors terne et sans saveur, le moral des troupes est en berne. Tandis que la Lune cristallise nos angoisses, elle laisse également apparaître nos lacunes, nos failles psychologiques... Ce qui se manifeste par la peur de ne pas être à la hauteur ou la sensation de n'avoir aucune perspective d'évolution à long terme... Reine de l'illusion, la Lune matérialise les situations troubles et ambiguës, celles-là même qui se trament à notre insu. Elle retranscrit un manque de clarté, une situation nébuleuse dont l'opacité est de nature à nous porter préjudice. La Lune et son « clair-obscur » nous plongent donc au cœur d'un univers professionnel incertain au sein duquel les rumeurs vont bon train. Elle préside à ce climat de commérages récréatifs et de spéculations hasardeuses où les relations entre collègues sont souvent biaisées. Dans ce contexte de travail saturé de non-dits et d'envies à peine voilées, les faux-semblants et les ennemis cachés sont légion. Gare alors aux chausse-trappes, à certains collaborateurs fourbes et sournois qui se tiennent en embuscade !

En matière d'emploi, la Lune matérialise le foyer et, par extension, le travail à domicile. Hormis son rôle de mère au foyer, de ménagère ou de femme d'intérieur, la Lune symbolise volontiers les **nourrices**, les **femmes de ménage**, ainsi que tous les services d'**aide à la personne**. En règle générale, la Lune incarne les professions liées à l'habitat telles que les **promoteurs immobiliers**, les **agents des services techniques de l'habitat**, les **administrateurs de biens**, les **employés d'un syndic de copropriété**, les **déménageurs** (surtout avec la Force). L'arcane évoque les lieux publics de tous ordres, il incarne traditionnellement les **commerçants**, les **hôteliers**, les **restaurateurs** (notamment associée à Tempérance), et parfois même le **personnel hospitalier** (aux abords du Pendu et de la Maison-Dieu), toute personne qui travaille au contact d'une large clientèle.

Le grand bassin aux allures de marécage dans lequel nage l'écrevisse fait immédiatement écho aux métiers d'**ostréiculteur**, de **marin pêcheur**, de **navigateur** et, dans une moindre mesure, à celui de **maître-nageur** ou d'**océanographe**. Ce bassin s'apparente tantôt à un lac tantôt à un océan, mais aussi à une station d'épuration, à un lieu de traitement des eaux usées... Partant du principe que cette eau foncée ressemble à l'alcool, il est fréquent d'associer cette carte aux **cavistes** et aux **négociants en vin**.

Quant à la présence des deux chiens représentés sur la lame, celle-ci évoque les **éleveurs canins**, les chenils et donc les **employé(e)s à la SPA**.

Symbolisant notre inconscient et nos rêves, la Lune incarne les **psychologues** de toute mouvance (surtout aux abords du Pape et de l'Hermite). Cette lame de tarot représente aussi la verve littéraire et l'inspiration si chère aux **écrivains** (notamment auprès du Bateleur).

Enfin, la Lune matérialise le travail de nuit.

Bien aspecté. Contact privilégié avec le public, commerce florissant, afflux bienvenu de clientèle, créativité recherchée.

Mal aspecté. Morosité ambiante, travail déprimant, environnement professionnel baigné dans l'hypocrisie, collègue sournois, fourberie, ennemis cachés, manque de transparence, propos fallacieux, mensonges nuisibles, vices cachés, manœuvres souterraines, tromperie, dénigrement, diffamation.

SON COMPTE EN BANQUE

En règle générale, la Lune matérialise le patrimoine immobilier. Elle symbolise autant l'acquisition de sa résidence principale que l'achat d'un investissement locatif (surtout associée à la Justice). Arcane emblématique des successions et des héritages, la Lune inclut également les biens immobiliers acquis au terme d'une indivision ou légués en nue-propriété.

Cette lame de tarot incarne essentiellement le budget dédié à l'entretien de son intérieur, c'est-à-dire toutes les dépenses courantes relatives à son habitat (eau, électricité, nourriture...).

La Lune représente aussi la solidarité familiale en matière d'hébergement ou d'aides financières. Aubaine ou non, cette forme d'entraide intergénérationnelle permet de faire face aux périodes d'austérité économique. Notons également que la Lune symbolise les foyers et les centres d'hébergement d'urgence.

À l'instar de l'Hermite, l'arcane matérialise les bas salaires et les minima sociaux. Elle englobe celles et ceux parmi nous qui disposent de revenus modestes et peinent à boucler leurs fins de mois. En négatif, la Lune matérialise les divers problèmes de logement (loyers exorbitants, travaux coûteux...). Elle apparaît également pour dénoncer les situations administratives opaques et les imbroglios juridico-financiers. Selon le contexte, elle incarne tantôt des vices cachés, tantôt des affaires scabreuses et de l'argent occulte (notamment au côté du Diable).

Enfin, en raison de son caractère rêveur, la Lune dénote parfois d'un cruel manque de réalisme dans la gestion de ses comptes bancaires.

Bien aspecté. Richesses liées à l'immobilier, legs, donation, solidarité familiale, projet immobilier.

Mal aspecté. Problèmes de logement, bourbier administratif, argent occulte (aux abords du Diable), angoisses liées à la peur du lendemain, gestion erratique et inconstante de son compte en banque.

SES AMOURS

La Lune représente l'attachement au foyer ; elle se nourrit des valeurs traditionnelles de la vie familiale. En bonne mère de famille, la Lune fera tout son possible pour créer un petit nid douillet, un cocon familial chaleureux, un havre de paix au sein duquel il fait bon vivre. Dans la famille « Lune », la vie familiale est axée en partie sur l'éducation des enfants et en partie sur l'entretien de la maison. La Lune représente la mère nourricière, la « mama », généreuse et prodigue, pour qui l'amour des siens passe avant tout autre forme de considération. La Lune obéit à un schéma parental classique et dispense une éducation judéo-chrétienne à sa progéniture.

Symbolisant l'habitat et la maison en tant que refuge, l'arcane invite à investir dans un projet immobilier pour sécuriser la petite famille. On décide parfois d'emménager sous le même toit que son partenaire.

Dans le domaine des sentiments, la Lune incarne également notre jardin secret, cette part de mystère que nous gardons cachée, enfouie au plus profond de nous. Personnalité ambiguë, la Lune reste souvent murée dans son silence, ses non-dits peuvent alors altérer ses relations affectives. Confuse par nature, la Lune est souvent perdue dans l'immensité de ses problèmes conjugaux, rongée par l'angoisse. Enfin, l'arcane matérialise la tromperie et les relations extraconjugales lorsqu'elle se trouve aux abords de la Papesse et de l'Amoureux. On tombe alors dans le mensonge afin de couvrir son forfait.

Bien aspectés. Unité familiale, mère au foyer dévouée à ses enfants, volonté de fonder un foyer, projet immobilier, vie de famille bercée par une éducation judéo-chrétienne, valeurs familiales traditionnelles.

Mal aspectés. Jardin secret, mensonges, tromperie (surtout aux abords de l'Amoureux et de la Papesse), confusion, non-dits préjudiciables, problèmes conjugaux inhibants, on se réfugie dans le rêve, on se voile la face.

SA SANTÉ

En règle générale, la Lune représente les hôpitaux (notamment associée à la Maison-Dieu et au Pendu) ou les cliniques (au côté de l'Étoile) et incarne les maladies nosocomiales.

Dans le domaine médical stricto sensu, la Lune matérialise essentiellement les troubles psychiques ainsi que les maladies d'origine psychosomatiques. Sa présence dans un tirage de tarot augure souvent d'une psychothérapie ou d'un suivi psychologique (surtout avec l'Hermite) permettant d'exorciser ses peurs, d'exprimer ses angoisses. Si la Lune cristallise fréquemment les troubles légers de l'anxiété, elle incarne aussi tous les comportements phobiques. Dans les pathologies liées à la santé mentale, on retrouve notamment les symptômes de la dépression, la paranoïa, les névroses d'angoisse, les psychoses... Naturellement cet astre de la nuit fait référence à l'activité nocturne et aux troubles du sommeil tels que l'insomnie. Relevant parfois de son hyperémotivité ou de ses ressentis quasi épidermiques, l'arcane est réputé pour ses mouvements d'humeur ; il incarne souvent une personnalité lunaire à géométrie variable.

À dominante psychologique, l'arcane présente néanmoins d'autres pathologies comme par exemple le diabète de type 1 (surtout aux abords de la Justice). On associe aussi la Lune au ventre, et notamment à l'utérus. Ainsi, l'arcane symbolise les maux de ventre de tous ordres : on se sent barbouillé, nauséeux. On l'associe parfois à des maladies intra-utérines ou à des troubles d'ordre gynécologiques comme les mycoses ou les fibromes... Mal entourée, la Lune matérialise les pandémies, les maladies contagieuses ainsi que les désastres sanitaires. Symbolisant les mers et les océans, la Lune parle également d'eau impropre à la consommation et, selon le contexte médical, elle évoque les risques liés au saturnisme ou à la contamination par le plomb ou l'amiante.

Notons aussi que cet astre de la nuit matérialise principalement les maladies cachées, non détectées, celles dont nous n'avons pas conscience, ou qui se développent à notre insu. Cet arcane illustre par exemple la présence d'une « ombre » sur une radiologie, d'une tache suspecte sur un poumon (surtout aux abords du Diable). Représentant indifféremment la pénombre, l'obscurité et donc notre difficulté à voir dans la nuit, la Lune présage souvent de la présence d'un voile oculaire, d'une vision floutée (formation d'un glaucome ou d'une cataracte...).

Enfin, dans de très rares cas, la Lune indique une mort par noyade (notamment aux abords du Pendu et de l'Arcane sans Nom).

Bien aspectée. Psychothérapie bénéfique, consultation en milieu hospitalier.

Mal aspectée. Maladies nosocomiales, troubles de la personnalité, fragilité psychologique, angoisses exacerbées, vague à l'âme, dépression, maladies à caractère psychosomatiques, troubles du sommeil, voile oculaire (glaucome, cataracte), maladies cachées, tache au poumon, maux de ventre, eau impropre à la consommation, saturnisme, risque de contamination par l'amiante, diabète de type 1, mort par noyade.

CONCLUSION

Nimbée de mystère, scintillant dans le bleu de la nuit, la Lune demeure certainement l'un des arcanes les plus ambigus du Tarot de Marseille. Elle évoque d'emblée les situations troubles ou embrouillées. La Lune symbolise les profonds remous intérieurs qui nous animent ; elle met l'accent sur la psyché, nous rappelant la complexité de la nature humaine. Elle nous met en face de nos contradictions, nous invitant à dépasser nos peurs afin de libérer notre conscience. En positif, la Lune représente l'unité familiale, le foyer comme l'ultime rempart aux agressions extérieures. En négatif, elle matérialise la trahison de quelque nature qu'elle soit ; elle invite à voir au-delà des apparences, celles-ci étant souvent trompeuses !

LE SOLEIL

SA FICHE SIGNALÉTIQUE

SA PHOTO. Schématisé par un grand soleil rond coiffé d'une multitude de rayons rouges et jaunes, le Soleil représente un astre jaune à visage humain, radieux et débonnaire, esquissant un léger sourire. Arrivé à son zénith, il brille de mille feux et ses rayons effleurent la tête de deux jeunes personnages blonds. Torse nu, vêtu chacun d'un pagne bleu clair et d'un collier rouge, les jumeaux sont campés devant un muret de briques rouges et jaunes surmonté d'un faîtage. Tandis que le quidam de gauche, les yeux exorbités et l'air confus, pose sa main gauche sur l'abdomen de son binôme, l'enfant de droite lui passe la main droite dans le dos comme pour l'épauler ou le rassurer.

SON PROFIL. Symbolisant la noblesse de cœur et la chaleur humaine, le Soleil incarne le bonheur terrestre. Magnifique hymne à la vie, cet arcane matérialise l'amitié et la fraternité. Il réchauffe les liens qui nous unissent les uns aux autres. Arcane des solidarités actives et de la cohésion sociale, le Soleil est une main tendue, une véritable invitation à aider son prochain. En ce sens, les deux personnages centraux font écho au mythe de Castor et Pollux, frères jumeaux surnommés les « Dioscures », renommés pour leurs actes de bravoure. On les présentait souvent comme les dieux de l'hospitalité tant ils étaient généreux envers autrui. À l'instar de ces héros de la mythologie, les deux quidams sur l'arcane symbolisent l'amour fraternel et désintéressé. Selon le contexte, ils symbolisent tantôt un couple, tantôt des enfants, et plus particulièrement des jumeaux.

Le culte du soleil transcende de nombreuses civilisations depuis des temps immémoriaux. L'astre du jour est ainsi fréquemment élevé au rang de déité chez certains peuples tels les Incas, les Mayas, les Aztèques... On le vénère encore et toujours aujourd'hui en Égypte, en Grèce et en Indes. Alors qu'il nous éclaire de sa lumière divine, le soleil est une richesse si précieuse à la vie sur terre que même sa couleur jaune évoque la brillance de l'or.

Le Soleil matérialise aussi le pouvoir de rayonnement et représente de facto les grands personnages emblématiques qui ont marqué l'histoire de notre monde, à l'instar de Sa Majesté Louis XIV surnommé « le Roi Soleil » en vertu de son aura naturelle et de son charisme légendaire. Le Soleil matérialise ainsi la noblesse et les signes extérieurs de richesse.

Enfin, le Soleil symbolise également la vie sur terre ; il est la richesse sans laquelle nous ne serions. Il est indispensable à l'équilibre de notre planète et de nos écosystèmes.

SES FORCES. Son optimisme, son humanisme, son altruisme, sa personnalité débonnaire, individu prodigue, son rayonnement, sa puissance, son charisme, son dynamisme à toute épreuve, sa sportivité, sa confiance en soi.

SES FAIBLESSES. Sa vanité, son besoin absolu de briller, d'être reconnu, son arrogance, son goût du luxe, du prestige, de l'ostentation, son côté « moi je », sa vénalité.

SON ÂGE. Selon le contexte, le Soleil incarne tantôt des enfants en bas âge, tantôt un couple de jeunes adultes. Cependant, le graphisme de l'arcane suggère volontiers le dynamisme si cher aux adolescents et aux jeunes gens en général.

SON NUMÉRO D'IMMATRICULATION. Le 19. En additionnant 1 + 9, on obtient 10, qui marque la fin d'un cycle. Avec le « 19 », on a donc complété un premier cycle (10) et on s'apprête à en terminer un second (9).

SON UNIVERS PROFESSIONNEL

Dans ce domaine précis, le Soleil représente fréquemment les affaires familiales, les collaborations et associations dans différents secteurs. Concrètement, il s'agit par exemple d'une fusion, d'une OPA ou d'un partenariat quelconque, tel un restaurant familial... Quelle que soit l'alliance envisagée, nos jumeaux rappellent l'adage selon lequel « l'union fait la force ». On retrouve ainsi cet arcane pour matérialiser les protocoles d'accord (notamment associé à dame Justice), ainsi que le rapprochement de deux entités ou de deux services.

Cet arcane augure souvent d'une belle réussite socioprofessionnelle ou de brillantes réalisations personnelles. C'est la lame de la vocation. On est reconnu pour ses compétences professionnelles au sein de son cénacle.

En règle générale, le Soleil incarne donc un cadre de travail fort agréable au sein duquel les rapports entre collègues sont généralement au beau fixe, on prend plaisir à venir travailler. Par ailleurs, les deux têtes blondes sur la carte font écho à un tandem de choc, à des coéquipiers qui travaillent en étroite collaboration. Retranscrit dans l'univers professionnel, cet arcane nous parle de solidarité et de système d'entraide. C'est notamment l'arcane qui symbolise le bénévolat, les milieux associatifs et tous les métiers liés à l'humanitaire. On est ici dans la fraternité, dans l'aide de son prochain, on lui tend la main (regardez donc le graphisme !). En revanche, mal entouré, le Soleil matérialisera tantôt un(e) arriviste à l'ego surdimensionné, tantôt un collaborateur imbuvable et arrogant qui cherche l'exclusivité.

La scène rappelle une cour de récréation et évoque l'univers des enfants et des écoliers. À ce titre l'arcane symbolise les **gardes d'enfants agréées**, les **éducateurs**, les **nourrices**, les **assistantes maternelles**, les **enseignants**, les **formateurs** (notamment avec le Pape). Le Soleil rêve souvent de gloire, de se retrouver sous les feux de la rampe ou sur les plateaux de télévision. Notre beau Soleil, qui a un besoin viscéral de briller, incarne les **acteurs** et les professions liées à l'audiovisuel (notamment au contact du Jugement). Par extension, l'arcane rend hommage à toutes celles et tous ceux qui aiment se montrer ou être vus, voire reconnus. Le Soleil excelle dans toutes les professions liées à l'image telles les **photographes**, les **graphistes**, les **peintres** (notamment au côté de l'Étoile). Connu davantage pour ses talents artistiques et sa créativité exacerbée, le Soleil symbolise volontiers les **créateurs** de toutes tendances. Notons que cet arcane évolue essentiellement dans l'univers du luxe et de la mode version « chic ». Par ailleurs, eu égard à sa couleur qui rappelle la brillance de l'or, l'arcane matérialise volontiers les **orpailleurs**, les **orfèvres**, les **bijoutiers** et les **banquiers** (surtout associé au Diable). Enfin, le Soleil mélange savamment « la jeunesse et les sports » ; il incarne souvent les **gymnastes**, les **chorégraphes**, les **danseurs** et, bien sûr, les **coaches sportifs**.

Bien aspecté. Vocation, réussite socioprofessionnelle, affirmation de soi, talents reconnus à leur juste valeur, management hors pair, charisme ravageur, honneur, protocole d'accord bénéfique, fusion rendue nécessaire, association fructueuse, bel esprit d'équipe, tandem de choc, aide providentielle, don exprimé avec éclat, talents artistiques, créativité exacerbée.

Mal aspecté. Arrivisme, ego surdéveloppé, collègue imbu de sa personne, arrogance contre-productive, mauvaise alchimie, collaborateurs mal assortis, manque de cohésion dans l'équipe, OPA contestée, fusion difficile, accord mal défini.

SON COMPTE EN BANQUE

En règle générale, le compte en banque de notre Soleil est bien garni. Ce dernier vit souvent dans l'opulence et n'hésite pas à afficher tous les signes extérieurs de richesse, parfois même avec ostentation (voitures de sports dernier cri, résidence secondaire...). Sans forcer le trait ou faire dans la caricature, le Soleil a une gestion saine de ses finances, ses affaires sont prospères. À toutes fins utiles, notons également que l'arcane symbolise volontiers l'univers bancaire (notamment au côté du Diable). Le Soleil optera facilement pour des placements rémunérateurs à la fiscalité attrayante, ou investira dans des valeurs refuges telles l'or. Le Soleil est surtout connu pour son goût prononcé du luxe et son amour des bijoux. Il est attiré par tout ce qui brille, incarnant de facto les grosses fortunes, mais aussi les personnalités vénales. A contrario, il matérialise les « flambeurs », les gens qui ont un train de vie extravagant, vivant bien au-delà de leurs moyens. À moindre degré, et plus proche du commun des mortels, le Soleil consacrera une très importante partie de son budget à l'éducation de ses enfants. Selon le contexte, le Soleil associé à la Justice matérialise les aides sociales à l'instar des allocations familiales, des allocations logement, de la prime de rentrée scolaire, du RSA...

Bien aspecté. Finances au beau fixe, placements rémunérateurs, prospérité, gestion saine de vos comptes, fortune personnelle, richesses, vous investissez dans l'or.

Mal aspecté. Dépenses ostentatoires, goût du luxe provocant, train de vie extravagant, on « flambe », personnalité vénale, RSA.

SES AMOURS

Nous voici arrivés dans le paradis des amoureux. Le Soleil décline l'amour avec un grand « A » sous toutes ses formes ! L'arcane matérialise un bonheur sans nuage, un couple épanoui au sein duquel les partenaires vibrent à l'unisson. Les sentiments que vous portez à votre alter ego sont nobles, votre amour est payé de réciprocité si bien que certains parmi vous envisagent d'officialiser leur union (notamment 19 + 8). Selon le contexte, on parlera donc indifféremment d'âme sœur, de noblesse de cœur, d'entente quasi fraternelle... Pour les cœurs à prendre, la présence de cette lame augure d'une rencontre de qualité ou de la connaissance d'une personne authentique véhiculant de vraies valeurs humaines. L'arcane matérialise fréquemment la rencontre d'une personne originaire des îles ou du continent africain (surtout accompagné de l'Arcane sans Nom). Dans une situation de discorde, cette lame annonce une réconciliation ; on fait la paix.

Notons également que le Soleil évoque l'amitié et parle de sincérité dans les rapports à autrui. Mal entouré, le Soleil exprime un différend conjugal et, plus fréquemment, des mésententes liées aux enfants. En négatif, cette lame évoque parfois des difficultés à avoir des enfants.

Bien aspectés. Bonheur sans nuage, noblesse de cœur, couple heureux, âme sœur, entente parfaite, amour payé de réciprocité, union bénie des dieux, sentiments partagés, fidélité, engagement solennel (notamment 19 + 8), partenaires épanouis, à l'unisson, rencontre sincère, complicité de chaque instant, amitié avec un grand « A », réconciliation, paix retrouvée.

Mal aspectés. Amourette de vacances, feu de paille, mésentente au sein du couple, problèmes liés aux enfants.

SA SANTÉ

En règle générale, la présence du Soleil dans un tirage de tarot sur la santé est un bon présage. L'astre du jour évoque d'emblée une bonne vitalité, une forme quasi olympique, un cœur de sportif... En réalité, l'arcane est beaucoup plus complexe qu'il n'en a l'air à première vue. La scène dépeint le soleil à son zénith et nous met en garde contre les dangers liés à une surexposition. En effet, cette lame du tarot matérialise essentiellement les coups de soleil, les insolations et les maladies de la peau associées à une surexposition (apparition de phlyctènes, présence de mélanome, cancer de la peau...). À forte dose, le soleil brûle, la lame incarne donc les brûlures, mais également les inflammations. Par extension, les rayons que darde notre Soleil font écho aux rayons utilisés dans le traitement de certains cancers, notamment lors de séances de chimiothérapie ou de radiothérapie. Sachez que le Soleil, principe même de la vie sur terre, symbolise le cœur : mal entouré, il représente donc les pathologies cardio-vasculaires. On le retrouve ainsi chez les sujets souffrant de valvulopathie, d'arythmie cardiaque, de souffle au cœur (notamment aux abords du Jugement)... Énergie vitale par définition, le Soleil matérialise aussi la zone du plexus solaire réputée comme étant le siège de nos émotions. On la localise au creux de l'estomac. À ce titre, l'arcane est connu pour représenter la région stomacale et, à moindre degré, l'œsophage. Enfin, le Soleil évoque la clarté et la luminosité. Il nous permet de voir ; c'est l'astre du jour, par opposition à la Lune. Dans un tirage de tarot, lorsqu'il est mal entouré, le Soleil évoque une vue déficiente et matérialise parfois même les signes cliniques relatifs à la malvoyance ou à la cécité (notamment 19 + 13 + 9). Ne dit-on pas « être aveuglé par le soleil » ? En positif, sachez également que le Soleil évoque une grossesse (notamment aux abords du Pendu et de l'Hermite) et qu'un test de grossesse se retrouve matérialisé par l'association 19 + 2.

Bien aspectée. Santé éclatante, vitalité de sportif, bon tonus musculaire, belle énergie, grossesse gémellaire.

Mal aspectée. Soucis cardiovasculaires, radiothérapie, traitement de chimiothérapie, vue déficiente (cécité possible), insolation, coup de soleil, phlyctènes, UV ou soleil à proscrire, mélanome, déshydratation, sudation abondante, pathologies liées à l'estomac (ulcère...), luminothérapie.

CONCLUSION

Notre beau Soleil est un hymne à la vie, il chante l'amour et réchauffe les cœurs des uns et des autres. Bien entouré, son rayonnement est tel que nous pouvons surmonter tous les obstacles. Il matérialise cette main tendue, cette fraternité qui permet aux hommes de se dépasser et d'accomplir de belles réalisations. En revanche, mal entouré, il se complaît alors dans la vantardise : son besoin maladif de briller agace son entourage et son ego surdimensionné lui donne l'illusion de « briller ».

LE JUGEMENT

SA FICHE SIGNALÉTIQUE

SA PHOTO. Schématisé par un magnifique ange ailé aux cheveux blonds et bouclés, nimbé d'un halo lumineux bleu nuit, le Jugement met en scène un messager céleste muni d'une trompette et d'un fanion frappé d'une croix. Surgissant d'un nuage cotonneux, cet archange auréolé de vingt rayons multicolores s'apprête à claironner son message à un parterre composé de trois personnages entièrement nus, réunis autour d'un tombeau. Agenouillés, les mains jointes comme pour implorer les dieux, une femme et un vieillard font face à un troisième quidam représenté de dos, émergeant d'un tombeau.

SON PROFIL. Symbole de résurrection et de renaissance, le Jugement annonce le changement ; il est vecteur de renouveau. Comme son nom l'indique, l'arcane matérialise « un jugement » au sens premier du terme. L'heure du jugement a sonné, un verdict va être rendu, à nous de l'entendre !

Les nouvelles, bonnes ou mauvaises, vont changer la donne de départ, rien ne sera plus comme avant. La scène fait écho au jour du Jugement dernier et à la représentation traditionnelle de l'Apocalypse. La trompette symbolise les révélations, les annonces en tous genres, elle sert à nous faire entendre, à amplifier notre message. Elle symbolise la parole qui libère, qui soulage, le besoin de se confier, de se révéler. Lame de communication par excellence, le Jugement symbolise le multimédia, l'audiovisuel et toutes les technologies de pointe (notamment l'internet...). Il représente également les entretiens, les discours, les interviews, les interrogatoires... L'iconographie du clairon matérialise l'organe de la voix, mais également la capacité d'écoute. En effet, il nous est demandé d'écouter attentivement les révélations qui nous sont faites.

La scène dégage une grande pureté, tant elle exalte la nudité. Hormis l'archange qui a les bras couverts, les protagonistes représentés à l'image sont tous dévêtus, ils n'ont rien à cacher... Ils sont là, insouciants, en toute innocence, comme au premier jour sur terre. L'attitude des quidams qui lèvent la tête au ciel, les mains jointes, comme pour implorer les dieux, évoque le religieux et le lien avec le Tout-Puissant. Lame de prière et de recueillement, on s'en remet à l'au-delà, à la bonté divine. On l'appelle de tous nos vœux, espérant que notre prière sera entendue en haut lieu. L'ange tutélaire qui surgit des nuages et duquel notre sort dépend ajoute un caractère solennel à cette table ronde. Cette scène évoque une cérémonie religieuse telle une communion, une messe, un baptême...

Malgré le caractère jovial de la lame et la mine réjouie des deux quidams, le Jugement n'est pas toujours porteur de bonnes nouvelles. C'est réellement l'ensemble des cartes environnantes qui définira la teneur du message ainsi délivré par notre archange.

SES FORCES. Son aisance relationnelle, son sens de la répartie, sa modernité, excellent communiquant, son ingéniosité, son inventivité, sa promptitude, sa capacité de réaction, sa qualité d'écoute.

SES FAIBLESSES. Sa nature imprévisible, son esprit « cancanier », son ton accusateur, son manque de communication, son silence agaçant, individu procédurier.

SON ÂGE. Bien que la scène représente des personnages plutôt mûrs tels le vieillard et la femme, elle ne permet pas d'attribuer un âge précis à cet arcane. Le message délivré par le Jugement se décline au pluriel et s'adresse à tous sans distinction de sexe, de rang et d'âge.

SON NUMÉRO D'IMMATRICULATION. Le 20. Nous abordons un second cycle (2 x 10 = 20), un autre plan de conscience. Son action renforce et multiplie donc par deux la dynamique lancée par la Roue de Fortune. Avec le Jugement, on est passé à la vitesse supérieure, et les nouvelles sont porteuses de changements quasi immédiats. La réduction théosophique 2 + 0 = 2 nous renvoie également à la spiritualité de la Papesse.

SON UNIVERS PROFESSIONNEL

En règle générale, le Jugement caractérise principalement les professions pour lesquels le contact avec le public et les qualités relationnelles sont essentiels. Cet arcane dépeint un cadre de travail ultramoderne au sein duquel tous les moyens de communication de dernière génération sont représentés. On évolue ici dans l'univers du multimédia et de l'internet très haut débit... Dans le monde du travail, la lame matérialise les entretiens professionnels (notamment aux abords du Chariot ou du Pape). Il peut en effet s'agir autant d'un entretien d'embauche que d'un entretien d'évaluation. Carte d'oralité par définition, cette lame invite au débat et aux pourparlers, elle évoque ainsi les assemblées générales, les conseils d'administration... Quelle que soit la teneur du message délivré par le Jugement, celui-ci nous apporte toujours des nouvelles de nature à faire évoluer notre situation de départ. Bien entouré, cet arcane augure d'une promotion, d'une nomination à un poste clé dans l'entreprise, d'un avancement de carrière, d'un bouche-à-oreille extrêmement bénéfique alors que, a contrario, il est parfois porteur de nouvelles fracassantes. À titre d'exemple, le Jugement jumelé à l'Arcane sans Nom annonce très fréquemment un licenciement, voire un arrêt de la production... Mal entouré, cet arcane est également synonyme de délation et de mauvaise publicité. On le retrouve aussi dans les différends prud'homaux (surtout auprès du Diable). C'est véritablement l'ensemble du tirage qui permettra de poser un diagnostic précis sur votre situation professionnelle. Plusieurs corps de métiers sont représentés par cette lame : en premier lieu, la trompette dont se saisit l'ange ailé évoque de facto les **musiciens**, les **luthiers**, les **acousticiens**, les **ingénieurs du son** et les **chanteurs**. On associe communément cet arcane aux médias et à l'audiovisuel : en effet, notre archange évoque ici un **présentateur TV** ou un **journaliste** nous annonçant les grands titres qui font la une de l'actualité. Synonyme de modernité et de technologies de pointe, le Jugement englobe toutes les professions en rapport avec l'Internet, à l'instar des **webmasters** et des **webdesigners**... Comme son nom l'indique, cette lame désigne également toutes les personnes habilitées à rendre un verdict au même titre que les **juges d'instruction** et les **présidents d'audience**. Le Jugement inclut donc les carrières judiciaires et les professionnels de la justice tels les **avocats** (notamment aux abords de l'Empereur ou de l'Impératrice). Notez que, dans le cadre de différends salariaux, en dehors des litiges et des consultations juridiques classiques, la carte évoque fréquemment le recours aux **conseillers prud'homaux** (associée au Diable) ou aux **conseillers syndicaux** (associée à l'Amoureux). Arcane central en matière de communication, le Jugement incarne les orateurs ainsi que toutes les personnes qui manient l'art de la rhétorique telle une profession de foi. On y voit parfois un homme politique qui vient à la tribune délivrer son message (notamment avec le Diable).

N.B. Il s'avère que la présence du Jugement dans un tirage évoque beaucoup plus fréquemment des soucis juridiques que l'arcane de la Justice qui, elle, matérialise davantage les imbroglios administratifs et les signatures de tous ordres.

Bien aspecté. Bouche-à-oreille bénéfique, bonne presse, heureuse nouvelle, entretiens fructueux, pourparlers favorables, résultats positifs, réussite à un examen, à un diplôme, nomination à un poste évolutif, promotion, espoirs comblés, heureux concours de circonstances, remise de prix.

Mal aspecté. Mauvais concours de circonstances, retards préoccupants, non-dits dévastateurs, mauvaises nouvelles professionnelles, entretien dont vous n'avez aucune nouvelle, entretien téléphonique négatif ou infructueux, promotion remise en cause, procédure juridique retardée, pourparlers qui s'enlisent, révélations accablantes, mauvaise presse...

SON COMPTE EN BANQUE

En règle générale, l'avènement du Jugement dans un tirage de tarot est vecteur de renouveau et d'imprévus impactant votre comptabilité. Quel que soit l'état de vos finances, que vous soyez ou non à découvert, on vous donne des nouvelles sur votre situation financière ou sur des démarches qui sont à l'ordre du jour. Le Jugement matérialise souvent une commission d'enquête qui examine un dossier et qui rend une décision. Ce peut être une commission de révision de prêt, une commission de surendettement. Les nouvelles, bonnes ou mauvaises, vont faire évoluer votre situation actuelle. En positif, l'arcane augure d'une aubaine financière, tels un arriéré de loyer qui vous échoie, de l'argent inespéré issu d'une créance, d'un procès ou d'une succession. Associé au Soleil, il s'agira, par exemple, d'un accord de prêt. Mal entouré, le jugement évoquera principalement des frais de procédure exorbitants, des problèmes de découverts ou de chèques rejetés (notamment 20 + 13), des retards de paiement ou des dépenses imprévues liées à un fâcheux concours de circonstances. Enfin, modernité oblige, le Jugement représente également les achats en ligne et la consultation de vos comptes bancaires sur internet.

Bien aspecté. Aubaine financière, imprévu bienvenu, démarches à l'ordre du jour, rendez-vous bancaire, argent inespéré issu du recouvrement d'une créance, d'un procès d'une indivision, d'un héritage (notamment 20 + 18), discussion relative à vos options, accord de principe concernant un prêt (notamment 20 + 19), commission de surendettement se prononçant en votre faveur.

Mal aspecté. Procédure coûteuse, frais de justice exorbitants, problèmes liés à un découvert (agios) ou à un paiement refusé (surtout 20 + 13), retards préjudiciables, imprévus contrariants, mauvaise nouvelle, fâcheux concours de circonstances, dossier de surendettement incomplet ou rejeté (notamment 20 + 13), imbroglio lié à un héritage (surtout aux abords de la Lune).

SES AMOURS

L'heure des révélations et des confessions intimes a sonné ! Que l'on vous susurre des mots doux au creux de l'oreille ou que vous découvriez un e-mail émanant de la maîtresse de votre mari, vous recevez des informations de nature à modifier la teneur de vos sentiments amoureux. En règle générale, le Jugement prône la communication au sein du couple ; il en est même son moteur. Dans de bons aspects, les échanges sont favorisés au sein du couple, et nos deux tourtereaux sont heureux de pouvoir aborder tous les sujets relatifs à la vie maritale sans aucun tabou. Notons que le Jugement évoque également les « chats » sur internet ou par webcam. Il est donc fréquent d'entretenir une relation épistolaire via la Toile. Quant aux célibataires, ils pourront se connecter allégrement sur les sites de rencontre qui sont matérialisés par l'association 20 (échanges) + 6 (amoureux). Le Jugement invite aux sorties, à faire la fête entre amis, à fréquenter des lieux fort animés, tels les cafés, les boîtes de nuit (la trompette dont se saisit l'ange symbolise la musique, les concerts...). Si le Jugement augure d'une vie sociale intense, le foyer se transforme parfois en un moulin ouvert à tous les vents au sein duquel les partenaires ne parviennent plus à retrouver leur intimité. On se plaint alors, chacun de son côté, de privilégier les relations amicales à sa vie de couple. Mal entouré, le Jugement matérialise les non-dits, tout ce qui est tu ou passé sous silence. La communication est alors rompue au sein du foyer, et les partenaires se crient dessus pour un oui ou pour un non. Les paroles sont alors blessantes et les révélations parfois cruelles.

Bien aspectés. Échanges harmonieux, bonne communication dans le couple, relation épistolaire (internet...) évolutive, annonce d'une grossesse ou d'un mariage (notamment 20 + 19), rencontre imprévue.

Mal aspectés. Choses tues, passées sous silence, confessions intimes dévastatrices, relation internet déstabilisante, révélations cruelles, vérité pas bonne à dire, manque évident de communication dans le couple, imprévus déroutants, découverte sur la Toile.

SA SANTÉ

À l'instar de la Roue de Fortune, qui fait référence aux appareils médicaux, le Jugement matérialise les techniques médicales utilisant les technologies de dernière génération. Ainsi, cette lame incarne les IRM, les scanners (surtout aux abords de la Roue de Fortune), les échographies (au contact de la Lune), les électrocardiogrammes (aux abords du Soleil). Bien entouré, cet arcane évoque les avancées médicales en tous genres, les découvertes prometteuses ainsi que les nouveaux traitements. Il annonce parfois une guérison complète (notamment auprès de l'Étoile ou du Monde). D'un point de vue médical stricto sensu, le Jugement incarne surtout les troubles respiratoires tels que les pathologies pulmonaires ou bronchiques. Transposées dans l'univers médical, les ailes de l'ange qui, à l'instar de Tempérance, rappellent l'aérien, font ici écho aux voies aériennes supérieures. La trompette, quant à elle, fait allusion au souffle, au vent et aux troubles associés à l'air ambiant. Fort de cet éclairage, le Jugement inclut donc des pathologies telles que le mal de l'air, l'apnée du sommeil ou l'insuffisance respiratoires (souffle court...). Par extension, cet arcane matérialise aussi les troubles liés à l'aérophagie et aux sensations de ballonnement, de gonflement. La scène tout entière évoque la musique et le bruit associé à la trompette. Elle suggère donc des soucis liés à l'audition voire des troubles de l'oreille interne. On retrouve ainsi le Jugement dans les problématiques associées aux vertiges, à la maladie de Meunière ou à la surdité (notamment aux abords du Pendu ou de l'Hermite). À cet égard, l'arcane indique une consultation ORL (notamment au contact du Pape ou de Tempérance). Mal entouré, le Jugement parle de maux de tête, de céphalées, d'état migraineux, voire de tumeur cérébrale (surtout avec la Maison-Dieu).

Bien aspectée. Nouveau traitement de pointe (laser...), traitement de la cataracte réussi (surtout aux côtés de l'Amoureux), rendez-vous ORL bénéfique, avancées médicales notables, découverte prometteuse, examens approfondis salvateurs, bonne nouvelle, guérison (surtout associé à l'Étoile et au Monde).

Mal aspectée. Pathologies respiratoires variées (pulmonaires, bronchiques...), souffle court, insuffisance respiratoire, apnée du sommeil, problèmes d'oreille interne, acouphènes, surdité (notamment aux abords du Pendu et de l'Hermite), vertiges, tangage, mal de l'air, aérophagie, ballonnements, vomissements (surtout avec la Lune), état migraineux (céphalées, maux de tête...), tumeur cérébrale (notamment à proximité du Diable et de l'Arcane sans Nom).

CONCLUSION

Juché sur ce grand nuage cotonneux duquel il nous délivre son message, notre ange trompettiste nous relie avec l'au-delà, avec la Providence. Il cherche à établir une connexion, une communication transcendantale entre l'ici et l'ailleurs. La scène dépeinte sur l'arcane rappelle à bien des égards que les êtres de lumière, nos chers anges gardiens, cherchent à entrer en contact avec nous et vice versa. Cet arcane est surtout une invitation à écouter les messages que nous envoie l'univers, quand bien même ceux-ci sont subliminaux ou contraires à nos attentes ! Quel que soit le jugement annoncé, la lame rappelle que les décisions sont prises d'en haut, que la justice divine prévaut sur la justice des hommes.

LE MONDE

SA FICHE SIGNALÉTIQUE

SA PHOTO. Schématisé par un décor digne des plus belles tapisseries médiévales, le Monde représente une femme nue, gracieuse, de couleur chair, les cheveux au vent, dansant au centre d'une mandorle. Paré d'une grande écharpe soyeuse, le personnage central se tient debout sur un pied, un bâton de majorette dans la main gauche, un petit flacon dans la main droite. Les quatre coins de l'arcane sont ornés de trois animaux et d'un angelot auréolé, qui étreint un nuage. On y découvre un aigle perché sur un nuage, un lion couché à terre, tous deux également auréolés, ainsi qu'un taureau de couleur chair, vu de profil.

SON PROFIL. Symbolisant l'humanité tout entière et, par là même, le principe d'universalité, le Monde matérialise tous les êtres humains qui peuplent notre planète. Porte ouverte sur l'extérieur, le Monde dépeint une mosaïque de culture, il est une invitation aux voyages intercontinentaux, exhortant les uns et les autres à se nourrir de nos différences.

L'appellation « le Monde » symbolise la foule et les endroits bondés ou à forte concentration humaine, elle représente principalement les grandes métropoles urbaines et, par extension, tous les lieux publics de grande affluence tels les grands centres commerciaux, les aéroports, le périphérique parisien...

Symbole de plénitude et d'unité absolue, le Monde revendique le principe d'égalité homme-femme. Notez le caractère androgyne de la jeune femme au centre de la carte : elle réunit les polarités masculines et féminines en son sein, le yin et le yang s'équilibrant comme par magie.

Arcane de réalisation et d'accomplissement de soi, le Monde matérialise la fin d'un parcours initiatique, un voyage au bout de soi, au terme duquel l'être humain est en paix avec lui-même et peut profiter allégrement de sa réussite personnelle.

Le personnage est au centre d'une mandorle. Le symbolisme de la mandorle est très puissant sur le plan spirituel, puisque des personnages sacrés comme le Christ, la Vierge Marie ou les saints sont souvent représentés au sein d'une mandorle. Cette forme ovale en forme d'œuf ou d'amande (*mandorla* en italien) fait immédiatement penser à une couronne de lauriers de par sa texture. Ne dit-on pas « recevoir les lauriers de la gloire » ? Emblème de victoire et symbole de réussite, cette couronne de lauriers fait écho à l'empereur romain Jules César qui conquit une grande partie du monde. À l'instar des grandes dynasties de ce monde, la couronne incarne le prestige et le rang social. Le symbolisme de la couronne évoque les arcanes du pouvoir et rappelle les personnages influents et éminents qui ont marqué l'Histoire. Elle symbolise également la réussite aux examens et incarne le cérémonial lié à la remise des diplômes. Elle « couronne » un travail et matérialise l'aboutissement d'un projet. Ce sentiment de toute-puissance qui transparaît de cette couronne de lauriers rejaillit au travers du bestiaire dépeint sur la lame. En effet, les trois animaux mis en scène sur l'arcane, l'aigle, le lion et le taureau, sont affublés de pouvoirs surnaturels dans la mythologie gréco-romaine. L'aigle, qui est « royal » par excellence, évoque la puissance et la liberté, et demeure encore aujourd'hui un animal emblématique symbole de fierté et de souveraineté chez les Allemands et les Américains. On retrouve ce roi des oiseaux dans les armoiries de l'époque, ce qui, de surcroît, nous renvoie au bouclier de l'Empereur. Le lion représente le roi des animaux dans l'inconscient collectif, il inspire le respect ; il est de tout temps synonyme de puissance et de grandeur. Il incarne la chasse et la territorialité si chère aux empereurs et aux grands conquérants. Quant au taureau, emblème du courage et de la bravoure, il régale les badauds venus l'admirer dans les arènes lors de corridas. Concernant le petit angelot auréolé qui est posté en haut à gauche de l'image, sa présence trahit une réelle bienveillance, une bonté quasi angélique. Elle indique que ses desseins sont en osmose avec l'univers tout entier, que cette réussite est dans l'ordre des choses, que cette personne est touchée par la grâce dans sa réalisation personnelle. Un sentiment d'élévation et de plénitude envahit l'arcane, d'autant plus que les auréoles coiffant respectivement l'ange et l'aigle débordent du cadre de la carte.

On établit communément un parallélisme entre les quatre éléments naturels et les quatre figures allégoriques représentées sur la scène. Selon la tradition judéo-chrétienne, on associe traditionnellement l'ange à l'air, le lion au feu, l'aigle à l'eau et le taureau à la terre. Dans la Bible, ces mêmes personnages incarnent les quatre évangélistes : saint Mathieu joue le rôle de l'angelot, saint Jean celui de l'aigle, saint Marc celui du lion et saint Luc celui du taureau.

Enfin, la carte du Monde traduit une grande harmonie et une recherche permanente d'équilibre de par son architecture. En effet, la couronne de forme ovale est entourée de quatre éléments, deux en bas, deux en haut, à équidistance les uns des autres. Une grande rigueur géométrique transparaît de cet arcane : la figure centrale est en équilibre sur un pied au centre même de l'arcane. On dirait que tout a été méticuleusement mesuré et que chacun est à sa place, ni plus, ni moins.

SES FORCES. Son profil cosmopolite, son ouverture d'esprit, sa maîtrise des langues étrangères, son sens aigu du contact, son côté « globe-trotter », sa notoriété, son puissant réseau relationnel, sa personnalité, son grand potentiel, sa propension au succès, ses diplômes, son aura, son rang social.

SES FAIBLESSES. Sa mégalomanie, sa vanité, son côté « nombriliste », sa suffisance, son snobisme, ses mondanités, son style « bourgeois bien-pensant », son agoraphobie chronique.

SON ÂGE. Si l'on considère uniquement la figure centrale, on y distingue une jeune femme ou un personnage hermaphrodite avoisinant les trente ans. Cependant, le Monde évoque un macrocosme au sein duquel tous les êtres humains sont représentés sans distinction d'âge.

SON NUMÉRO D'IMMATRICULATION. Le 21. Synonyme de perfection dans la Bible, il incarne la réalisation suprême, le paradis sur terre. Qui plus est 21 = 7 x 3. En triplant ainsi la valeur du Chariot on obtient le triomphe absolu sur le plan matériel, le succès est total.

SON UNIVERS PROFESSIONNEL

En règle générale, le Monde traduit un modèle de réussite socioprofessionnelle à l'américaine et, plus largement, une évolution de carrière couronnée de succès. Il incarne autant les businessmen et les entrepreneurs de tous horizons parvenus à ériger de grands empires que de parfaits inconnus dont les activités ont le vent en poupe. On y retrouve donc pléthore de personnages clés de la vie économique tels que les grands industriels de ce monde, mais également les personnes importantes de par leur rang, leur filiation. Le Monde incarne très souvent les gens qui se sont rendus célèbres ou qui se sont fait un nom sur la scène internationale de par leurs fonctions. Dans l'histoire du Tarot de Marseille, le Monde matérialise traditionnellement la réussite professionnelle, l'ascension sociale, les remises de prix et les diplômes. Toutefois, son champ d'action est à la hauteur de sa réputation ; il est si vaste qu'il ne se limite pas exclusivement à ce concept de réussite.

Retranscrite dans le monde de l'entreprise, cette lame du tarot incarne les ressources humaines, des hommes et des femmes ordinaires dont les richesses cumulées font la force d'une société, la fierté d'une nation. Elle matérialise de facto les **DRH** (notamment au contact de la Papesse). Le Monde enveloppe toutes les activités, commerciales ou non, au contact du public. Le Monde représente les gens en général, toutes celles et ceux qui composent une clientèle, un fonds de commerce. Le Monde matérialise indifféremment la clientèle d'un commerçant, d'un avocat, les patients d'un médecin, les consultants d'un cartomancien... Ainsi, mal entouré, cet arcane parlera de chute de clientèle, de marchés perdus, de baisse de compétitivité. Cette lame met clairement l'accent sur les relations publiques et sur l'importance qu'il y a à se constituer un vaste réseau relationnel en vue de se faire coopter à tel ou tel poste, c'est pourquoi le Monde se rapporte souvent à un cénacle bien défini, tels un ministère, un club fermé, un réseau d'influence... La couronne de lauriers forme un cercle et donc un univers fermé, en vase clos. L'iconographie fait écho à l'hémicycle et renvoie, lauriers obligent, à tous les élus : parlementaires, sénateurs... On y retrouve tout naturellement les membres de clubs prestigieux tels le Rotary Club, le Lion's Club ou la fondation Rothschild, mais aussi des anonymes qui évoluent dans l'univers de la franc-maçonnerie ou des Rose-Croix.

Rappelons que la notoriété de cet arcane s'exporte par-delà les frontières puisqu'il jouit d'une stature internationale et qu'il matérialise toutes les grandes organisations internationales telles que l'ONU, l'OTAN, le Parlement européen, le Conseil de l'Europe, mais aussi les ambassades et les consulats. Le Monde, qui schématise parfaitement le globe et le multiculturalisme, évoque à lui seul toutes les carrières en lien avec le commerce international ainsi que tous les métiers qui exigent une maîtrise des langues étrangères à l'instar des **interprètes** (surtout auprès du Pape), des **hôtesses de l'air** (aux abords du Mat ou de Tempérance), des **professeurs de langues étrangères**. Véritable macrocosme social, le Monde incarne volontiers toutes les personnes qui étudient l'évolution de la société à l'image des **sociologues**, des **anthropologues**, des **ethnologues** et des **sondeurs/enquêteurs**.

Enfin, cet arcane se colore aux abords de ses voisins, de manière à définir un corps de métiers ou un champ de compétence. Selon le contexte, le monde médical se traduira ainsi par le Monde + le Pendu (arcane de la santé par définition), le monde de l'immobilier sera rendu par le Monde + la Lune (arcane du foyer, de l'habitat, de l'hôtellerie...), le monde agricole sera caractérisé par le duo le Monde + l'Arcane sans Nom (allégorie de la moisson, des récoltes...). Cet arcane se décline de la sorte à profusion permettant une multitude de combinaisons qui sont autant de métiers que de richesse. Faites toujours preuve de discernement dans vos interprétations car, suivant le cas, « le Monde + le Pendu » peut également représenter l'univers carcéral, le Pendu matérialisant aussi les prisonniers.

Bien aspecté. Accomplissement de soi, réussite spectaculaire, victoire, projet couronné de succès, vous recevez les honneurs, clientèle florissante, maîtrise des langues étrangères bienvenue, compétitivité, diplôme obtenu avec brio, réussite à un examen, à un concours (surtout associée à la Justice), on vous décerne un prix, individu bardé de diplômes, appui d'une sommité ou d'une personnalité influente, réseau relationnel efficace.

Mal aspecté. Baisse vertigineuse de clientèle, perte de rentabilité, soucis liés à la mondialisation, à la conjoncture économique, filiale étrangère en perdition, manque de compétitivité, réussite contrariée, problèmes relationnels inquiétants, faible niveau linguistique, triomphalisme stérile.

SON COMPTE EN BANQUE

En règle générale, le Monde est l'indice d'une bonne santé financière. Alors que dans la quasi-majorité des cas, l'arcane représente celles et ceux dont le compte en banque est bien garni, il incarne davantage un style de vie auquel les grosses fortunes et le gotha mondain sont attachés. Le Monde incarne volontiers ces « people », ces stars d'un jour ou de toujours, ces gens qui ont un train de vie somptueux, ces nouveaux riches qui mènent une vie de château où le champagne ne coule pas que pour les grandes occasions. Que votre prestige vous soit acquis à la naissance ou qu'il découle de votre fortune personnelle, une seule certitude : au fil du temps votre banquier est devenu votre meilleur ami. Ainsi, on vous déroule régulièrement le tapis rouge à chacune de vos visites à la banque et, standing oblige, vous avez droit à votre conseiller financier attitré. Il est alors question de vos derniers placements très lucratifs, du cours de vos actions et de vos titres. Dans le meilleur des mondes, on prendra soin de vérifier si votre carte *gold* ou *premium* correspond toujours à vos besoins actuels, et, si la chance vous sourit, le directeur de l'établissement viendra vous saluer en personne. Le Monde fréquente les endroits « selects » ; c'est un jet-setter habitué à dépenser des sommes astronomiques lors de galas ou de fêtes privées qu'il organise avec faste aux quatre coins du monde. Cette vie d'opulence et de voyages intercontinentaux présente la contrepartie d'assujettir tout ce beau monde à l'impôt sur la fortune, si bien que nombreux sont tentés par les montages financiers et les paradis fiscaux offshore. Mal entourée, cette lame incarne également toutes celles et ceux qui entretiennent un niveau de vie largement supérieur à leurs revenus réels ou qui ont perdu tout sens des réalités, vivant dans leur monde à eux. Enfin, dans de très mauvais aspects, le Monde matérialise un contexte de crise économique mondiale, qui impacte sérieusement les revenus ou les recettes de tout un chacun quel que soit son statut social.

Bien aspecté. Grand standing, vie de VIP, de milliardaire, détenteur d'une carte American Express, d'une carte gold, premium, comptes en banques bien garnis, richesses, profits pléthoriques, hauts revenus, placements lucratifs, comptes à l'étranger, paradis offshore, possession d'œuvres d'art, de tableaux de maîtres.

Mal aspecté. Crise économique mondiale, évasion fiscale, niches fiscales, placements offshore, luxe tapageur, ISF, fortune mal acquise, mondanités coûteuses, on vit au-dessus de ses moyens.

SES AMOURS

Le Monde matérialise un couple épanoui pour qui la vie conjugale est un long fleuve tranquille. En règle générale, nos tourtereaux ont une vie sociale intense, riche en sorties en tous genres. Ils apprécient tout particulièrement l'opéra, le théâtre, les concerts et les expositions culturelles. Une *love story* avec le Monde, c'est aussi une liaison amoureuse avec un(e) étranger(e).

En effet, le Monde évoque les rencontres interraciales ; il ouvre ses frontières à « l'autre » et invite à partager nos différences culturelles afin d'avancer main dans la main.

Bien aspectés. Épanouissement sensuel, plénitude conjugale, grande ouverture d'esprit dans le couple, rencontre d'un(e) étranger (e), vie sociale galvanisante, idylle avec une personne aisée.

Mal aspectés. Manque d'ouverture dans le couple, vie à deux trop classique, rang social difficile à tenir, on sacrifie l'authenticité au profit des apparences, recherche éperdue du Graal amoureux, hermétisme aux autres, difficultés relationnelles handicapantes, communication quasi inexistante, mondanités agaçantes, manque de classe ou d'élégance.

SA SANTÉ

Quel bon présage que de voir apparaître cet arcane dans un tirage de tarot sur la santé ! En effet, sa présence est presque toujours un signe de bonne santé ou de guérison complète. Sauf cas de force majeure ou lorsqu'elle est véritablement mal entourée, cette carte n'est que très rarement négative. À lui seul, le Monde évoque un individu, mâle ou femelle, en pleine possession de ses moyens tant physiques que psychologiques.

Vu son profil cosmopolite, le Monde évoque tout naturellement les maladies importées de l'étranger. Il matérialise ainsi les pandémies et les risques épidémiologiques. Il apparaît dans les maladies tropicales d'origines virales à l'instar du paludisme, du choléra, de la fièvre jaune, du chikungunya, du coronavirus. Le Monde recommande de prendre toutes les précautions d'usage lors de vos voyages en zone impaludée ou dans les pays sensibles.

Bien aspectée. Excellente santé, bonne vitalité, guérison complète (notamment aux abords de l'Étoile ou du Soleil).

Mal aspectée. Pandémies, maladies tropicales d'origines virales (fièvre jaune, paludisme, choléra, coronavirus, chikungunya).

CONCLUSION

Apothéose, excellence, couronnement, prestige... Que de superlatif pour qualifier ce bel arcane haut en couleur ! Le Monde incarne à la fois l'homme arrivé au sommet de son art, l'œuvre de toute une vie, la fin d'une odyssée, d'un périple (celui de notre Bateleur qui est arrivé à maturité). Le Monde, c'est aussi le chef-d'œuvre de l'humanité, l'alchimie du yin et du yang. Le Monde apporte une tonalité résolument positive au sein d'un tirage de tarot. Il lui insuffle un dynamisme. Bien que rarement négatif, il retranscrit parfois des problèmes conjoncturels indépendants de nos actions.

LE MAT

SA FICHE SIGNALÉTIQUE

SA PHOTO. Schématisé par un vagabond transportant son baluchon au moyen d'un bâton reposant sur son épaule droite, le Mat représente un personnage barbu, vêtu d'un habit à grelots et coiffé d'une étrange cagoule jaune tel un joker. Entravé dans sa marche par un chien qui semble lui avoir déchiré le fond de culotte, notre personnage continue son chemin, imperturbable, son bâton de pèlerin à la main. La scène se déroule en extérieur comme le suggèrent les cinq touffes d'herbes à même le sol.

SON PROFIL. Symbolisant ce trait d'union entre le Monde et le Bateleur, la carte du Mat incarne tantôt la préface d'une histoire, tantôt son épilogue. Cet arcane symbolise l'évolution, le mouvement incessant de la vie. Le Mat va de l'avant ; il marche vers la droite et donc vers son futur, il ne se retourne pas sur son passé, contrairement à l'Hermite qui, lui, a besoin de cette rétrospective. Le personnage tutoie ce qui est de l'ordre de l'extraterrestre, du paranormal, ses desseins ici-bas transcendent le domaine matériel. Il symbolise le principe de l'âme qui vagabonde, il évoque la réincarnation, la vie après le trépas. Le Mat matérialise un individu qui sort des sentiers battus. Il passe souvent pour un « illuminé », un avant-gardiste, un être décalé en marge de la société actuelle et de ses préceptes capitalistes.

Également appelé « le Fou » dans certaines versions du Tarot de Marseille, le Mat fait écho au bouffon du roi qui était alors chargé d'animer de grands banquets au profit de Sa Majesté et de sa cour de vassaux. Son accoutrement clownesque, voire carnavalesque, couronné de son couvre-chef improbable et son habit à grelots lui donnent véritablement l'allure d'un personnage comique aux portes du burlesque.

Mu par un sérieux besoin d'aller de l'avant, de cheminer inlassablement là où son destin le mène, le personnage du Mat demeure évocateur des flux migratoires et des grands mouvements d'exodes à travers le monde. Le graphisme symbolise tant un promeneur ou un pèlerin qu'un exilé qui a dû fuir sa patrie afin de se réfugier en lieu sûr.

Le Mat voyage léger : il emporte avec lui très peu d'effets personnels. Sa besace demeure son unique bagage. Ce paquetage symbolise son histoire, son vécu, la somme de ses connaissances passées et présentes qui l'accompagneront dans cette nouvelle aventure.

À y regarder de plus près, la scène tout entière évoque l'errance d'un clochard ou les pérégrinations d'un marginal meurtri dans sa chair, rejeté par la société. L'animal qui le repousse et qui semble lui avoir mordu le flanc droit symbolise à lui seul cette société hostile qui tend à l'exclure.

Force est de constater que notre marcheur prend volontiers l'allure d'un voleur ou d'un cambrioleur en fuite. Coiffé d'une cagoule, un chien aux trousses, le Mat donne l'impression d'un malfrat qui prend la fuite avec son butin après avoir commis son méfait.

Le « Mat » fait écho à l'expression « échec et mat » emprunté à l'arabe pour signifier que la partie est perdue pour l'un des deux joueurs. Il symbolise donc une déroute et un échec au sens propre comme au sens figuré.

SES FORCES. Son avant-gardisme, son anticonformisme, son indépendance, son goût de l'aventure, son originalité, son génie, son inventivité, son côté « touche-à-tout », sa drôlerie.

SES FAIBLESSES. Sa marginalité, son asociabilité, son côté « extraterrestre », son excentricité, ses lubies, son immaturité, son manque de pragmatisme, sa personnalité brouillonne, sa fuite en avant, son grain de folie, son errance psychologique, son allure négligée, sa personnalité « décalée ».

SON ÂGE. La scène évoque un adulte, un individu mature au demeurant. Son âge reste très variable : il représente autant un clochard de cinquante ans qu'un voyageur de trente ans.

SON NUMÉRO D'IMMATRICULATION. Cet arcane ne porte aucun numéro, il est inclassable et fait penser à un joker ou à l'excuse dans un jeu de tarot traditionnel. Cependant, pour des raisons pratiques et parce qu'il suit le 21, on lui attribue fréquemment le numéro 22.

SON UNIVERS PROFESSIONNEL

En règle générale, le Mat est synonyme de mouvement et incarne de facto les déplacements professionnels de tout ordre. On le rencontre ainsi chez les **facteurs**, les **commerciaux**, les **livreurs**, les **transporteurs**, les **routiers**, les **ambulanciers**, les **vendeurs ambulants**, **à la sauvette**, tous les métiers qui exigent de pouvoir se rendre mobile. Grand voyageur devant l'éternel, notre globe-trotter incarne volontiers les **navigants**, qu'ils s'agissent de **pilotes de ligne** ou d'**hôtesses de l'air** (surtout s'il jouxte le Monde ou Tempérance). Retranscrit dans le monde de l'entreprise, le Mat matérialise les mutations ou la mobilité interne, notamment aux abords de la Roue de Fortune. Il parle alors d'évolution de carrière, d'une nouvelle étape dans votre vie professionnelle. Cependant, mal entouré, cet arcane matérialise non seulement un collègue « brouillon », un collaborateur désordonné ou peu attentif, mais également un grand désarroi professionnel sur fond d'abattement. Le Mat incarne très souvent un individu au bord de l'épuisement psychique, pour qui le travail est devenu un calvaire quotidien. On parlera parfois même de harcèlement moral aux abords du Pendu. En termes d'image publique, le Mat représente surtout un personnage avant-gardiste un peu « fou », dont le génie en fait un **créateur** unique en son genre. Il s'aventure hors des sentiers battus, n'hésitant pas à lancer de nouvelles tendances branchées, à explorer de nouveaux concepts révolutionnaires. Le Mat fait penser à un Einstein des temps modernes ! Son accoutrement atypique proche du saltimbanque en fait le bouffon du roi. Cette allure improbable, aux limites du paranormal, fait écho aux **comédiens**, aux **acteurs de théâtre** vêtus de costumes médiévaux, aux **clowns**, aux **artistes de rue**.

Le Mat, qui baguenaude avec son baluchon sur les épaules tel un SDF, matérialise également les **travailleurs sociaux** de toute mouvance, à l'instar des **employés du Samu social** et des professionnels de la réinsertion comme les **assistantes sociales** (notamment au contact du Pendu ou de la Papesse).

Enfin, notre vagabond représente tantôt le monde de la folie et de la psychiatrie, tantôt l'univers du handicap. Il incarne donc volontiers les **neurologues**, les **psychiatres**, les **gériatres**, les **éducateurs spécialisés** et les **ergothérapeutes**.

Bien aspecté. Mobilité réussie, mutation bienvenue (notamment 22 + 10), évolution attendue, projet d'expatriation à l'ordre du jour, année sabbatique.

Mal aspecté. Projets irrationnels, mal cadrés, aux contours flous, errance professionnelle, mauvaise décision, impulsivité dangereuse, insécurité matérielle, démission ou renvoi (notamment 22 + 13), épuisement psychique, harcèlement moral (notamment 22 + 12), individu éparpillé, manque de constance.

SON COMPTE EN BANQUE

Le Mat n'a pas une personnalité vénale, il n'est pas attiré par l'argent, si bien qu'il néglige fréquemment la gestion de son compte en banque. Son manque d'ancrage dans le monde matériel fait qu'il se retrouve parfois avec des découverts bancaires exorbitants. Nombre de ses déboires financiers émanent de son côté bohème et d'un parcours socioprofessionnel décousu. Il enchaîne souvent les périodes chômées et les missions de courte durée. Dans le pire des cas, son mode de vie anticonformiste le pousse à vivre en marge de la société dans la précarité la plus absolue. Il survivra alors grâce aux aides sociales et aux élans de générosité d'associations bénévoles.

Bien aspecté. On s'en sort tant bien que mal, octroi d'une pension d'adulte handicapé, argent de la MDPH, vous bénéficiez d'un microcrédit, aide d'une assistante sociale (notamment 22 + 12), indemnités kilométriques.

Mal aspecté. Cruel manque de réalisme, gestion erratique de son compte en banque, découverts réguliers, grande précarité, misère sociale, minima sociaux, recours au Secours populaire, aux associations humanitaires, importants frais de déplacement.

SES AMOURS

Le Mat est très attaché à sa liberté. Sa philosophie du couple demeure anticonformiste, si bien qu'il se laisse rarement enfermer dans une vision classique des rapports affectifs. Son indépendance quasi maladive est vécue comme une peur de l'engagement amoureux au sein du foyer. Il donne l'impression de vouloir fuir les problèmes conjugaux. Bien entouré, notre vagabond annonce une véritable évolution au sein du couple, une envie de passer à l'étape suivante, de franchir un nouveau cap. Cela peut être la décision de devenir parent ou d'emménager chez son partenaire... Cependant, dans la majorité des cas, le Mat souffre d'instabilité affective, son mode de vie décalé et ses amours tumultueuses passent pour de la marginalité amoureuse. Meurtri dans sa chair par des blessures qu'il n'a pas encore pansées, ce naufragé de l'amour peine à se fixer dans une relation stable. Allant souvent de désillusions en désillusions, cet écorché vif a le sentiment de ne pas être compris de ses partenaires. En négatif, ce personnage atypique représente un amoureux éconduit que vous chassez de votre existence avec véhémence ou, a contrario, un(e) partenaire sans scrupules qui vous abandonne du jour au lendemain sur un coup de tête.

Sachez également que ce globe-trotter évoque souvent la rencontre d'un immigré ou d'un individu voyageant fréquemment hors du territoire. Enfin, le Mat matérialise parfois un vrai projet de vie à l'étranger.

Bien aspectés. Rencontre lors d'un déplacement, d'un voyage, évolution au sein du couple, on franchit un nouveau cap, on passe à l'étape suivante, projet d'expatriation.

Mal aspectés. Peur de l'engagement, indépendance quasi maladive, sentiment d'impuissance face à la dérive de son couple, instabilité affective, marginalité amoureuse, quête chimérique, personnage peu fiable, rencontre d'un individu « décalé », amoureux éconduit ou rejeté, coup de tête, tendance à fuir les problèmes conjugaux, impression de faire fausse route.

SA SANTÉ

La présence du Mat dans un tirage de tarot sur la santé est rarement de bon aloi. En règle générale, cet arcane augure de troubles neurologiques ou psychiatriques et, à moindre degré, de symptômes relatifs à la dépression. Dans la grande majorité des cas, le Mat indique clairement un épisode dépressif et une sensation d'épuisement psychique sur fond de mal-être socio-économique. Il préconise un suivi psychologique et, selon le cas, des examens neurologiques spécifiques. Le Mat est connu pour représenter les malades mentaux et, plus généralement, les pathologies comportementales nécessitant un suivi en hôpital de jour ou en asile psychiatrique. Hormis son rattachement à l'univers de la folie, on a coutume d'associer le Mat aux maladies de la tête, et notamment aux états migraineux et aux céphalées. Ainsi, aux abords de la Roue de Fortune, la présence de notre fou matérialise une IRM ou un scanner. Au niveau neurologique stricto sensu, il apparaît fréquemment dans les troubles de la mémoire, et en particulier chez les patients frappés d'amnésie ou souffrant de la maladie d'Alzheimer.

Si le Mat est souvent synonyme de maladie mentale, il traduit aussi le handicap moteur et, plus spécifiquement, les personnes atteintes de claudication ou d'une malformation au niveau des membres inférieurs.

En proie à des hallucinations et des crises de démence causées par la prise de substances illicites, le Mat sombre facilement dans l'univers de la drogue. En effet, ce drôle de personnage incarne volontiers les toxicomanes. Ainsi, il fréquente parfois les centres de méthadone.

Bien aspectée. Suivi psychiatrique bénéfique, prise de méthadone.

Mal aspectée. Dépression, épuisement psychique, impression de *burn-out*, céphalées, maux de tête, problèmes neurologiques, maladie d'Alzheimer, sénilité, amnésie, handicap physique ou moteur, claudication (notamment au contact du Pendu), toxicomanie, recours aux drogues dures.

CONCLUSION

Le Mat, dont l'allure surréaliste décontenance quiconque croise son chemin, marche inexorablement vers sa destinée sans jamais se retourner sur son histoire. Trait d'union entre le Monde et le Bateleur, notre fou aux habits d'arlequin est de l'ordre de ce qui nous échappe, de l'irrationnel, de l' « extraterrestre ». Principe de la réincarnation et de l'âme qui survit après la mort, le Mat matérialise un éternel recommencement, celui de l'être humain qui, enrichi de son vécu et de ses expériences antérieures, repart sans cesse vers de nouvelles aventures. Bien entouré, il incarne un personnage original et atypique, dont l'anticonformisme est devenu un atout. En revanche, à force de se marginaliser et de négliger l'aspect matériel des choses, il sombre parfois dans une inquiétante forme de schizophrénie à la lisière de la folie. Il vit alors dans un univers ubuesque que lui seul comprend.

CHAPITRE 2

Le tirage en croix : mode d'emploi

LE TIRAGE EN CROIX TECHNICITÉ ET LECTURE

Dans la seconde partie de cet ouvrage, je me propose de vous expliquer la technique du tirage en croix afin de pouvoir le comprendre et l'interpréter dans les règles de l'art. Cette méthode de tirage, que j'affectionne tout particulièrement, a été testée et approuvée par des centaines d'apprentis venus assister à mes ateliers depuis ces dix dernières années. Ce tirage présente l'avantage de fournir une foultitude de détails passés, présents et futurs sur la vie du consultant et les problématiques qui s'y rapportent. Je m'évertuerai à décomposer ce tirage et veillerai notamment à débusquer les pièges qui sont à l'origine de nombreuses erreurs d'interprétation en prenant soin de toujours me placer dans la peau du débutant. Ensuite, après vous avoir transporté dans les méandres théoriques du tirage en croix, je vous livrerai plusieurs cas pratiques issus de mes consultations privées avec retour d'expérience des principaux intéressés.

Je vous souhaite bonne lecture....

1) PRÉSENTATION DU TIRAGE EN CROIX

Le tirage en croix est composé de cinq arcanes majeurs qui, comme son nom l'indique, sont positionnés de manière à représenter une croix pivotant sur son axe central. Les arcanes, que nous appellerons A, B, C, D, E, sont donc placés selon l'ordre suivant :

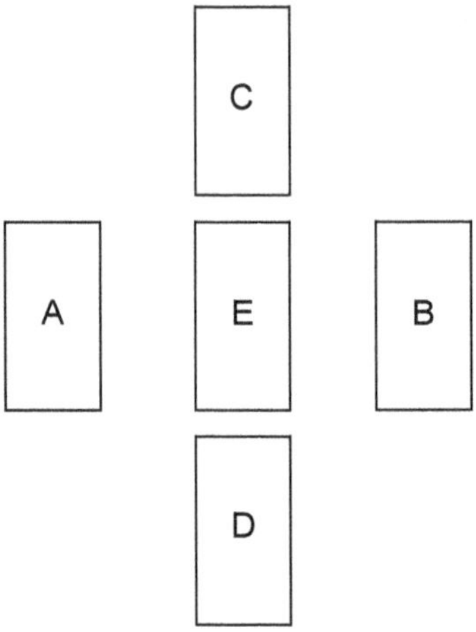

2) LECTURE DU TIRAGE EN CROIX

Le tirage en croix se lit de gauche à droite dans le sens contraire des aiguilles d'une montre selon le schéma suivant :

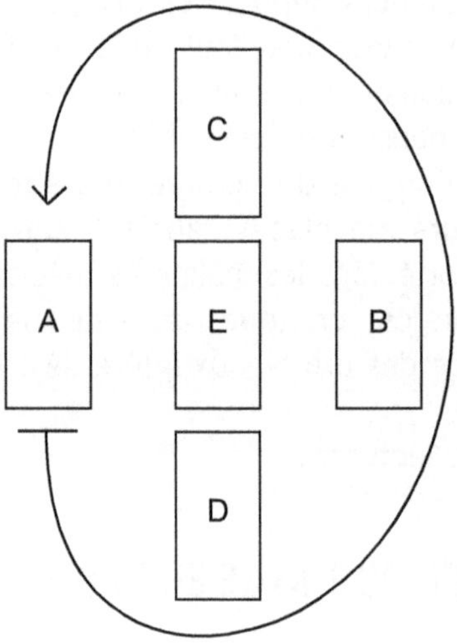

3) MODE DE TIRAGE DES CINQ ARCANES

Il n'existe pas un mode de tirage meilleur qu'un autre. Que l'on dispose les 22 arcanes en demi-cercle devant soi ou dans un fouillis indescriptible ne revêt aucune importance à mes yeux, dès lors que l'on demeure concentré sur la question que l'on souhaite poser. Selon mon expérience, il est primordial de formuler sa question au moins une fois de vive voix de manière à la matérialiser, puis de se la répéter mentalement en respectant un silence quasi religieux.

Pour ma part, je demande à mes consultant(e)s de brasser les 22 arcanes majeurs pêle-mêle devant eux, puis de choisir cinq cartes « au hasard » que je dispose ensuite selon le schéma ci-dessus. La lecture du tirage peut alors débuter.

4) TEMPORALITÉ ET TIRAGE EN CROIX

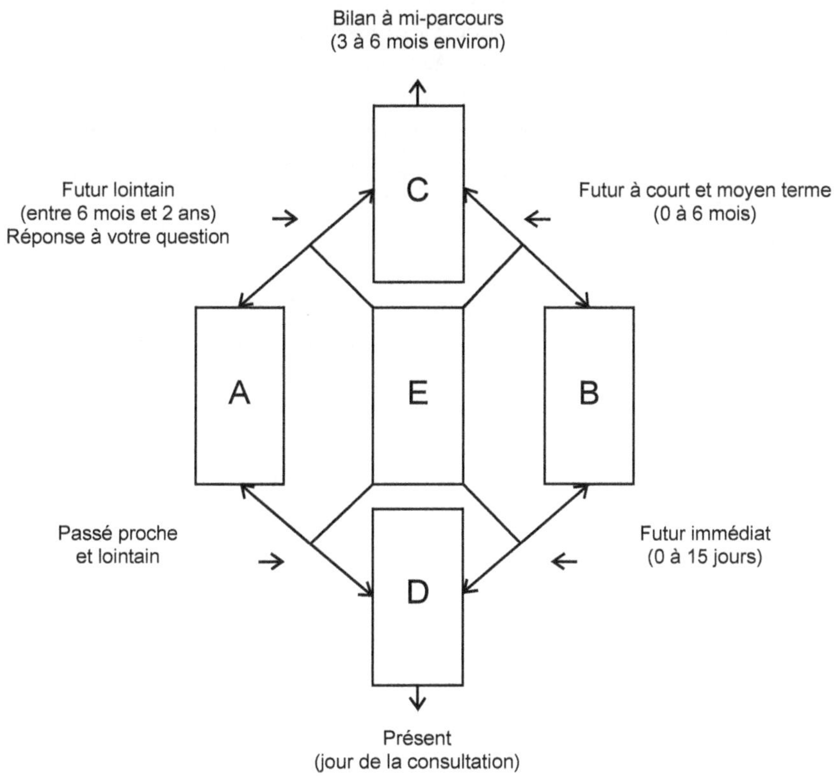

Les espaces-temps s'articulent autour de quatre angles morts composés chacun de deux trinômes. Nous aborderons les angles morts en section n° 7. Ces espaces-temps se décomposent de la manière suivante :

- l'angle mort n° 1, qui est matérialisé par le triangle A + D + E, renferme les événements attenants à l'histoire du consultant. Il parlera du passé proche et lointain selon les événements décrits ;

- la valeur D représente le jour « J », celui de la consultation. On se situe ici dans le présent immédiat. Il décrit la situation de l'intéressé le jour de la consultation. D couvre parfois des faits remontant sur une semaine avant ou après le jour « J » ;

- l'angle mort n° 2, qui est matérialisé par le triangle D + B + E, couvre le futur immédiat et donne des indications supplémentaires concernant la teneur des événements présents. Il inclut des événements à venir quasi instantanés, de 0 à 15 jours environ ;

- l'angle mort n° 3, qui est matérialisé par le triangle B + C + E, couvre des événements du futur à court et moyen terme, soit d'un à six mois, selon la nature des faits et des événements relatés ;

- la valeur C donne un bilan à court et moyen terme. Elle répond partiellement à la question posée par le consultant. Dans certains tirages, son message est quasi définitif et donne déjà le sens à apporter à votre réponse ;

- l'angle mort n° 4, qui est matérialisé par le triangle C + A + E, couvre les événements situés sur le futur à long terme, une période qui oscille entre quelques mois et plusieurs années, selon les faits étudiés. Cet angle mort renferme, de surcroît, le résultat définitif à votre question.

Remarque. S'il est communément admis que la durée d'un tirage en croix excède rarement un an, son espace-temps n'est pas figé et demeure extensible, selon le contexte. Certains tirages en croix nous permettent par exemple de remonter le temps sur plusieurs années en arrière ou, a contrario, de capter des événements futurs bien au-delà d'une année. Quant au futur proche, il oscille régulièrement entre un mois et six mois suivant la nature des faits et le domaine abordé.

5) RÔLE DES CINQ ARCANES MAJEURS

Chacun des cinq arcanes formant le tirage en croix revêt une signification bien déterminée en fonction de sa position dans le jeu. Chacun joue donc un rôle précis comme indiqué ci-dessous :

A = Le consultant. On y retrouve ses qualités intrinsèques, ses compétences, ses points forts. On y voit notamment ses activités et son domaine professionnel. Ce sont plus généralement tous les éléments qui vous sont favorables face à la question.

B = Les autres. Cette position appelée également « en contre » dans divers manuels de Tarot matérialise l'adversité et la problématique face auxquelles se retrouve le consultant. On y voit ce qui vient contrarier ses projets. Selon le contexte, on y voit clairement les faiblesses du consultant. C'est aussi tous les éléments extérieurs sur lesquels vous n'avez aucune emprise.

C = L'orientation. Cette position matérialise le futur à court et moyen terme, et donne une indication très précise des événements à venir. Dans certains types de tirage, elle annonce parfois le résultat quasi définitif à vos interrogations. Cette intervenante est fondamentale à l'interprétation de votre tirage ; il faut soigner son étude, car elle influe sur le résultat final. Elle recense les rebondissements, bons ou mauvais, inhérents au tirage en croix.

D = L'ici et maintenant. Elle représente le présent immédiat et traduit la situation à laquelle vous vous trouvez confronté au moment de la question. Cette position matérialise vos forces et vos faiblesses le jour de la consultation.

E = L'état d'esprit du consultant. Communément appelée « la synthèse », cette carte centrale apporte une coloration à l'ensemble du tirage en croix, puisqu'elle exerce son influence sur toutes les autres lames de tarot. Placé en plein centre du tirage en croix, cet arcane joue donc un rôle important à tous les niveaux d'interprétation du tirage. Il permet notamment de calculer les angles morts et les trinômes que nous abordons en section n° 7.

6) BIEN ASPECTÉ/MAL ASPECTÉ

Bien aspecté. Terminologie employée pour définir tout arcane positionné en **A** dans un tirage en croix, ou pour qualifier toute lame de tarot entourée d'autres arcanes à polarités positives, indépendamment de sa position dans le tirage.

Mal aspecté. Terminologie employée pour définir tout arcane positionné en **B** dans un tirage en croix, ou pour qualifier toute lame de tarot entourée d'autres arcanes à polarités négatives, indépendamment de sa position dans le tirage.

7) LES ANGLES MORTS

Au nombre de quatre, les angles morts renferment chacun deux paires de trinômes résultant de l'addition des trois arcanes majeurs qui les composent. Ces quatre angles morts dégagent une manne d'informations capitales permettant d'enrichir et d'étoffer l'interprétation du tirage en croix. Ils représentent la face cachée du tirage et sont répartis suivant le schéma suivant :

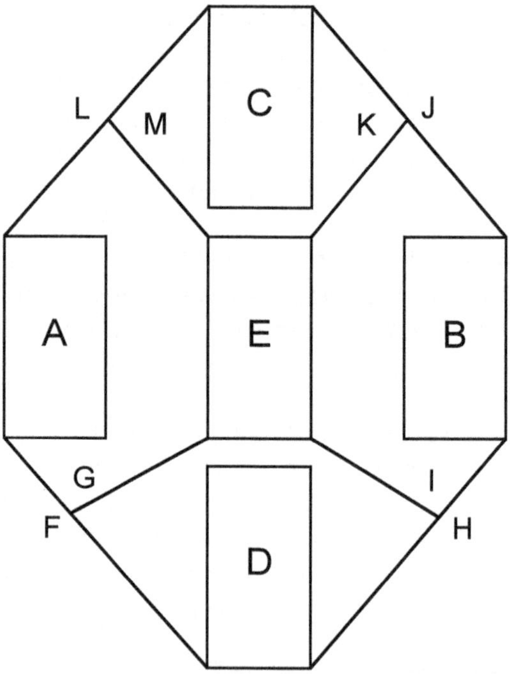

À y regarder de plus près, vous constatez qu'il existe une paire de trinômes par angle mort. Au nombre de huit, ceux-ci sont présents sur chaque espace-temps. On trouve donc deux trinômes dans le passé, deux dans le présent, deux dans le futur proche, et deux dans le futur lointain. Ces trinômes résultent de l'addition des trois arcanes majeurs formant chacun des angles morts.

Les arcanes A + D + E forment un triangle isocèle représentant l'angle mort du passé. En additionnant A + D, on obtient une nouvelle valeur nommée « F » qui, à son tour, va s'additionner avec E pour obtenir la valeur G. Issues de l'addition des trois arcanes de départ, ces deux nouvelles valeurs F et G forment les deux trinômes du passé, respectivement A + F + D et F + G + E. Selon le même mode de calcul, nous obtenons les trinômes D + H + B et H + I + E dans le présent, les trinômes B + J + C et J + K + E dans le futur proche, et enfin les trinômes C + L + A et L + M + E dans l'angle mort du futur plus lointain.
Étant donné que le tarot de Marseille se compose de 22 arcanes majeurs, le résultat issu de l'addition de deux arcanes majeurs doit toujours être ramené à une valeur inférieure ou égale à 22, la valeur du Mat. Dans le cas contraire, le résultat obtenu doit être transformé selon le principe de l'addition théosophique propre à la numérologie. Ainsi, à titre d'exemple, si nous additionnons l'arcane 21 (le Monde) à l'arcane 11 (la Force), on obtient le chiffre 32 (21 + 11), le résultat d'une simple addition arithmétique. Or, pour être utilisé dans le tarot de Marseille, ce chiffre doit être impérativement réduit à une valeur inférieure ou égale à 22. En appliquant la méthode de l'addition théosophique, on additionne ainsi le 3 et le 2, formant le chiffre 32, ce qui donne 5, c'est-à-dire l'arcane 5, le Pape.

Remarque. S'il convient d'être attentif à chacun des quatre angles morts qui composent notre tirage en croix, une attention toute particulière devra être portée sur l'angle mort du futur plus lointain, car celui-ci donne la réponse définitive à votre question. Ainsi, les trinômes C + L + A et L + M + E vous permettront de peaufiner vos prédictions.

8) TIRAGE EN CROIX RECOUVERT

Le tirage en croix recouvert nous donne accès à un second niveau d'interprétation. Je le préconise à quiconque souhaite étoffer son analyse. L'apport d'un arcane supplémentaire permet de circonscrire cinq nouvelles paires de binômes auxquels il conviendra d'accorder une grande importance. En effet, il arrive parfois que cette nouvelle grille de lecture modifie le sens initial d'un tirage en croix standard. Ce tirage en croix recouvert se présente selon le modèle suivant :

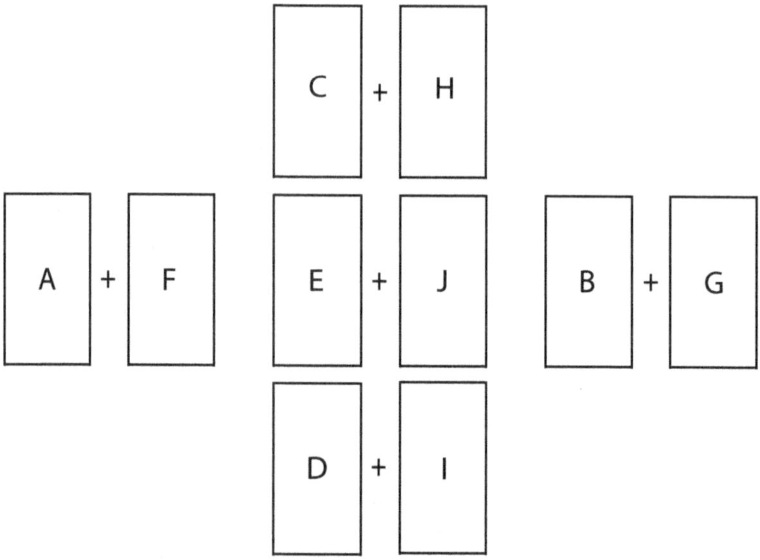

9) THÉMATIQUE ET ARCANES EMBLÉMATIQUES

Comme vous aurez pu le constater par vous-même en étudiant les portraits-robots qui sont dressés en première partie de cet ouvrage, certains arcanes majeurs relèvent davantage de telle ou telle thématique. Ainsi, certaines lames de tarot deviennent de véritables institutions selon que vous abordez une question concernant votre travail, l'état de vos finances, vos sentiments amoureux ou votre santé.

Il est donc important de définir les « arcanes emblématiques » régissant les quatre domaines explorés dans ce livre, afin de faciliter la lecture de vos tirages de tarot. Selon la position que ces arcanes emblématiques occupent, s'ils sont bien aspectés ou mal aspectés (notamment en position B), ils impacteront considérablement la lecture du tirage en croix.

- **L'univers professionnel**

Dans un tirage sur le travail, il convient d'observer la présence et la position du Chariot (l'arcane emblématique du travail et des activités), de l'Empereur (l'arcane emblématique en matière de sécurité d'emploi ou de stabilité professionnelle), de la Justice (l'arcane emblématique des contrats et des actes de carrière). Ces trois arcanes majeurs emblématiques du domaine professionnel sont donc à surveiller avec le plus grand soin lorsque vous interprétez vos tirages professionnels. Selon que ces arcanes majeurs sont bien aspectés ou mal aspectés, le tarot délivre un tout autre message.

• **Les finances**

Dans l'univers impitoyable de la finance, il convient d'observer la présence et la position du Diable (arcane emblématique de la finance et des investissements), de la Roue de Fortune (l'arcane emblématique des crédits) ou de la Justice (l'arcane emblématique des salaires et de la comptabilité).

• **Les amours**

Au niveau amoureux, il est important de déceler la présence et la position du Soleil (la carte emblématique du couple), de l'Amoureux (la carte emblématique des rencontres), du Pape (la carte emblématique de l'union et du sérieux) ou du Pendu (la carte emblématique des liaisons).

• **La santé**

Dans un tirage sur la santé, veillez à observer la présence et la position du Pendu (arcane emblématique de la santé), de l'Étoile (arcane emblématique des soins), de la Maison-Dieu (arcane emblématique des urgences et des interventions) et du Mat (arcane emblématique du mental).
En l'absence d'arcanes emblématiques représentant le domaine abordé, il conviendra de rechercher leur position sur les trinômes ou de les faire apparaître en recouvrant le tirage en croix.

En dehors des thématiques abordées ci-dessus, chaque arcane majeur est emblématique d'un ou de plusieurs domaines de prédilection. J'ai donc dressé la liste suivante en connaissance de cause, afin de vous apporter davantage de matière lors de vos interprétations :

le Bateleur : arcane emblématique de l'apprentissage et des nouveaux départs dans la vie ;

la Papesse : arcane emblématique des études et de l'écriture ;

l'Impératrice : arcane emblématique des courriers et des relations publiques ;

l'Empereur : arcane emblématique de l'autorité ;

le Pape : arcane emblématique des formations, des cours, des conférences ;

l'Amoureux : arcane emblématique des choix, des ami(e)s et des collaborateurs de travail ;

le Chariot : arcane emblématique des activités et des déplacements terrestres ;

la Justice : arcane emblématique des administrations, des contrats et des institutions ;

l'Hermite : arcane emblématique du passé, des lenteurs et de la recherche ;

la Roue de Fortune : arcane emblématique des opportunités, de la mobilité et des aléas de la vie ;

la Force : arcane emblématique des indépendants, des responsabilités et de la motivation ;

le Pendu : arcane emblématique des blocages, de la santé, de l'écologie et de la spiritualité ;

l'Arcane sans Nom : arcane emblématique des ruptures, du chômage et des traumatismes (deuil, séparation...) ;

la Tempérance : arcane emblématique des contacts téléphoniques, des voyages aériens et du repos ;

le Diable : arcane emblématique de la politique, des affaires et de la négociation ;

la Maison-Dieu : arcane emblématique des restructurations, des travaux, des rebondissements et des échecs ;

l'Étoile : arcane emblématique de l'avenir, des artistes et de la culture ;

la Lune : arcane emblématique de la psychologie, de l'immobilier et des espaces publics (hôpitaux, boutiques...) ;

le Soleil : arcane emblématique de la famille, de l'entraide et de la grossesse ;

le Jugement : arcane emblématique des tribunaux et de la communication (Web, télévision...) ;

le Monde : arcane emblématique de la clientèle, de la mondialisation et des étrangers ;

le Mat : arcane emblématique des sans-abri, des handicapés, des immigrés et des voyageurs.

Remarque. Cette liste n'est pas exhaustive, je vous invite à l'enrichir au gré de vos propres analyses de tirage. J'y reprends les grands thèmes propres à chaque arcane, ceux-là même que nous avons déjà abordés dans la première partie de cet ouvrage.

10) ARCANES MOBILES ET STATIQUES

Certains arcanes dits « mobiles » président à l'action. Ils expriment une dynamique à eux seuls et impriment un mouvement au tirage, tandis que d'autres arcanes plus « statiques » lui apportent une dimension d'ordre psychologique de nature à générer une réflexion sur les événements en cours.

Il me semble important de savoir reconnaître les lames de tarot qui insufflent de l'énergie à vos tirages de celles qui, au contraire, invitent à se poser et à prendre le temps de la réflexion. Je précise également que certains arcanes plus neutres ne rentrent pas dans cette classification.

- **Les arcanes mobiles** : le Bateleur, le Chariot, la Roue de Fortune, la Force, l'Arcane sans Nom, la Tempérance, la Maison-Dieu, le Soleil, le Jugement, le Mat.

- **Les arcanes statiques** : la Papesse, l'Hermite, le Pendu, l'Étoile, la Lune.

Les arcanes, selon qu'ils sont mobiles ou statiques, influencent la durée de réalisation des événements. Un tirage constitué exclusivement d'arcanes « statiques » va ralentir considérablement le cours des événements à venir et nécessitera une approche plus psychologique de son contenu. À l'inverse, un grand nombre d'arcanes « mobiles » va accélérer le cours des événements et réduire parfois la durée habituelle du tirage en croix de manière significative. Seule l'expérience vous permettra d'ajuster vos prédictions et de voir en en clin d'œil à quel type de tirage vous êtes confronté.

11) DATATION

La datation est sans nul doute l'exercice le plus périlleux en matière de divination. Afin de vous aider à circonscrire l'espace-temps, et donc à dater vos tirages au mieux, je me propose de vous livrer un certain nombre d'indices qui ont déjà fait leurs preuves. Je n'ai pas la prétention de vous donner un kit « clé en main », mais seulement plusieurs éléments qui sont le fruit de multiples observations émanant de mes consultations privées depuis plus de dix ans.

a) Les jours

S'il est extrêmement rare de dater un événement précisément au jour « J » de sa réalisation, il est possible de recourir à la numérotation des arcanes majeurs pour en définir la date. Hormis les années bissextiles, chaque mois de l'année est composé de 30 ou 31 jours.

J'utilise tout simplement le numéro de l'arcane pour les 22 premiers jours du mois, ainsi le Bateleur évoque le 1er jour ouvré, le Monde évoque le 21e jour, etc. Tandis que j'attribue au Mat le 22e jour du mois, celui-ci demeure néanmoins atemporel puisqu'il n'a pas de numéro officiel. Partant du principe qu'il apparaît après le Monde et qu'il exprime un « au-delà », une continuité, je lui en attribue une valeur supérieure. Ainsi, le Mat matérialise invariablement un jour compris entre le 22e et le 31e jour du mois.

b) Les douze mois de l'année

Selon un système analogue au précédent, je considère que les douze premiers arcanes du tarot couvrent les douze mois de l'année. J'utilise donc le Bateleur pour le mois de janvier, la Papesse pour le mois de février, etc. jusqu'au Pendu pour le mois de décembre.

c) Début et fin

Si le Bateleur, le numéro 1, évoque naturellement le départ et incarne volontiers le mois de janvier, il annonce également le début d'une période ou d'une saison lorsqu'il est aux abords d'autres arcanes majeurs. Ainsi, le binôme 1 + 18 matérialise le début de la saison froide, et donc de l'hiver, tandis que le binôme 1 + 19 matérialise le début de la période estivale. Dans le même esprit, le binôme 1 + 4 fait référence à début avril, le binôme 1 + 6 à début juin, etc.

L'Hermite, qui incarne un vieillard à l'aube de sa vie, représente également la fin d'une étape, une période qui touche à son terme. Ainsi, on retrouve les binômes 18 + 9 et 19 + 9 pour évoquer respectivement la fin de la période hivernale et la fin de l'été... Sur le même mode, le binôme 5 + 9 matérialisera la fin mai, le binôme 11 + 9 nous renvoie à fin novembre, etc.

L'Hermite, qui porte le numéro 9, parle essentiellement du mois de septembre, notamment lorsqu'il suit le 19 (l'été), mais pas exclusivement. J'ai remarqué à maintes reprises, au cours de mes consultations, que cet arcane évoque aussi le mois de janvier (surtout aux abords du Bateleur). J'en veux pour preuve la lenteur de cet arcane, qui est en analogie parfaite avec le signe du Capricorne. Qui plus est, le personnage est couvert comme par période de grand froid. Il forme un couple de vieillard avec la Papesse, qui est également chaudement vêtue. Selon les arcanes qui l'entourent, l'Hermite incarne donc tantôt le mois de janvier tantôt le mois de septembre.

d) Passé et futur

- Le passé : comme nous l'avons signalé en étudiant son portrait-robot, l'Hermite marche vers la gauche, il est donc tourné vers son passé. Ce vieillard représente l'histoire et le vécu. C'est donc tout naturellement qu'il matérialise le passé dans le Tarot de Marseille. Il évoque autant l'an dernier que des événements très anciens.

- Le futur : l'Étoile incarne l'avenir. Cet arcane représente les astres et, par extension, toutes les personnes qui scrutent les astres afin de prédire l'avenir. Elle est de facto l'arcane du futur et de ses grandes espérances. Elle incarne autant le futur immédiat que le futur lointain.

e) Les saisons

- Le Soleil qui brille matérialise l'été. C'est également la journée.

- La Lune symbolise l'hiver. C'est également l'astre de la nuit.

- L'étoile représente le printemps. L'arcane évoque la fonte des neiges (notamment au sortir de l'hiver, soit 18 + 17). Le graphisme parle d'une véritable renaissance. Les sols sont fertiles, l'herbe est verte, l'eau ruisselle abondamment.

- L'Arcane sans Nom symbolise l'automne. L'heure est à l'austérité. Il représente la moisson, les récoltes, les vendanges tardives... Le graphisme symbolise un sol aride et morne, on doit balayer les feuilles mortes. L'arcane matérialise d'autant plus cette période de l'année qu'il incarne par ailleurs le mois de novembre et la Toussaint.

f) Divers

- Tempérance symbolise le farniente et les périodes de loisirs. Elle représente les congés, les repos, les vacances scolaires...

- Le Diable. Son appétence pour le pouvoir, son esprit de révolte ou son besoin insatiable de séduire matérialise parfois le mois de novembre en raison de ses atomes crochus avec le signe du Scorpion.

- L'Arcane sans Nom et son aspect squelettique matérialise la mort et donc le mois de novembre en raison de la fête des morts. Il existe par ailleurs une analogie avec Pluton, qui gouverne le signe du Scorpion.

FORUM DES DÉBUTANTS QUESTIONS-RÉPONSES

Dans cette rubrique, j'ai jugé utile de répertorier les interrogations qui m'ont été le plus couramment posées par les néophytes au cours de mes ateliers de Tarot. Je tiens à signaler que certains étudiants avaient déjà de bonnes notions de tarologie, si bien que les débats étaient d'autant plus galvanisants pour l'ensemble des participants. Je précise répondre à ces questions selon ma méthode de travail, et notamment grâce aux bons résultats que celle-ci m'a permis d'obtenir au cours de mes consultations privées.

- **Quelle est la valeur exacte de D ?**

Tandis que de nombreux ouvrages de tarot vous vendent D comme étant le résultat du tirage en croix, il n'en est rien, le vécu de mes consultations me le démontre tous les jours. Source d'innombrables erreurs d'interprétation, il est primordial de restituer sa véritable place à D afin de réussir ses analyses.

Comme nous l'avons expliqué précédemment, D relie le passé et le futur proche. Sa valeur est celle du présent immédiat, de l'ici-et-maintenant. Il exprime la situation actuelle face à laquelle se trouve le consultant au moment du tirage. Pour cette raison, qui relève davantage de la logique que de la clairvoyance, D ne peut avoir une double valeur présente et future. La réponse à la question ne peut en aucun cas se situer à cet endroit puisqu'il s'agit du présent. Comment voulez-vous que D puisse être présent et futur simultanément ? Cela n'a bien évidemment aucun sens. C'est pourtant à cause de cette confusion des genres que de nombreux participants aux ateliers ne parvenaient pas à comprendre pourquoi le résultat à leur question ne correspondait nullement à la réalité de leur situation future. Ils observaient un décalage qu'ils ne s'expliquaient pas, car ils pensaient à tort que D faisait office de résultat alors qu'il s'agissait en réalité du présent. Il est donc fondamental de garder à l'esprit que D correspond exclusivement aux événements présents et aux problématiques qui s'y rapportent le jour « J » de la consultation.

En outre, si vous lisez le tirage en croix comme il se doit, c'est-à-dire dans le sens inverse des aiguilles d'une montre, vous commencez votre analyse en partant de A (le passé), puis vous remontez le temps en faisant escale dans le présent immédiat (D) avant de poursuivre votre voyage vers C (votre futur) . Ce cycle fait écho au principe même de l'évolution, et symbolise la ronde de la vie qui ne cesse de se perpétuer au fil des siècles : on naît (A), on est (D), puis on devient (C).

- **Faut-il calculer la synthèse (E) ?**

Je pars du principe que nos mains sont guidées et que le fait de tirer tel ou tel arcane n'est pas le fruit du « hasard ». Pourquoi suis-je porté à choisir telle lame de tarot plutôt que telle autre ? Le fait de calculer la synthèse revient à intervenir sur le tirage, à l'orienter, en attribuant à E une valeur « artificielle » qui aurait été sans nul doute différente si vous l'aviez choisie manuellement. Pourquoi E devrait-il donc être issu de la somme théosophique des quatre autres arcanes majeurs ? Pourquoi recourir à ce mode de calcul, qui ôte une part de son libre arbitre au consultant et qui réduit le champ des possibles ? Par souci de crédibilité, et afin de laisser la main du consultant disposer pleinement de sa destinée, j'encourage donc l'apprenti à tirer les cinq arcanes de la même manière sans exception.

- **La couleur d'un tirage est-elle importante ?**

À ce niveau, je fais écho à d'autres confrères qui insistent sur l'importance des coloris dans un tirage en croix. S'il est vrai qu'un tirage en croix coloré, voire flamboyant, est plutôt de bon aloi alors qu'un tirage sombre est de mauvais augure, ce n'est, par expérience, pas toujours le cas. La couleur de l'arcane 19 qui illumine nos tirages en croix en est un bon exemple : mal entourée ou mal positionnée (en B par exemple), son message est empreint de négativité. Selon le contexte, il peut s'agir d'un couple en péril, d'un partenariat mal engagé, d'un souci cardio-vasculaire, d'un problème bancaire... Ce constat est valable pour chaque arcane aux couleurs vives. Il convient de prendre toute la mesure du tirage en croix en observant certes sa couleur, mais en veillant à ne pas réduire son interprétation à ce seul aspect visuel. Comme dit l'adage « il ne faut pas se fier aux apparences » !

- **Faut-il interpréter les arcanes du tarot à l'envers ?**

Pour ma part, je travaille exclusivement avec les arcanes du tarot à l'endroit. À l'instar de nombreux voyants utilisant ce support, je considère que la position renversée n'apporte aucun supplément d'information au tirage en croix sinon que de compliquer inutilement l'interprétation du tarot pour les débutants. À vouloir utiliser ce principe, j'ai pu constater que beaucoup d'apprentis se lancent dans des considérations métaphysiques si éloignées de la réalité du tirage qu'ils peinent à lire les messages les plus simples du tarot.

Quelques auteurs de dernière génération arguent que cette position, dite « à l'envers », ajouterait une dimension psychologique au tirage permettant d'analyser l'état d'esprit du consultant. D'une part, le Tarot de Marseille n'a pas été conçu pour interpréter les arcanes à l'envers et, d'autre part, cette pratique a le don d'embrouiller le débutant et de pervertir le sens initial de chacun des arcanes majeurs.

Chaque arcane est naturellement chargé en polarités positives et négatives, tel un être humain normalement constitué, si bien qu'il est nul besoin de tirer un arcane à l'envers pour lui voir attribuer une valeur négative. Chaque lame de tarot est ni bonne ni mauvaise en soi. Elle s'apparente à un jeu d'ombres et de lumières exprimant toute sa quintessence au contact des autres. En effet, si un tirage professionnel vous annonce votre licenciement prochain ou la suppression imminente de votre poste (13), croyez-vous vraiment que le traumatisme sera plus important selon que l'Arcane sans Nom ait été tiré « à l'envers » ou à l'endroit ? C'est l'alchimie ou l'interaction des arcanes entre eux qui permet de définir le degré de positivité ou de négativité de tel ou tel message.

En outre, à l'instar de l'Hermite et de la Lune, certains arcanes renferment une dimension psychologique suffisamment manifeste sans avoir à les tirer « à l'envers » pour en faire jaillir cet aspect.

À l'origine, le tirage en croix a prévu les positions A et B pour définir les bons et les mauvais aspects, le « pour » et le « contre ». Par exemple, la carte du Chariot en position B, autrement dit « en contre », dans un tirage professionnel parlera fréquemment d'un souci sur le lieu de travail ou le fait de ne pas avoir de travail ; elle prend une dimension négative par le simple fait d'être positionnée en B. Je puis vous assurer que le fait de la présenter de surcroît « à l'envers » dans cette position B n'ajoutera pas davantage à la gravité des problèmes rencontrés par le consultant en matière d'emploi. Inversement proportionnel, le Chariot en position A est un bon présage dans un tirage professionnel, qu'il soit ou non inversé !

Faute de me démontrer l'intérêt que présente une telle méthode, je préconise l'usage des tarots à l'endroit pour faciliter leur compréhension, mais également pour respecter l'esprit du tarot comme il a été conçu à l'origine.

- **Quelle valeur donner au Mat, 0 ou 22 ?**

Voici la question à laquelle il m'est le plus difficile de répondre. Les puristes vous diront que le Mat n'a pas de numéro, et qu'il convient de lui attribuer la valeur 0. Quand bien même le Mat n'a pas de numéro, on ne devrait lui donner aucune valeur, pas plus 0 que 22. On l'utiliserait alors comme un joker ou comme l'Excuse dans le jeu de tarot classique. Pour ma part, je lui attribue la valeur 22 pour des raisons pratiques. Il existe 22 arcanes majeurs, et cet arcane matérialise le trait d'union entre le Monde (21) et le Bateleur (1). Le Mat m'évoque la continuité, la suite, la réincarnation... Je lui donne donc une valeur supérieure à 21 pour cette raison, certes contestable.

- **Les personnages sont-ils importants ?**

Oui. Les personnages représentés sur les images allégoriques du Tarot de Marseille sont d'un très grand secours dans l'interprétation de vos tirages en croix. Le sexe, l'âge et la tenue vestimentaire sont autant de renseignements utiles qui vous permettront d'affiner vos prédictions. L'arcane de la Force représentera principalement une femme forte ou en surcharge pondérale, alors que l'Arcane sans Nom indique plutôt une personne mince voire décharnée. Ce sont tous ces petits détails « anodins » qu'il convient de saisir pour réaliser de bonnes consultations.

- **Où se situe le résultat définitif du tirage en croix ?**

Comme je l'ai mentionné précédemment, le résultat définitif à vos interrogations doit se chercher sur l'angle mort du futur lointain. Il convient donc d'analyser respectivement les trinômes C + L + A et L + M + E avec la plus grande attention, puisque c'est l'alchimie de ces arcanes majeurs qui vous permettra de délivrer vos conclusions au consultant. À ce titre, les valeurs L et M donnent souvent le résultat définitif à elles seules. Cependant, je l'ai constaté à plusieurs reprises, il arrive que la valeur C (le futur à court et moyen terme) puisse donner une réponse quasi définitive à vos interrogations. Dans un tel cas de figure, l'angle mort du futur lointain n'apporte alors aucun détail supplémentaire de nature à enrichir davantage le tirage.

- **L'arcane 13 est-il mauvais ?**

Je ne compte plus le nombre de consultant qui tressaillent à la simple vue de l'Arcane sans Nom. En effet, cette mal-aimée du Tarot de Marseille semble leur donner la chair de poule. On me dit « mais c'est la mort, quelle horreur... » ou « elle me fait peur, je savais que j'allais tirer une mauvaise carte... ». En fait, si le graphisme de notre faucheuse est susceptible de générer une réaction négative dans l'inconscient collectif, la signification de cet arcane n'est que rarement aussi néfaste. Certes, il annonce parfois des malheurs et des turpitudes, mais il est également vecteur de renouveau. Il me semble être davantage synonyme de transformation et de métamorphose que de traumatisme. Là où je lui reconnais une valeur « négative », c'est essentiellement en vertu de son caractère brutal, imprévu et subit. Même si l'action de cette malaimée est, *in fine,* un mal pour un bien, le consultant perçoit rarement le bénéfice de cette transformation au moment où il subit ce changement d'état. En effet, l'Arcane sans Nom modifie profondément la perception des éléments et des gens qui vous entourent. Si cet arcane indique parfois la mort physique, il ne suffit pas à lui seul pour annoncer le décès d'un proche au consultant. L'arcane 13 matérialise bien plus souvent une fracture, une coupure, voire une opération, que la disparition d'un être cher. Je vous invite à parcourir son portrait-robot afin de vous familiariser avec tous les aspects positifs de cet arcane. En conclusion, cet arcane n'a pas de connotation plus négative qu'un autre. Il est tout aussi utile que ses 21 autres colocataires.

- **L'arcane 21 est une bonne carte !**

Cette affirmation qui n'engage que son auteur est en partie vraie. Certes, il évoque le triomphe et le succès, comme nous l'avons étudié dans la première partie de cet ouvrage. Pourtant, selon les cartes environnantes et sa position dans le tirage, cet arcane peut être catastrophique. Positionné en B, il parle invariablement d'un commerce déserté par la clientèle ou d'une grave crise économique telle que celle que nous traversons actuellement, d'un problème de conception ou de « mise au monde » d'un nourrisson. Une fois de plus, même si la couronne de lauriers attire l'œil et suggère volontiers d'emblée une réussite, prenez toujours le temps de regarder ses acolytes ainsi que sa position avant de donner votre diagnostic sur le tirage que vous analysez.

LA CAISSE À OUTILS

Dans cette rubrique, je me propose de vous apporter les outils nécessaires à une interprétation de qualité. Il s'agit du « minimum syndical » en matière d'associations. J'encourage vivement tout étudiant en tarologie à connaître ces associations par cœur, car elles vont lui ouvrir les portes de la voyance. Ces combinaisons sont classées par thèmes et par ordre de fréquence. Elles sont le fruit d'années de travail au contact de la clientèle, et constituent une base de données précieuse. Cette liste, loin d'être exhaustive, vous permettra de développer des automatismes et de gagner du temps dans la lecture de vos tirages en croix.

1) L'UNIVERS PROFESSIONNEL

7 + 8 = contrat (8) de travail (7)
5 + 8 = convention (8) de stage/formation (5)
9 + 7 = recherche (9) d'emploi (7)
9 + 20 = recherche (9) via internet (20)
20 + 7 = entretien (20) professionnel (7)
8 + 13 = indemnités (8) de chômage (13)
8 + 19 = protocole (8) d'accord (19) et, selon le contexte, OPA, fusion, partenariat, association.
5 + 2 = formation/stage (5) théorique, académique (2)
5 + 15 = cabinet (5) de recrutement (15)
5 + 13 = conseiller (5) pôle emploi (13)
8 + 6 = contrat (8) de six mois (6) et, selon le contexte, de trois mois, à mi-temps.
10 + 22 = changement d'affectation : mobilité (10)/mutation (22).

Remarque : ces binômes peuvent être lus dans les deux sens.

- Organigramme et hiérarchie dans l'entreprise :

Le Pape (5) = le président-directeur général. Le Pape matérialise les cadres. Il englobe également tous les employés masculins d'âge mûr ou proches de la retraite, tous corps de métiers confondus.

La Papesse (2) = si elle parvient parfois à se hisser au rang de P-DG, elle matérialise surtout les responsables de service. On la retrouve fréquemment au poste de directrice des ressources humaines (2 + 21). Elle incarne notamment les femmes d'âge mûr ou proches de la retraite au sein de l'entreprise, tous corps de métiers confondus.

L'Empereur (4) = le directeur général. Selon le contexte, on obtient 4 + 9 (informatique) = directeur informatique, 4 + 15 (la finance) = directeur financier, 4 + 21 (ressources humaines) = directeur des ressources humaines, 4 + 17 (les artistes) = directeur artistique... L'Empereur représente également les agents de maîtrise.

L'Impératrice (3) = elle représente essentiellement les secrétaires, les assistantes de direction (3 + 11) et, par extension, le personnel féminin. Selon le contexte, l'Impératrice incarne également une jeune directrice au même titre que l'Empereur, son homologue masculin.

Le Chariot (7) = les salariés, les employés masculins (surtout les trentenaires).

L'Arcane sans Nom (13) = les ouvriers, les manutentionnaires. C'est aussi l'arcane qui matérialise la pénibilité au travail et le dur labeur.

Le Bateleur (1) = un stagiaire, un apprenti (surtout les adolescents et les jeunes adultes).

La Force (11) = les responsables de tous horizons, mais surtout les indépendants, les auto-entrepreneurs.

L'Amoureux (6) = une équipe de travail.

Tempérance (14) = l'accueil, le standard téléphonique.

2) LE MONDE DE LA FINANCE

5 + 15 =	contrôleur (5) du fisc (15) ou inspecteur des impôts
8 + 15 =	administration (8) fiscale (15)
13 + 15 =	redressement (13) fiscal (15)
8 + 13 =	actes (8) notariés (13) ou droit de succession/indivision
8 + 10 =	charges d'Urssaf, contributions sociales...
8 + 19 =	promesse (19) de vente (8)

19 + 20 =	accord de principe
2 + 10 =	montage (2) financier (10)
13 + 10 =	dettes (13) liées à des crédits à la consommation (10)
1 + 10 =	courtier, négociateur (1) de crédits (10)
19 + 15 =	les institutions bancaires
18 =	les legs, les héritages
10 =	les crédits
8 =	les charges, la comptabilité
13 =	les dettes

3) L'AMOUR

1 + 6 =	nouvelle (1) rencontre (6)
6 + 15 =	rencontre (6) physique (15), charnelle
15 + 19 =	attirance magnétique
13 + 6 =	rupture (13) amoureuse (6)
13 + 9 =	rupture (13) passée (9)
5 + 16 =	union (5) en péril (16), crise conjugale
13 + 8 =	divorce, rupture (13) des liens officiels (8)
20 + 6 =	site (20) de rencontre (6)
19 + 8 =	mariage, couple (19) qui officialise son union (8)
8 + 6 =	fiançailles, Pacs
12 + 6 =	liaison (12) + amoureuse (6)
8 =	personne mariée ou pacsée
5 =	personne en couple
13 =	veuf (ve) ou divorcé (e)

4) LE DOMAINE MÉDICAL

18 + 12 =	hôpital, maison (18) de la santé (12)
16 + 17 =	clinique, maison (16) des soins (17)
16 + 12 =	urgences (16) médicales (12)
13 + 1 =	bloc (1) opératoire (13)
12 + 13 =	IVG, avortement, fœtus (12) supprimé (13)
1 + 6 =	prise de sang, prélèvements (1) sanguins (6)
2 + 19 =	test de grossesse, examen (2) lié aux bébés (19)
9 + 12 =	début de grossesse, découverte (9) d'un fœtus (12)
20 + 19 =	annonce (20) d'une grossesse (19)
5 + 2 =	radiologie
20 + 18 =	échographie

20 + 10 =	IRM, scanner
19 =	arcane emblématique de la grossesse, des bébés et de l'enfance
5 =	professeur, chirurgien...
2 =	infirmière (notamment 2 + 12)
14 =	le personnel soignant. 2 + 14 = les aides-soignantes.

5) DIVERS

S'il existe un domaine où les clichés et les préjugés ont la vie dure, c'est bien celui de la religion et des origines de tout un chacun. J'en veux pour preuve tous les petits détails qui échappent parfois au néophyte et qui permettent d'affûter ses prédictions. La liste qui suit démontre l'importance du visuel dans l'analyse de vos tirages. Ces constatations ont été faites via le vécu de mes consultations, mais également grâce aux retours d'expérience des différents protagonistes participant aux ateliers de tarot. Cette liste est un échantillon représentatif de la richesse que perpétue ce magnifique outil divinatoire qu'est le Tarot de Marseille.

La Papesse (2) porte un voile et représente ipso facto la religion musulmane. Ainsi le binôme 2 + 19 matérialise les Maghrébins.

Le Pape (5) représente la religion chrétienne de par son nom.

Le Diable (15) représente principalement les Asiatiques en raison de ses yeux bridés. Ainsi, le binôme 21 + 15 = le continent (21) asiatique (15). Par ailleurs, notez que le sexe du Diable est circoncis et évoque invariablement la religion juive ou musulmane, notamment aux abords de la Papesse. Seul le contexte permettra de définir avec exactitude de qui il s'agit.

La religion bouddhiste est largement représentée par l'Étoile (17), qui incarne une philosophie de vie « zen ».

L'Arcane sans Nom (13) représente les Noirs en raison de sa couleur. C'est d'autant plus vrai lorsque cette lame jouxte le Soleil (19), qui représente les pays ensoleillés. En général, le binôme 13 + 19 matérialise donc les Africains subsahariens ou les Antillais.

Le Soleil (19) = le Sud, les pays chauds. Ainsi 21 + 19 = le continent africain ou l'Amérique du Sud. Selon le contexte, il s'agit parfois du pourtour méditerranéen ou de l'Europe du Sud.

La Lune (18) = le Nord, les pays froids. Ainsi 21 + 18 = le continent nord-américain ou l'Europe du Nord.

Le Monde (21) représente le globe et l'étranger en général. Le monde, qui évoque la mondialisation et les échanges commerciaux internationaux, matérialise les Anglo-Saxons du fait que l'anglais est devenu la langue universelle.

Le Mat (22) matérialise les voyageurs et les migrants.

N.B. Pour celles et ceux qui souhaitent en savoir plus sur l'alchimie des arcanes entre eux, je leur suggère de se procurer mon premier ouvrage « *Guide d'interprétation des 462 binômes* », qui répertorie un grand nombre d'associations, issues de mes consultations privées depuis plus de dix ans.

CAS PRATIQUES

Dans cette rubrique, je vous propose d'étudier des cas pratiques issus du vécu de mes consultations. Je vous livre donc plusieurs exemples concrets pour chaque domaine étudié dans cet ouvrage. Je procède à l'interprétation des tirages selon la méthode exposée dans le chapitre précédent, puis je vous fais part du retour d'expérience des consultants concernés.

1) TRAVAIL

a) Quel est mon avenir professionnel ?

Sophie T, 39 ans est venue me consulter en avril 2012, visiblement très préoccupée par son devenir professionnel. Elle souhaite approfondir ce domaine avec une question ouverte. Je lui demande donc de brasser les cartes puis d'extraire cinq arcanes un à un, que je dispose de la manière suivante :

Je procède à une première analyse d'ensemble en balayant le tirage du regard.

En un clin d'œil je me rends vite compte que ce tirage est assez mitigé, que la couleur d'ensemble est plutôt sombre, et que certains arcanes tels que le 13 et le 16 annoncent des bouleversements. Je constate que l'arcane 13 se situe dans le présent immédiat et qu'il matérialise un changement quasi instantané. Je note également que l'arcane emblématique du travail (7) est placé dans le futur à moyen terme, ce qui semble, a priori, de bon augure pour son avenir professionnel. Je me mets alors à calculer mentalement les trinômes des angles morts afin de débuter réellement mon interprétation. Après avoir calculé les angles morts[1], le tirage se matérialise selon le schéma suivant :

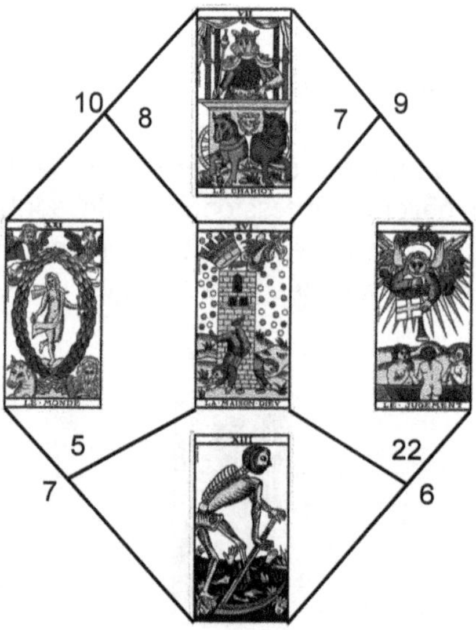

Je commence par interpréter les cinq arcanes majeurs selon leurs positions respectives avant de me lancer dans une interprétation beaucoup plus fouillée.

1. Comme nous l'avons vu au chapitre 7, les valeurs 7 et 5 que nous trouvons sur les deux trinômes formant l'angle mort du passé sont obtenues selon la méthode de l'addition théosophique : en additionnant l'arcane 21 (le Monde) à l'arcane 13 (l'Arcane sans Nom), on obtient 34, un chiffre supérieur à 22 (le Mat), qu'il convient donc de réduire selon le principe de l'addition théosophique, à savoir : 34 devient 3 + 4, soit 7 (le Chariot). On additionne ensuite cette nouvelle valeur 7 au 16 (la Maison-Dieu), ce qui nous donne 23, soit 2 + 3, c'est à dire 5 (le Pape). Il convient de procéder à l'identique pour les quatre angles morts composant le tirage en croix.

L'arcane 21 (le Monde) en position A présente Sophie comme une consultante habituée au grand public et rompue aux rapports humains. Je lui perçois un profil cosmopolite. Je lui devine également un bon sens commercial et relationnel avec des aptitudes à la vente et au commerce.

L'arcane 20 (le Jugement) en position B augure d'une mauvaise communication au sein de l'équipe ou de l'entreprise qui l'embauche. À cet endroit, l'arcane annonce également des révélations soudaines de nature à contrarier ses projets. C'est aussi la carte emblématique des entretiens et des contacts en tous genres. Placée ici, cette lame de tarot souligne un mauvais relationnel, des contacts sporadiques infructueux ou de rares entretiens mal engagés. En négatif (en position B), le jugement présage parfois d'un procès ou d'un litige en cours.

L'arcane 7 (le Chariot) en position C parle de travail ; il en est l'arcane emblématique. Il paraît de bon augure de le rencontrer dans le futur. Cet arcane donne une bonne dynamique au tirage.

L'arcane 13 (l'Arcane sans Nom) en position D indique un changement brusque et soudain. En l'espèce, il s'agit d'un licenciement, d'un départ ou d'une interruption de travail voulue ou non. En tout état de cause, il est question d'une transformation radicale au jour « J » de la consultation.

L'arcane 16 (la Maison-Dieu) en position E m'évoque d'emblée un grand niveau de stress généré par la restructuration en cours. Placé sur l'axe central, cet arcane annonce des bouleversements et des remaniements côté travail. Remarquons que le graphisme de cette lame symbolise l'immobilier et l'habitat.

MON INTERPRÉTATION. Sophie est sur le point de perdre son emploi ou de se faire licencier, mais elle devrait retrouver du travail assez rapidement. Je m'explique : je remarque une restructuration (16) professionnelle (7) sur l'un des deux trinômes du passé. Par ailleurs, le trinôme 21 + 7 + 13 matérialise la transformation (13) de son univers (21) professionnel (7). À y regarder de plus près, il semblerait que Sophie suive actuellement une formation (5) professionnelle (7) qui touche à sa fin (13) ou qui vient juste de se terminer. Je demeure convaincu du fait que Sophie occupe un poste en lien direct avec une vaste clientèle (21), probablement dans une grande structure. À la verticale, le binôme 16 + 13 m'évoque d'emblée une restructuration (16) entraînant des licenciements (13) dans son sillage. Ce binôme indique presque toujours un licenciement ou une démission.

Ce sentiment de coupes sombres au sein du personnel se confirme sur l'angle mort du présent immédiat au travers du trinôme 13 + 6 + 20 annonçant (20) des licenciements (13) au sein des équipes de travail (6). La lame 6 est celle des collaborateurs et des collègues de travail. Au travers du trinôme 16 + 22 + 6, il m'apparaît très nettement que cette restructuration (16) occasionne le départ (22) de certains collaborateurs (6). Selon mon expérience, le fait que l'arcane des révélations et des nouvelles (20) soit positionné en B indique de surcroît des problèmes de communication, mais aussi que cette mauvaise nouvelle lui a été révélée à la toute dernière minute. En scannant le tirage de Sophie et en posant mon regard sur la lame C (le futur à moyen terme), j'observe avec allégresse la présence réconfortante du Chariot, qui me porte à croire que Sophie retrouvera un nouvel emploi assez rapidement, soit dans un laps de temps d'environ six mois. Toutefois, le futur proche présente un tout autre scénario : même si je constate que Sophie recherche (9) du travail (7) essentiellement par Internet (20), ce Jugement, ainsi placé, m'évoque surtout des retards et des entretiens (20) professionnels (7) qui tardent (9) à se concrétiser. J'expose également à Sophie mon inquiétude concernant un potentiel litige avec l'employeur (le jugement en B), ce à quoi elle acquiesce. Je lui conseille cependant de garder espoir et de continuer dans sa quête (9) d'emploi (7), même si les contacts (20) ne sont pas au rendez-vous dans un futur proche. Je ne lui cache pas que sa recherche (9) de travail (7) sera fort stressante (16). J'insiste sur le fait qu'elle pourrait se diriger dans le domaine de l'immobilier ou de l'habitat (16), ce qui la fait sourire. Enfin, je suis soulagé d'observer un retour (10) à l'emploi (7) sur l'un des trinômes composant le futur à long terme. En poussant l'analyse de ce futur plus lointain, je perçois clairement un contrat (8) de travail (7) type CDI dans une grande structure (21). Le binôme 7 + 8 est presque toujours l'expression d'un CDI. Le futur parle tout autant de gestion comptable, d'audit et de calculs en tous genres (8) que d'une possible réorientation(10). Je lui parle d'un retour à l'emploi entre juillet (7) et octobre (10), et notamment pour la rentrée. Je prends soin de lui dire de ne pas prendre forcément cet espace-temps pour argent comptant, lui indiquant qu'il est parfois difficile de cerner cet aspect avec précision.

Enfin, je demande à Sophie de bien vouloir recouvrir ces arcanes de cinq autres lames de tarot de manière à obtenir cinq nouvelles paires de binômes réparties comme suit :

Fort de cette nouvelle donne, j'étoffe mon analyse en y apportant le supplément d'information suivant :

- le binôme 21 + 18 positionné en A conforte mes premières impressions. En effet, la Lune est l'arcane emblématique des maisons, de l'habitat, de l'immobilier et, par extension, des hôtels, des hôpitaux, des universités... bref, des lieux publics. Placée à côté du Monde, la Lune confirme mon sentiment selon lequel Sophie travaille dans le commerce ou s'occupe d'un portefeuille clients ;

- le binôme 20 + 8 positionné en B m'évoque spontanément un jugement (20) de justice (8) ou des discussions (20) salariales (8). L'arcane 8 est celui des contrats et de la comptabilité. S'il matérialise, certes, des difficultés à retrouver un contrat, il présage davantage d'un imbroglio d'ordre financier ;

- le binôme 7 + 10 positionné en C dynamise le tirage de façon significative. Il parle très clairement d'une opportunité (10) de travail (7) ou d'un retour (10) à l'emploi(7). La présence de la Roue de Fortune, un arcane dit « mobile », suggère une accélération notable du processus de recherche d'emploi et augure très souvent d'une réorientation (10) professionnelle (7) ;

- le binôme 13 + 22 positionné en D augure d'une actualité pour le moins peu réjouissante. Il est sans appel et m'évoque un licenciement, une démission ou une mise à pied. Il ne me précise pas s'il s'agit de licenciements pour motifs économiques... ;

- le binôme 16 + 3 positionné en E permet de révéler l'état de stress (16) de la consultante (3). L'impératrice matérialise bien Sophie âgée de 39 ans. On note un changement brusque, qui impacte directement Sophie , cette dernière étant juchée aux abords de cette tour qui s'effondre.

RETOUR D'EXPÉRIENCE. Dès la fin de la consultation, Sophie me fait savoir qu'elle travaille au service commercial (21) d'une petite agence immobilière (16) de quartier, qu'elle vient juste d'être informée de la fermeture de l'agence et que ses espoirs d'embauche sont partis en fumée par la même occasion. Sophie préparait bien une formation (5) en interne dans l'immobilier (16) avant que toute l'équipe soit remerciée du jour au lendemain sans préavis. L'ambiance y était devenue mauvaise, et deux collaborateurs plus anciens étaient en procès (20) avec l'employeur pour des irrégularités dans le traitement de leurs salaires et de leurs primes (8). Sophie me téléphona en septembre pour me faire part de son actualité professionnelle. Après trois mois de recherche d'emploi infructueuse sur fond de déprime (entretiens annulés, aucune réponse à ses mails = 20 en position B), elle parvint finalement à décrocher un entretien professionnel (7 + 20). Au terme d'une courte période d'essai, Sophie a été embauchée en CDI et a pris ses nouvelles fonctions. Elle travaille toujours dans le domaine de l'immobilier/l'habitat (16), mais s'est réorientée (10) dans la gestion (8) de patrimoine (18) pour le compte d'un grand syndic de copropriété au cœur de Paris.

b) Vais-je retrouver un emploi stable rapidement ?

Catherine B est venue me consulter en décembre 2012 pour savoir si sa situation professionnelle allait vite s'améliorer. Au chômage depuis bientôt deux ans, cette ancienne commerciale me demande ce que lui réserve son avenir proche.

Je lui fais aussitôt tirer cinq arcanes que je dispose de la manière suivante :

Je commence par scanner le tirage de Catherine avant de lui livrer mes premières impressions : je note d'emblée une couleur d'ensemble plutôt agréable. L'arcane 14 en position C ajoute une certaine douceur au tirage et m'évoque immédiatement des contacts professionnels (arcane emblématique des échanges téléphoniques) à venir. L'arcane 3 situé dans le présent me parle de courriers et m'indique que Catherine demeure active dans sa recherche d'emploi. Le Bateleur (1) en position centrale met en lumière son esprit d'initiative et augure d'un nouveau départ au niveau professionnel. Selon mes premières perceptions, Catherine devrait renouer avec le monde du travail assez rapidement et ce, en dépit de l'arcane 20 en position B, qui parle davantage d'entretiens mal engagés et de contacts infructueux. Je me lance alors dans le calcul des trinômes afin d'étayer mon analyse de départ. J'obtiens alors le tirage en croix suivant :

Je prends soin d'interpréter les cinq arcanes majeurs selon leurs positions respectives avant de délivrer une analyse plus précise.

L'arcane 6 (l'Amoureux) en position A présente Catherine comme une consultante sûre de ses choix et de son orientation professionnelle. Matérialisant également les émotions et l'amitié, cet arcane, ainsi positionné, me révèle une personne attachante qui se lie facilement. Rompue au travail en équipe, comme le laisse présager l'Amoureux en position A (arcane emblématique des collègues), je devine que Catherine cherche avant tout à s'épanouir au sein d'un emploi qu'elle aime (l'Amoureux) et qu'elle aura choisi. L'arcane 6, qui matérialise essentiellement le secteur de l'habillement, me suggère d'emblée un métier lié à la mode ou à l'apparat.

L'arcane 20 (le Jugement) en position B est le reflet d'entretiens compliqués, sujets à polémique, ainsi qu'une réelle difficulté à convaincre ses interlocuteurs. Cet arcane m'évoque aussi une recherche d'emploi via le net (20 = arcane emblématique du net). Placé ici, il semble que cette quête soit demeurée stérile, et que les échanges sur la Toile n'aient pas été fructueux. En outre, le jugement en B parle parfois de déboires juridiques.

L'arcane 14 (Tempérance) en position C est de bons alois pour son avenir professionnel. Il suggère des contacts téléphoniques et un possible voyage aérien (arcane emblématique des avions) lié à son futur poste de travail. À ce stade, j'ai besoin de davantage d'indices pour étayer mon interprétation.

L'arcane 3 (l'Impératrice) en position D matérialise ma consultante. Elle apparaît omniprésente dans l'ici-et-maintenant, ce qui, a priori, est un bon présage pour la suite des événements. Elle est d'autant plus impliquée dans sa quête d'emploi que l'Impératrice (arcane emblématique des courriers) suggère une correspondance en cours ou l'envoi de CV à l'ordre du jour.

L'arcane 1 (le Bateleur) en position E stimule l'ensemble du tirage. Il augure d'un renouveau professionnel et d'un nouveau départ. Ce Bateleur en position centrale évoque une personne entreprenante, bien décidée à retrouver du travail.

MON INTERPRÉTATION. En décortiquant l'angle mort du passé, je note d'entrée de jeu que Catherine (3) est en quête (9) de nouvelles (1) opportunités (10). En dépit de lenteurs (9), Catherine a su relancer (1) et réactiver (10) ses recherches (9) d'emploi. Elle examine scrupuleusement (9) chaque nouvelle (1) opportunité (10). La présence du Jugement en B (arcane emblématique des entretiens) me dit que de nombreux contacts n'ont pas été suivis d'effets, et que, de surcroît, le dialogue avec ses interlocuteurs a pu parfois s'avérer houleux. Je n'insiste pas davantage sur son passé – elle le connaît mieux que moi – et décide de me consacrer pleinement à son avenir. En poussant l'analyse sur le présent, je sens là une femme (3) énergique. À la verticale, je perçois le binôme 1 + 3 qui, dans ce contexte bien précis, matérialise la rédaction (1) de courriers (3), en l'occurrence des CV ou des lettres de motivation... L'angle mort du présent m'éclaire davantage ; il m'évoque surtout la rencontre (6) imminente d'un homme d'âge mûr (5), sans doute un ami expérimenté ou un coach, auprès duquel elle prend conseil (5). Retranscrit dans l'univers professionnel, je soupçonne que Catherine a déjà pris rendez-vous (6) avec son conseiller (5) Pôle emploi. Sachant, par ailleurs, que l'arcane 6 représente principalement les étoffes et les tissus, et donc le secteur de la mode et de la haute couture, l'alliance de celui-ci avec le Pape m'évoque un potentiel recruteur (5) qui opère une sélection (6 = un choix) parmi plusieurs candidats (6) à un poste de vendeuse. Alors que cet angle mort du présent recèle une foultitude d'indices, je me contente de lui prédire la rencontre quasi immédiate d'un homme mature susceptible de jouer un rôle sur son devenir professionnel, ce à quoi elle acquiesce.

En portant mon regard sur le futur proche, je constate avec allégresse la présence du trinôme 1 + 7 + 8, qui indique clairement un nouveau (1) contrat (8) de travail (7). Une joie immense m'envahit et je ne peux m'empêcher de lui annoncer la bonne nouvelle avant même de poursuivre mon analyse. Je la sens profondément émue, d'autant plus qu'elle me confie être en fin de droit dans trois mois. En faisant escale dans le futur plus lointain, je lui devine un poste à dimension internationale. Je relève des échanges (14) avec des pays étrangers (21). Je soupçonne des voyages aériens (14) intercontinentaux (21) dans le cadre de missions (1) de courtes durées. À y regarder de plus près, je m'aperçois que l'arcane emblématique de la communication (20) est au centre de l'angle mort du futur plus lointain. Il est fort possible que Catherine ait à évoluer au sein d'une entreprise internationale (21) et ait à s'exprimer (20) exclusivement en langue anglaise (21) dans le cadre de ses échanges (14). En effet, je sais par expérience que l'arcane 21 représente la mondialisation (21) et matérialise de facto la langue anglaise devenue la langue du commerce et des échanges internationaux. Fort de cette analyse détaillée, j'assure donc à Catherine un retour à l'emploi dans le futur proche, soit dans les trois prochains mois. Je suppute un poste international ou au sein d'un groupe étranger.

Enfin, par acquit de conscience, je demande à Catherine de recouvrir ces arcanes majeurs de cinq autres lames de tarot, de manière à obtenir cinq nouvelles paires de binômes réparties comme tel :

Grâce à ce second tirage de cartes, je tente d'apporter un supplément d'information à mon interprétation initiale, à savoir :

- le binôme 6 + 19 en position A me conforte dans mes premières impressions. Ce binôme haut en couleur me parle de créateurs de mode, de défilés de haute couture, de gamme de vêtements (6) de luxe (19)... Ce binôme évoque également une future équipe (6) soudée (19) qui, a priori, travaillera dans la joie et la bonne humeur. Le 19, arcane du luxe par excellence, me parle de véritable vocation ;

- le binôme 20 + 15 en position B suggère des conflits (15) juridiques (20), voire un conflit prud'homal non résolu. Je suppose que les entretiens ont pu se crisper au niveau des prétentions salariales (15). Je présume que Catherine ne se laissa pas intimider et ne lâcha rien à ce niveau ;

- le binôme 14 + 21 en position C m'assure qu'il existe un lien avec des voyages (14) internationaux (21) dans la future fiche de poste. Je devine des voyages éclairs organisés par une entreprise représentée à l'étranger ;

- le binôme 3 + 5 en position D me montre que Catherine (3) se tourne vers un homme plus âgé (5) dans le cadre de ses recherches d'emploi actuelles. Suivez donc le regard de l'Impératrice rivé sur le Pape ! Tout indique que Catherine compte sur les lumières de cet homme mature (un coach, un ami, un directeur ?) ;

- le binôme 1 + 7 en position E est un excellent présage : il augure très nettement d'un nouvel (1) emploi (7). Il marque l'entrain et l'esprit d'initiative (1) de la consultante (3), qui souhaite avancer (7) dans sa vie professionnelle.

RETOUR D'EXPÉRIENCE. À l'issue de notre rencontre, Catherine me confia être venue me consulter en désespoir de cause. Elle m'expliqua tous ses déboires professionnels, et notamment ses échecs répétés aux entretiens d'embauche (20 en B) en raison de prétentions salariales jugées trop élevées (15 en B). Elle venait également de perdre un procès (20 en B) pour harcèlement (15) contre son ex-employeur, ce qui la rendait furieuse (15). Elle avait récemment retravaillé son CV (3), car elle devait le remettre à un ami (6) d'âge mûr (5) dans quelques jours. Elle me confirma également qu'elle avait bien rendez-vous, non pas avec son conseiller, mais avec le directeur (5) artistique (6) d'une grande marque de luxe française deux jours après notre entrevue. Catherine reprit contact avec moi deux mois après ma voyance pour m'informer de son actualité et pour m'annoncer qu'elle avait bel et bien signé (8) un CDI en janvier, soit à peine plus d'un mois après notre entrevue. Elle obtint son poste par l'entremise de ce directeur, un monsieur d'âge mûr (5) qui, à l'occasion de sélections (6), lui présenta (6 = arcane emblématique des présentations) son acolyte américain. Séduit par son profil et le fait qu'elle maîtrisait la langue de Shakespeare (21), il décida de lui proposer un poste de chargé de clientèle (21 = les clients) pour sa filière internationale (21). Elle me précisa effectuer des voyages aériens réguliers (14) entre la France et les USA (21) dans le cadre de ses nouvelles fonctions. Elle évolue aujourd'hui au sein d'un univers de travail cosmopolite où beaucoup d'étrangers ont été recrutés en même temps qu'elle pour développer la marque aux États-Unis. Elle assiste aussi à des réunions (6) de type *brainstorming* (20) concernant le marketing (20) pour leur *showroom* de New York.

c) Mon entreprise va-t-elle pouvoir être sauvée ?

Marc s'est présenté à moi en octobre 2012 pour une question bien précise. Patron d'une SARL, il me confie être inquiet sur l'avenir de ses affaires et m'avoue n'avoir aucune visibilité à moyen terme. Il me demande donc, en toute logique, s'il va réussir à traverser cette période austère. Je lui fais tirer cinq arcanes majeurs que je dispose ainsi :

Je remarque d'entrée de jeu que la majorité des arcanes apporte de la couleur à ce tirage en croix, à l'exception de la Maison-Dieu, qui assombrit quelque peu l'ensemble. Je note d'emblée le caractère charismatique et déterminé du consultant (4) qui, a priori, a le sens des réalités (4), ce qui, vu les circonstances, est un bon présage. Je devine qu'il est à la croisée des chemins et que des choix (6) cornéliens vont devoir être faits. L'arcane 16 m'évoque des restructurations stressantes à l'ordre du jour, tandis que le Monde (la foule, la clientèle) en position B me parle d'une baisse d'affluence notable. On sent des crispations et des négociations à venir (15) afin de redresser la situation actuelle. À première vue, je ne perçois pas de faillite ou de dépôt de bilan, même si l'arcane 16, ainsi positionné, me fait craindre le pire. Pour en avoir le cœur net, je décide de calculer les angles morts et les trinômes, ce qui me donne le tirage en croix suivant :

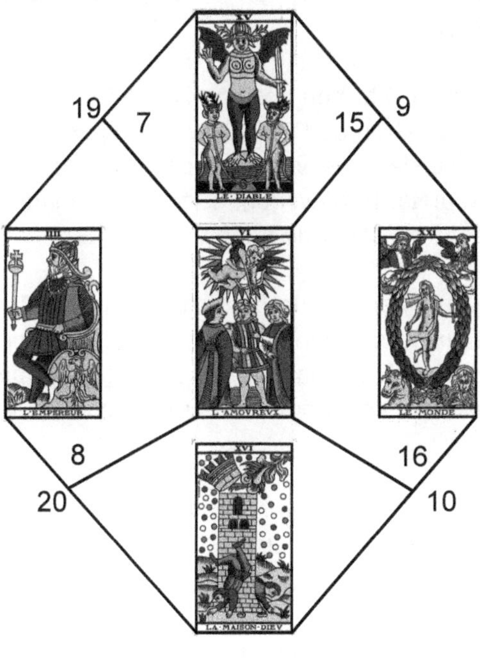

Je commence par interpréter les cinq arcanes initialement choisis par Marc selon leur position dans le tirage.

L'arcane 4 (l'Empereur) en position A me parle d'une personne structurée, bien ancrée dans sa vie socioprofessionnelle. L'Empereur m'évoque d'entrée de jeu son besoin viscéral de sécurité et me parle d'un homme apte à diriger une équipe. Cet arcane m'indique que Marc a clairement l'étoffe d'un chef d'entreprise et dispose a priori des ressources nécessaires pour redresser son entreprise.

L'arcane 21 (le Monde) en position B exprime un déficit de clientèle. Placé ici, cet arcane évoque une activité qui ne connaît pas la foule des grands jours, autrement dit, le « monde » déserte sa boutique. Par ailleurs, cette lame de tarot ainsi positionnée ma parle aussi des méfaits de la mondialisation sur les commerçants locaux.

L'arcane 15 (le Diable) en position C me précise que son combat va se jouer sur le terrain épineux de la fiscalité. La présence du Diable, l'arcane emblématique du monde de la finance et des affaires, augure de tractations financières et d'âpres négociations à court et moyen termes. On devine, là aussi, toute la hargne et la motivation qui animent Marc dans cette bataille qu'il va devoir mener.

L'arcane 16 (la Maison-Dieu) en position D reflète le désarroi présent dans lequel se retrouve ce patron de PME. Cet arcane parle d'une véritable onde de choc, d'une prise de conscience soudaine et traumatisante sur l'état actuel de son entreprise. Il m'évoque, certes, un effondrement des ventes, mais pas pour autant un dépôt de bilan.

L'arcane 6 (l'Amoureux) en position E cristallise les doutes de Marc, qui se trouve à un carrefour dans sa vie professionnelle. Il m'apparaît surtout que l'heure des choix a sonné. L'Amoureux ainsi positionné me parle également de pourparlers avec des collaborateurs susceptibles de l'éclairer dans ses décisions.

MON INTERPRÉTATION. En parcourant l'angle mort du passé, je m'aperçois que le devenir de cette PME a déjà été le théâtre de pourparlers (20) entre le patron (4) et les délégués (6) syndicaux (8). Je suppute que les statuts (8) juridiques (20) ont alors été portés à l'ordre du jour. Cependant, l'arcane 8 (arcane emblématique de la comptabilité), qui apparaît au centre du trinôme 6 + 8 + 20, m'interpelle davantage, car sa présence me renseigne directement sur l'exercice comptable (8) de son entreprise. On y voit, certes, des appels (20) de fonds (8) angoissants (6), qui ont impacté et déstabilisé (16) l'équilibre budgétaire (8), mais je ne relève aucun indice qui puisse m'indiquer un passif alarmant ou des arriérés de charges de nature à évoquer un dépôt de bilan. Je tiens à rassurer Marc en lui livrant mes premières impressions. Toutefois, je concède volontiers que la présence répétée de la Maison-Dieu en D puis aux abords de la Roue de Fortune n'est pas le meilleur des présages. Elle me parle de restructurations (16) imminentes (10) comme, par exemple, un changement rapide (10) de locaux (16) ou des travaux de réfection. La conjoncture présente m'évoque un fonds de roulement(10) en chute libre (16), voire un effondrement(16) de la production (10). Cette impression de perte de vitesse m'est confirmée par la présence de l'arcane 21 positionné en B, qui matérialise une clientèle « en berne ». Cette chute (16) de clientèle (21) est sans nul doute à l'origine des fluctuations (10) actuelles. Je soupçonne aussi que Marc a de grandes difficultés (16) à honorer ses traites (10) ou que l'un de ses crédits (10) lui occasionne des déboires (16). Je ne suis pas totalement rassuré en naviguant sur l'angle mort du futur proche. Celui-ci m'indique une baisse (9) de trésorerie (15) angoissante (6) ainsi qu'une potentielle recherche (9) d'investisseurs (15) ou de capitaux (15). Quant à la présence du Diable juché en haut du tirage, il m'informe sur le fait que Marc va devoir mettre toute sa hargne et son pouvoir (15) au service de négociations financières portant sur la fiscalité et l'imposition (15) de sa société. Enfin, je retrouve le sourire en poussant l'analyse plus avant. En effet, je m'aperçois que ces tractations financières (15) déboucheront sur un accord (19). Matérialisant essentiellement les établissements bancaires, le binôme 15 + 19 me parle de rendez-vous d'affaires avec son banquier. Je note que l'arcane 19 (arcane emblématique de la solidarité et de l'entraide) se trouve relativement bien entouré, et que sa présence dans le futur à plus long terme est de très bon augure. Au vu de tous ces éléments, j'en conclus que Marc va faire le choix (6) de s'associer (19) avec un jeune entrepreneur (7) afin de relancer son business. L'angle mort du futur lointain me donne à voir une activité (7) florissante (19) qui renoue avec les bénéfices (15). Au niveau de la temporalité, le Soleil m'évoque bien entendu l'été, et le Chariot le mois de juillet. Je lui prévois donc un redressement de sa société pour la période estivale grâce, notamment, à la rencontre (6) d'un nouvel intervenant (7) avec lequel il va faire le choix (6) de s'associer (19).

Je demande enfin à Marc de bien vouloir recouvrir les cinq arcanes majeurs précédents de cinq autres lames de tarot afin d'obtenir des indices supplémentaires. Je dispose alors ces cinq nouvelles paires de binômes de la façon suivante :

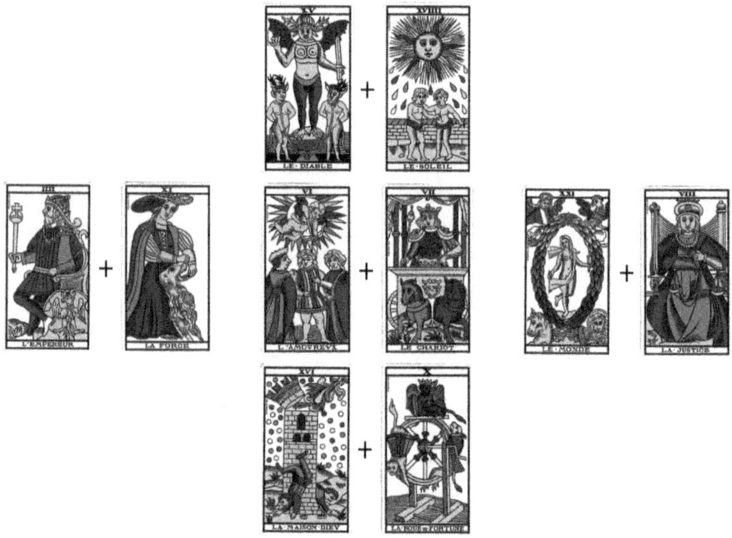

Le binôme 4 + 11 en position A me conforte sur les capacités managériales de ce patron. Marc est animé d'une farouche volonté (11) de reprendre les choses en main (11). Ce binôme décrit un dirigeant d'entreprise courageux, capable d'assumer les responsabilités (11) que son rôle de patron (4) implique.

Le binôme 21 + 8 en position B m'évoque d'emblée un déficit de clientèle, qui se répercute directement sur son chiffre d'affaires (8). On y voit des consommateurs (21) plutôt frileux, moins enclins à dépenser (8).

Le binôme 15 + 19 en position C augure, a priori, d'une santé financière florissante d'ici quelques mois. Je subodore que ses futures affaires (15) seront au beau fixe (19). L'alchimie de ces deux arcanes m'évoque des rendez-vous d'affaires avec sa banque, et notamment la négociation (15) d'accords (19) indispensables à la survie de sa PME. Je devine également des tractations (15) relatives à un partenariat potentiel (19).

Le binôme 16 + 10 en position D me suggère une restructuration (16) à l'ordre du jour (10), tel un déménagement des locaux (16), voire une délocalisation (16) de la production (10). Je soupçonne des impayés (16) de crédits (10) ou des traites difficiles à honorer. Cette crise (16) de trésorerie (10) m'apparaît être la conséquence d'une chute (16) de clientèle (21 en B).

Le binôme 6 + 7 en position E augure de choix (6) professionnels (7). Il s'agit de s'engager (7) dans la bonne voie (6). Si le Chariot parle de relancer l'activité, il m'évoque néanmoins la rencontre informelle (6) d'un jeune trentenaire (7) susceptible de collaborer avec Marc.

RETOUR D'EXPÉRIENCE. Marc me recontacta en août 2013 pour me faire un retour sur mes prédictions. Il m'avoua bien volontiers avoir été pris de panique (16) par une soudaine chute (16) de clientèle (21) lorsqu'il est venu me consulter. Il avait rencontré (6) les délégués (6) syndicaux (8) de sa société afin d'étudier la possibilité de changer de statut (8) juridique (20) et de modifier la convention (8) collective dans un souci d'économie. Ces pourparlers (20) s'étaient soldés par un échec (16), la comptabilité de l'entreprise ne justifiant pas de mesures aussi drastiques, ce qui lui avait alors été confirmé par son comptable. Il m'expliqua que son désarroi était également dû à la délocalisation (16) imminente (10) d'une partie de la production (10) à l'étranger (le 21 en négatif), ce qui le mettait en porte-à-faux vis-à-vis de certains employés. Il me confia que l'échéance de son prêt (10) immobilier (16) avait aussi été rejetée par sa banque. Après notre rencontre s'ensuivit une longue période de doutes et d'incertitudes (6), pendant laquelle la société accusa une baisse (9) de recettes (15), à tel point qu'il pensa se séparer de deux de ses vendeurs. Devant cette lente agonie financière, Marc entreprit de renégocier (15) ses marges et ses coûts de production. Marc confessa avoir bataillé dur (15) pour obtenir des garanties financières susceptibles de sauver sa PME. Grâce à sa pugnacité (15) et à la faveur des circonstances, il put entre autres, bénéficier d'une renégociation avantageuse de son crédit immobilier auprès de sa banque. Marc me fit savoir qu'il s'était bel et bien associé avec un jeune homme en juillet dernier, tout en demeurant actionnaire majoritaire. Aujourd'hui, Marc me dit être sorti d'affaires et espère même pouvoir embaucher un stagiaire en contrat d'apprentissage pour la rentrée prochaine.

d) Comment va évoluer mon poste actuel ?

Isabelle, 33 ans, est venue me consulter en octobre 2012. Elle souhaite aborder exclusivement son avenir professionnel, et me demande d'entrée de jeu si elle peut espérer évoluer à son poste de travail actuel. Je lui fais aussitôt tirer cinq cartes que je dispose de la manière suivante :

Je commence mon analyse en balayant le tirage du regard.
Je suis frappé d'emblée par le dynamisme de ce tirage en croix. Le 1 en plein centre m'évoque un renouveau, et l'arcane 10 un besoin impérieux de bouger, d'évoluer. Le 22 me parle également de mutation ou de départ, ce qui confirme cette première impression de mouvement. La lame 11, qui chaperonne ce tirage, matérialise très certainement la motivation d'Isabelle, ce qui est, a priori, un bon présage. Une belle harmonie semble se dégager de ce tirage, la couleur d'ensemble étant assez agréable. Je décide de procéder aux calculs des angles morts afin de détailler mon interprétation. Le tirage se présente alors de la façon suivante :

Avant de livrer une interprétation plus complète de ce tirage, je prends soin d'analyser les cinq arcanes majeurs selon leurs positions respectives, à savoir :

- l'arcane 10 (la Roue de Fortune) en A est de très bon augure dans le cadre d'une évolution de carrière. Je devine une consultante qui cherche à relancer sa vie professionnelle le plus vite possible. Je décèle une personnalité dynamique, quelqu'un qui aime être en perpétuel mouvement. Je perçois Isabelle comme une jeune femme tonique et réactive, qui a besoin d'évoluer rapidement à son poste. Je garde également en mémoire que l'arcane 10 exprime la mobilité par définition (une roue est faite pour tourner). Le 10 me parle d'emblée du secteur de l'automobile ou de la technologie de pointe ;

- l'arcane 22 (le Mat) en B conforte mes premières impressions. Cet arcane emblématique des mutations et des changements d'affectation apparaît certes « en opposition », mais il retranscrit néanmoins le désir que la consultante nourrit de vouloir aller de l'avant. Je soupçonne également un profond abattement psychique ou une forme de harcèlement sous-jacent à cette décision ;

- l'arcane 11 (la Force) en C indique une volonté de prendre son destin en main. Je note également que la présence de cet arcane est de bon aloi au vu de la question posée. En effet, la force incarne les aptitudes à encadrer une équipe ou les possibilités de briguer un poste à responsabilité. Il est fort possible que la consultante ait également à montrer ce dont elle est capable pour mériter un meilleur poste ;

- l'arcane 5 (le Pape) en D me parle tout d'abord de formation ou de préparation à un concours, mais également d'une éventuelle discussion avec un supérieur hiérarchique, en l'occurrence, un homme d'âge mûr ;

- l'arcane 1 (le Bateleur) en E m'évoque un nouveau service. Placé en plein centre, le Bateleur se veut rassurant, il matérialise notamment un nouveau départ professionnel, de nouvelles bases sont jetées.

MON INTERPRÉTATION. En examinant l'angle mort de son passé je suis immédiatement saisi par la présence du Diable aux abords de la Maison-Dieu. En effet, l'alchimie de ces deux arcanes exprime toujours une grande effervescence, et parfois même une situation au bord de l'explosion (16). Si la révolte gronde parmi le personnel, ce binôme m'évoque surtout une situation anarchique (16) et conflictuelle (15), génératrice de tensions exacerbées (15) et de rivalités intestines (16) au sein de l'entreprise. L'un des deux trinômes me parle clairement de tensions (15) relatives à la restructuration (16) d'un service (1). Je ressens un fort mécontentement ; chacun laisse littéralement éclater (16) sa colère (15). Dans ce contexte professionnel hostile, j'imagine qu'Isabelle trépigne d'impatience (15) à l'idée d'obtenir une mutation (22) ou une quelconque évolution de carrière (10). Cette énergie débordante (15) qu'Isabelle déploie en vue d'obtenir une mobilité (10) l'a vraisemblablement conduite à s'entretenir avec son supérieur hiérarchique (5) afin de faire le point sur ses perspectives d'évolution. J'en déduis donc que l'intervention du Pape dans le présent immédiat est un signe d'apaisement et de conciliation. J'interprète aussitôt cette présence pontificale comme une discussion avec un homme d'âge mûr dispensant de bons conseils. Je devine que celui-ci lui a suggéré d'attendre (9) une nouvelle (1) opportunité (10) pour changer de poste. Le trinôme 5 + 9 + 22 me dit qu'il lui a été conseillé (5) d'attendre (9) son ordre de mutation (22). À en croire le second trinôme 1 + 10 + 9, il semble que la consultante doive se résigner à attendre (9) un prochain (1) plan de mobilité (10). Je m'aperçois que le dynamisme de la Roue de Fortune est freiné par la présence même de l'Hermite. Qui plus est, l'arcane emblématique des mutations apparaît en B et conforte mes premières impressions selon lesquelles son départ a bel et bien été ralenti. Je subodore également que son impatience est en partie due à un épuisement psychique causé par le harcèlement moral (22). Au vu des circonstances, je me représente volontiers Isabelle avec son sac à dos sur les épaules, prête à lever le camp, à l'instar du Mat ! En parcourant l'angle mort du futur proche, je note d'emblée un choix (6) professionnel (7). Il s'agit de toute évidence d'un choix (6) impliquant une nouvelle (1) équipe (6) de travail (7). Je vois une évolution ou un avancement de carrière (22) sous la forme d'un nouveau (1) poste (7) de responsable (11). Au-delà de la volonté (11) affichée par Isabelle, la Force m'indique qu'un poste à responsabilités va lui être attribué. Outre les fonctions régaliennes et les aptitudes au commandement, cet arcane matérialise tous les postes qui exigent de l'autorité. Sur la verticale, je relève la présence du binôme 11 + 1, qui m'évoque d'emblée un stage (1) de management (11). Tout porte à croire que notre consultante va donc finalement accéder à un poste d'encadrement. Je suis d'autant plus confiant en son évolution de carrière que l'angle mort du futur plus lointain lui est tout à fait favorable. Le simple fait que le Mat, arcane emblématique des mutations, se retrouve aux abords du Monde est de très bon augure. Ainsi, le binôme 22 + 21 me parle d'une mutation (22) couronnée de succès (21). Je présume que cet avancement de carrière implique des déplacements (22) auprès d'un vaste public (21). Je conclus donc mon interprétation en annonçant à Isabelle qu'elle sera nommée responsable (11) d'un nouveau service (1) en lien avec une clientèle importante (21). J'informe Isabelle sur la tenue de pourparlers (6) dans les trois prochains mois, aux termes desquels sa nomination sera effective.

Je demande enfin à Isabelle de recouvrir ces cinq arcanes majeurs de cinq autres lames de tarot, afin d'ajuster mes prédictions. J'obtiens donc les cinq paires de binômes suivants :

Le binôme 10 + 7 positionné en A montre un dynamisme à toute épreuve ainsi qu'une véritable envie de bouger (10). Il m'apparaît évident que la consultante espère une vraie opportunité (10) pour progresser (7) à son poste actuel. La seule présence du Chariot, l'arcane emblématique du travail, placée en A est de très bon ton dans le cadre d'une potentielle évolution de carrière. L'association de ces deux arcanes majeurs m'évoque le secteur de l'automobile.

Le binôme 22 + 12 positionné en B me parle d'emblée d'une mutation (22) bloquée (12), voire d'un report (12) d'avancement (22). Isabelle est donc entravée (12) dans sa progression (22). Je subodore que cette situation sclérosée (12) est a priori à l'origine de son profond abattement (22). La physionomie de ce binôme me fait également craindre une forme de harcèlement moral (cf. *Guide d'interprétation des 462 binômes*, p. 485).

Le binôme 11 + 4 positionné en C, m'évoque sinon une farouche volonté de réussir (11), tout au moins l'accès à un grade supérieur. L'Empereur, qui est une figure de proue de l'autorité masculine, me parle surtout d'une forme de tutorat sous l'égide d'un responsable hiérarchique. Je pense alors qu'il s'agit d'une période de probation durant laquelle Isabelle devra montrer ses capacités (11) à diriger (4) une équipe. On voit que l'Empereur jauge la Force !

Le binôme 5 + 21 positionné en D m'indique un responsable (5) des ressources humaines (21). J'en déduis que la consultante vient juste de discuter de ses possibilités d'évolution avec le DRH de sa société.

Le binôme 1 + 2 positionné en E présage d'un stage en alternance ou d'une formation alliant théorie (2) et connaissance du terrain (1). J'ai, certes, l'intime conviction que ce stage aura lieu, mais je ne sais pas dater avec exactitude ce début (1) de formation (2). Je suppose qu'il s'agit d'une formation de manager.

RETOUR D'EXPÉRIENCE. Isabelle est revenue me consulter en octobre 2013 pour des raisons de santé, soit un an après notre premier rendez-vous. Avant d'entamer cette seconde consultation, Isabelle tint à me féliciter, car elle a été nommée manager (11) d'une équipe (6) de commerciaux (21) chez son employeur actuel, un grand concessionnaire automobile (10 + 7), six mois après notre entrevue. Elle a participé à un stage de deux mois (1) sous l'égide d'un grand responsable (4) des ventes, avant de prendre ses fonctions. Elle se déplace (22) parfois à l'étranger (21) pour suivre des stages de courte durée (1) auprès de la maison mère. Elle me confirme aussi avoir eu de sérieux déboires avec d'anciens collègues rongés par l'envie (15) ; elle était sur le point de craquer nerveusement. Sur son insistance (15), elle a pu obtenir un rendez-vous avec le responsable (5) des ressources humaines (21), un homme d'âge mûr, qui a tenté de la rassurer quant à ses chances d'évolution. Il lui a parlé de son ancienneté (9), qui jouerait en sa faveur lors de la prochaine sélection (6) à un poste (7) de responsable (11). Sa détermination (15) a payé puisque, trois mois après cet entretien, un nouveau (1) poste (7) de responsable (11) des ventes (6) s'est libéré. Elle a été mutée (22) dans un autre arrondissement de Paris afin de remonter le chiffre d'affaires de la concession.

2) ARGENT

a) Comment va évoluer l'état de mes finances ?

Martine, 52 ans, vient me rendre visite en décembre 2012. Elle me demande de scruter son avenir financier, car elle me dit être à l'aube de changements importants dans sa vie privée. Je lui fais donc tirer cinq arcanes majeurs que je dispose selon le schéma suivant :

Je procède à une première analyse d'ensemble en balayant son tirage du regard.

En un clin d'œil, je remarque que ce tirage est assez froid, et sa couleur plutôt contrastée. Les arcanes sélectionnés sont austères et apportent une grande rigueur à l'ensemble du tirage. L'arcane 8, symbolisant la mathématique et les calculs, m'évoque un pur esprit cartésien et un besoin de tout rationaliser. On dirait que l'heure des comptes a sonné ! L'arcane 13, assombrit très nettement le tirage : il augure de difficultés financières majeures et m'évoque volontiers des dettes ou des soucis liés à une indivision. Il me suggère immédiatement une « cassure », tel un divorce ou un décès, un trauma qui pourrait être à l'origine des inquiétudes de Martine. L'arcane 11 me renvoie l'image d'une consultante qui a le contrôle et la maîtrise de ses finances. Elle n'est a priori pas dans le besoin. Enfin, vu la position de l'arcane 10, je suppute qu'une somme d'argent devrait lui être allouée prochainement. Afin de clarifier mes pensées, je pars à la conquête des angles morts. J'obtiens donc le tirage en croix suivant :

Fort de ce supplément d'information je décide de commencer l'étude des cinq arcanes majeurs selon leurs positions respectives dans le tirage, à savoir :

- l'arcane 11 (la Force) en position A me présente Martine comme une femme de tête qui aspire à garder le contrôle sur les événements. Elle me donne l'impression de régenter ses affaires de main de maître. Contrairement à l'Hermite, qui matérialise une carence ou une baisse, la Force parle toujours d'excédents, de surplus, de hausse... Je subodore donc que ses comptes en banque sont bien fournis. Martine a, de toute évidence, la mainmise sur ses finances ;

- l'arcane 13 (l'Arcane sans Nom) en position B augure d'un changement d'état radical, d'une métamorphose traumatisante, qui vient impacter l'état de ses finances. Je devine volontiers une perte d'emploi ou une situation conflictuelle liée à un legs ou à des créances. Par ailleurs, le simple fait que l'Arcane sans Nom soit placé aux abords de dame Justice m'évoque d'emblée un acte (8) notarié (13) ;

- l'arcane 10 (la Roue de Fortune) en position C me parle spontanément d'argent ou de retombées financières à venir. Quand bien même le graphisme me suggère d'emblée un gain aux jeux de hasard (la roue fait écho à celle du Loto), je soupçonne une somme d'argent issue d'un crédit à la consommation ou d'opérations boursières. Cela étant, vu les cartes environnantes, et notamment la Justice et l'Arcane sans Nom, j'ai l'intime conviction que l'arcane 10 évoque davantage une quote-part liée à un divorce ou un décès ;

- l'arcane 5 (le Pape) en position D me montre Martine sollicitant les conseils éclairés d'un expert. Faute d'éléments plus probants, je ne peux, à ce stade, définir avec certitude s'il s'agit de son conseiller financier ou d'un tout autre personnage. Je présume que cet homme d'âge mûr est son mari. Cette présence pontificale, bien que solennelle, m'évoque une aide dénuée d'intérêts, une bienveillance toute naturelle ;

- l'arcane 8 (la justice) en position E me parle essentiellement de comptabilité et de calculs. Placé en plein centre de son tirage, cet arcane m'évoque le versement d'un salaire ou d'une rente lui assurant un équilibre budgétaire. Arcane emblématique des contrats et des administrations, je pense que Martine attend une rentrée d'argent supplémentaire (pension, assurance-vie...) suite à la signature d'un contrat ou d'un acte. Je comprends également à quel point Martine est préoccupée par l'état actuel de ses finances, car je sais, par expérience, que cet arcane matérialise les charges et les cotisations. Il me semble donc que les circonstances contraignent Martine à faire ses comptes régulièrement.

MON INTERPRÉTATION. En décortiquant les angles morts de ce tirage en croix, l'histoire de Martine me saute aux yeux. Son passé me parle d'un bouleversement (16) affectif (6). Je devine qu'une tierce personne (6) a semé la zizanie (16) dans le foyer conjugal (5). Je constate aussi que Martine entretient des rapports de force (11) explosifs (16) avec son mari (5). Le binôme 5 + 16 matérialise presque systématiquement un foyer (5) en effervescence ou en décrépitude (16). On est bien loin de la félicité conjugale. Je comprends aussitôt que les inquiétudes de Martine ont pour origine des désordres affectifs. Je lui livre mes premières observations, ce à quoi elle me répond par l'affirmative. D'un point de vue fiscal stricto sensu, je soupçonne que la valeur vénale (8) de leur patrimoine (16) a déjà fait l'objet de discussions (6). Je pressens des angoisses (6) liées à une perte (16) de revenus (8). Le présent immédiat me suggère deux grilles de lecture : il m'évoque tout d'abord la vente (8) d'un bien immobilier (18) par le truchement d'un homme mûr (5), sans doute un directeur d'agence.

Il est a priori question d'estimer (8) le prix (8) de la maison familiale (18). L'angle mort du présent m'indique que Martine a requis les conseils (5) d'un avocat (8) dans le cadre d'un divorce (13). En effet, la présence du binôme 8 + 18 dans le présent immédiat me parle indifféremment d'un palais (18) de justice (8), d'un cabinet (18) d'avocats (8) ou d'une étude (18) notariée (8). Dans le contexte financier, je suppose que la vente (8) de la maison (18) a été portée à l'ordre du jour dans le cadre d'une séparation (13) entre époux (5). Le futur proche confirme mes premières impressions : je relève d'emblée la présence du trinôme 8 + 13 + 5, qui m'évoque instamment la rupture (13) d'un contrat (8) de mariage (5). Il s'agit très probablement d'un acte (8) notarié (13) relatif à la vente (8) de la maison (18) permettant à Martine d'obtenir sa part (10). Cela étant, les arcanes formant l'angle mort du futur proche donnent aussi une tout autre lecture : ils suggèrent également une médiation (5) portant sur des indemnités (8) de licenciement (13) avec effet rétroactif (10). En dépit du drame personnel qui afflige Martine, je demeure optimiste sur son avenir pécuniaire. En observant posément l'angle mort du futur plus lointain, je note que ses finances (8) vont croître (11) de manière exponentielle (21). On dirait que cette somme (10) va accroître (11) considérablement (21) son compte en banque (8). J'informe donc Martine sur le fait qu'elle va devoir traverser une courte période d'austérité (13) suivie d'une hausse (10) de revenus (8) due à la vente de sa maison (18).

Je demande à Martine de recouvrir ces cinq arcanes majeurs de cinq autres cartes afin d'ajuster mon analyse. J'obtiens alors les cinq paires de binômes suivants :

Le binôme 11 + 15 positionné en A augure d'une excellente capacité (11) financière (15). La présence du Diable, l'arcane emblématique des finances, au côté de la Force, m'évoque d'emblée une manne financière ou une réserve de trésorerie qui me conforte dans l'idée selon laquelle Martine bénéficie de moyens financiers substantiels. Je présume que la consultante connaît bien la valeur de l'argent et sait faire fructifier (11) son capital (15).

Le binôme 13 + 19 positionné en B me parle spontanément d'un pacte ou d'un partenariat (19) rompu (13). Vu le contexte, je subodore que ce binôme marque la fin (13) d'une histoire d'amour (19) et exprime sans ambages une scission (13) au sein de leur couple (19). L'image qui m'apparaît est celle d'une lame de fond qui vient balayer un schéma conjugal périmé, une cohabitation (19) devenue conflictuelle (13).

Le binôme 10 + 20 positionné en C me suggère qu'une somme d'argent (10) va faire l'objet de pourparlers (20) dans quelque temps. Je présume que cette aubaine financière (10) est issue d'une décision de justice (20). On semble discuter (20) les parts (10) respectives de chacun.

Le binôme 5 + 16 positionné en D accentue les soucis que rencontre Martine dans le présent immédiat. On y voit certes un mariage (5) qui tombe en décrépitude (16), mais surtout des rapports conjugaux volcaniques qui ponctuent leur quotidien. Par ailleurs, j'ai l'intime conviction que ce binôme me parle également d'un spécialiste (5) de l'immobilier (16).

Le binôme 8 + 2 positionné en E est l'expression d'une analyse (2) fiscale (8). Je relève la présence d'une femme d'âge mûr (2) qui examine un cahier de comptes (8). Je devine qu'il s'agit probablement de la consultante elle-même ou d'une comptable. Cette association de cartes symbolise fréquemment une femme de droit, telle une avocate fiscaliste. En l'état, je pense indifféremment à la notaire en charge du partage des biens ou à l'avocate qui rédige l'acte de divorce.

RETOUR D'EXPÉRIENCE. Martine me téléphona un an après notre visite pour me donner des nouvelles et reprendre rendez-vous par la même occasion. Martine m'expliqua qu'elle avait entrepris une procédure de divorce huit mois avant notre première séance et qu'elle était alors très inquiète quant à son avenir financier, d'autant plus qu'elle s'occupait de la comptabilité de son mari, à titre bénévole. Elle dut arrêter son travail à la Préfecture de police pour des raisons de santé cinq ans auparavant. Elle fut tellement désarçonnée quand elle découvrit l'existence d'une rivale qu'elle demanda à sa sœur aînée (6) de l'héberger dans son appartement parisien (16) avant de pouvoir se reloger par elle-même. Ce drame conjugal causa des dommages collatéraux (16) parmi ses autres frères et sœurs (6), qui se sont immiscés dans ses affaires de cœur. Elle me fit savoir que leur résidence principale (18) fut vendue (8) cinq jours après sa venue à mon cabinet. Elle venait juste de rencontrer son agent immobilier (5) pour faire estimer leur maison (18). Martine divorça (13) six mois plus tard, à son grand soulagement, l'entente (19) étant devenue impossible (13). Martine confessa avoir traversé une période de frugalité (13) avant de pouvoir rebondir (10) grâce à l'argent du divorce qui lui fut attribué plusieurs mois après. Son avocate (2) réussit également à lui obtenir une indemnité compensatoire (10) conséquente, qui lui permit de se refaire. Grâce à cette importante (21) somme d'argent (10), Martine m'informa vouloir faire l'acquisition d'un petit appartement afin de repartir sur de nouvelles bases. Elle m'avoua vouloir revenir vers moi pour savoir si elle restera ou non en région parisienne, et si elle allait éventuellement refaire sa vie amoureuse.

b) Vais-je réussir à assainir ma situation financière ?

Yvan, 48 ans, est venu me consulter en février 2012 pour savoir si sa situation financière allait bientôt se débloquer. Je commence par lui demander d'extraire cinq arcanes majeurs, que je dispose selon le schéma suivant :

Je procède à une première analyse « à chaud » en balayant le tirage du regard.

Au premier coup d'œil, je remarque que la couleur d'ensemble est plutôt nuancée. Je constate d'entrée de jeu que le seul arcane haut en couleur (19) est mal aspecté, ce qui, a priori, me paraît de mauvaise augure. Néanmoins, je ne relève aucun arcane « sombre » au point de m'évoquer une situation financière désespérée. Je soupçonne l'existence d'une problématique liée à des crédits (10) comme étant à l'origine des tourments qui assaillent Yvan. Je note aussi la présence active du consultant (4) dans le présent immédiat. Il semble vouloir agir sur les événements. L'expression de sa volonté (11) m'apparaît également dans le futur à moyen terme. Je décide de scruter les angles morts de ce tirage en croix afin d'étayer mon interprétation. Après calcul, j'obtiens le schéma suivant :

Avant de me lancer dans l'analyse complète de ce tirage, je commence par interpréter les cinq arcanes majeurs selon leurs positions respectives.

L'arcane 9 (l'Hermite) positionné en A me décrit Yvan comme un personnage introverti, réfléchi, à l'esprit analytique. Je subodore que celui-ci a tendance à vivre dans son passé (9). Au niveau pécuniaire, l'Hermite m'évoque de petits moyens financiers, un faible niveau de vie. Placé à cet endroit, l'arcane dépeint le portrait d'un homme prévoyant, qui a appris à se contenter de peu et à vivre en conséquence.

L'arcane 19 (le Soleil) en position B, me parle spontanément d'un désaccord. Je garde en mémoire que cet arcane est celui du couple. Je présume donc que son couple est à l'origine de ses déboires financiers. Par ailleurs, l'arcane 19, avec sa couleur dorée, fait écho à la brillance de l'or et au luxe en général. À en juger par sa position dans ce tirage, je subodore que le consultant a réalisé des achats ostentatoires qui l'ont mis en porte-à-faux avec sa banque.

L'arcane 11 (la Force) positionné en C me laisse entrevoir un individu motivé et bien décidé à prendre ses problèmes à bras-le-corps, ce qui, en l'état, est plutôt de bon aloi. Cet arcane m'évoque également un possible bras de fer à venir.

L'arcane 4 (l'Empereur) en position D, matérialise notre consultant. Il apparaît bien présent dans l'ici et maintenant. À première vue, cet arcane m'évoque une stabilité socioprofessionnelle vectrice de revenus réguliers. Je suppute donc que sa situation actuelle, aussi difficile puisse-t-elle être, n'est pas irréversible. Sachant pertinemment que l'Empereur incarne aussi un homme puissant, je n'écarte pas la possibilité qu'un personnage influent agisse au mieux de ses intérêts.

L'arcane 10 (la Roue de Fortune) placé en E augure de remboursements de crédits. J'ai l'intime conviction que le consultant a contracté un ou plusieurs crédits à la consommation (10), et qu'il est aujourd'hui dans une spirale (10) infernale qui l'oblige à la plus grande prudence en matière budgétaire.

MON INTERPRÉTATION. En inspectant scrupuleusement les angles morts de ce tirage en croix je comprends que la situation financière d'Yvan est bien plus grave que je ne l'avais imaginé. Je m'explique : l'angle mort du passé m'évoque une situation de surendettement (13) qui dure depuis longtemps (9). Je vois d'emblée des arriérés (9) de dettes (13) intimement liés à des crédits *revolving* (10). Je soupçonne également que cette spirale (10) infernale (13) est entretenue par le prélèvement (10) systématique d'agios (13) sur les impayés. La présence du Pape sur l'un des trinômes du passé me porte à penser que cinq (5) crédits (10) sont à l'origine des dettes (13) contractées par Yvan (4). Par ailleurs, ce Pape me parle surtout d'un agent (5) chargé de recouvrer les créances (13). En relevant la tête, je note avec stupeur la moue tragique de mon interlocuteur qui, je devine, a lu mes inquiétudes sur mon visage. Je procède alors à un premier état des lieux qui, selon ses déclarations, fait en tout point écho à son histoire. En promenant mon regard sur l'angle mort du présent immédiat, je demeure sceptique quant à une résolution amiable (5) de ses problèmes. Je relève en effet la présence d'un conseiller (5) fiscal (15), voire d'un inspecteur (5) du fisc (15) sur l'un des trinômes ; je crains alors le pire. Je me dis qu'Yvan est peut-être sous le coup d'un redressement fiscal. Une chose est sûre, les impôts sont concernés par ses créances. À la lumière des arcanes composant l'angle mort du présent, je comprends que le consultant (4) agit sur les événements. Il tente de trouver une solution amiable (5) ou de regrouper (5) ses crédits (10). Étant donné que l'Empereur m'évoque une situation socioprofessionnelle sécurisante, je devine que le montant de ses crédits est probablement très élevé, et que ses revenus ne suffisent plus à endiguer cette hémorragie. La présence du Soleil en opposition confirme mes intuitions, et me porte à penser qu'aucune partie ne parvient à tomber d'accord (19 en B) sur les modalités de remboursements. Je me demande aussi jusqu'à quel point cette situation impacte la vie familiale (19) d'Yvan. Son couple semble en péril (19 en B). En scrutant davantage ce présent, je me rends vite compte que l'arcane 15 jouxte le Soleil, et que ce binôme matérialise fréquemment les établissements bancaires. Je soupçonne alors que le désaccord (19 en B) dont il est question se situe principalement entre lui et sa banque (19). Je suis au regret de constater que sa situation économique ne s'améliore pas dans le futur proche. En effet, la conjonction des arcanes 10 et 13 m'indique, au contraire, que ses dettes n'ont pas encore été apurées. Je pense qu'un courrier (3) de relance (10) lui a même été envoyé, et que cette lettre est vraisemblablement à l'origine du bras de fer (11) qui semble s'engager dans le futur à moyen terme. Je suppose également que l'Impératrice représente sa concubine, voire une femme avec laquelle Yvan est entré en conflit (13). Je ne suis pas très optimiste face à cette situation qui m'apparaît lui échapper. En parcourant l'angle du futur plus lointain, je m'aperçois néanmoins que les arcanes ne sont pas aussi chargés en polarités négatives que les précédentes. Certes, ils demeurent assez ternes au niveau des couleurs, mais la situation semble se décanter légèrement. Je constate que le consultant va prendre les choses en main (11) en saisissant (11) une commission (20) chargée d'étudier (9) un échéancier (9) ou un plan d'apurement de la dette. Il est possible que cette instance soit présidée par une femme (3). Je subodore que l'Impératrice est, en réalité, une juriste (20), car le binôme 3 + 20 m'évoque des écrits (3) juridiques (20). Je prends soin d'analyser les cartes entourant le Jugement, car je sais par ailleurs que cet arcane annonce très souvent des imprévus de nature à changer la donne de départ. Je vois seulement qu'une femme (3) va agir sur cette commission (20) et qu'il y aura une véritable analyse (9) de la situation. Fort de mes observations, je prédis à Yvan un futur à court et moyen terme émaillé d'incidents de paiements et de conflits liés à ses dettes, mais je lui dis aussi que son action (11) sera favorable au terme d'une procédure (20) de longue haleine (9). Au niveau des dates, je devine des pourparlers (20) pour fin (9) novembre (11), à l'issue desquels j'imagine un échelonnement de la dette sur au moins trois ans (3).

Je demande enfin à Yvan de bien vouloir recouvrir ces cinq arcanes de cinq autres lames de tarot de manière à étoffer mon interprétation. J'obtiens donc les cinq paires de binômes suivants :

Le binôme 9 + 8 positionné en A me parle littéralement d'analyse (9) comptable (8). L'alchimie de ces deux arcanes m'évoque essentiellement une recherche (9) d'équilibre (8). À la lumière de ces éléments, je pressens que le consultant a la sagesse de l'épargnant, le sens des économies, et que les petits moyens dont il dispose l'obligent à la plus grande prudence en matière de dépenses.

Le binôme 19 + 15 positionné en B augure presque systématiquement d'un imbroglio avec sa banque. En dépit de son allure pondérée, je continue de croire que le consultant a joué à la cigale en dépensant des sommes astronomiques (15) dans des articles de luxe (19), des achats compulsifs qui ont sans nul doute grevé son budget.

Le binôme 11 + 20 positionné en C me conforte dans l'idée que le consultant va se retrouver au centre d'un bras de fer (11) juridique (20). J'ai l'intime conviction que l'arcane 20 représente ici une commission qui va statuer sur sa situation financière. Je suppute qu'il s'agit vraisemblablement de la commission de surendettement de la Banque de France.

Le binôme 4 + 5 positionné en D représente deux personnages masculins côte à côte. Le fait qu'ils se tournent le dos me dit qu'ils ne sont pas forcément sur la même longueur d'ondes. Je devine qu'il s'agit du consultant (4) et d'un homme plus âgé auprès duquel il prend conseil (5). Je soupçonne que cette présence pontificale retranscrit, en réalité, une tentative de médiation (5).

Le binôme 10 + 13 positionné en E exprime sans ambages une situation financière difficile. En matière fiscale, l'arcane 13 symbolise sinon les dettes, tout au moins une période d'austérité budgétaire. Avec ce binôme sur l'axe central d'un tirage sur les finances, Yvan est bel et bien entré dans la spirale (10) du surendettement (13). Yvan a très certainement souscrit des crédits à la consommation (10) qui ont généré d'importants débits (13) sur son compte en banque.

RETOUR D'EXPÉRIENCE. Yvan revint vers moi un an après notre consultation pour me faire part de son actualité. Sa situation commençait à se décanter depuis peu. Il m'expliqua avoir contracté cinq crédits à la consommation (10), dont un très important auprès de *Cofinoga* pour l'achat d'une voiture flambant neuve et d'une alliance (19) pour sa future épouse. Il m'avoua que l'administration fiscale (15) venait juste de le rappeler à l'ordre, car il présentait une dette d'impôts fonciers (15) ainsi que d'importantes pénalités liées à des retards de paiement. Il tenta de regrouper (5) ses crédits (10), mais s'était vu opposer des refus par les différents établissements bancaires (19 + 15 en B). Qui plus est, Yvan m'expliqua que les intérêts ainsi que les agios avaient littéralement fait exploser le montant de sa créance. C'est alors que, en désespoir de cause, il se décida à saisir la Banque de France afin de trouver une solution à son surendettement, ses revenus ne lui permettant plus de faire face à son taux de surendettement. Son premier recours (5) avait été rejeté (13) par la commission (20) de surendettement (13) de la Banque de France un mois avant notre rendez-vous, son principal créancier s'étant farouchement opposé à sa procédure. Peu après ce premier refus, Yvan parvint à apurer deux crédits sur cinq en empruntant de l'argent à son beau-père (5). Fort de cette nouvelle donne, Yvan décida, avec le soutien d'une avocate que sa concubine lui présenta, de saisir de nouveau cette commission de surendettement, soit six mois après notre entrevue. En octobre 2012, il bénéficia d'une décision de principe sur la recevabilité de son dossier. À l'issue d'un véritable bras de fer entre la commission et son avocate, un échéancier (9) de deux ans a été décrété en fonction de ses revenus et de sa capacité de remboursement. Il rembourse aujourd'hui ses trois créanciers ainsi que les Impôts. Il me dit être soulagé, mais pas totalement serein, et cependant me garantit qu'il n'est pas près de contracter de nouveaux crédits à la consommation.

3) AMOUR

a) Comment va évoluer mon couple ?

Sabine me consulte pour la première fois en septembre 2012. Elle souhaite connaître son avenir amoureux, et plus spécifiquement l'évolution de son couple. Après avoir brassé pêle-mêle les 22 arcanes majeurs devant moi, je lui demande de choisir cinq lames que je dispose de la manière suivante :

Je commence par m'imprégner du tirage en le balayant du regard.

Je constate aussitôt que ce tirage est harmonieux et présente une jolie couleur d'ensemble. Les arcanes 19 et 6 me parlent d'amour et de séduction. Ils apportent de la gaieté ainsi qu'une grande luminosité à ce tirage en croix, tandis que la conjonction des arcanes 7 et 11 exprime une véritable volonté (11) d'aller de l'avant (7), de se projeter dans le futur. À l'exception de l'Empereur, qui m'évoque d'emblée un mari récalcitrant, voire potentiellement autoritaire, je demeure plutôt optimiste quant aux perspectives d'évolution de son couple. Fort de ce premier constat, je me lance dans la lecture des angles morts afin d'étoffer mon interprétation. Après calcul, j'obtiens le schéma suivant :

Je prends soin d'analyser les cinq cartes choisies par Sabine en fonction de leurs positions respectives dans le jeu avant de livrer mon interprétation.

L'arcane 19 (le Soleil) en position A m'évoque spontanément l'image d'un couple soudé, aimant, une histoire d'amour mue par des sentiments nobles payés de réciprocité. Le Soleil étant par ailleurs l'arcane emblématique du couple, je devine donc que Sabine tient énormément à son couple et cherche à tout prix à en préserver l'unité. À en juger par ce beau Soleil radieux, tout semble indiquer que Sabine et son concubin baignent dans le bonheur.

L'arcane 4 (l'Empereur) en position B m'apparaît ici en bien mauvaise posture. Le simple fait que cette figure emblématique du pouvoir se présente en B m'évoque un excès d'autoritarisme ou, à l'inverse, un individu dont l'autorité est contestée jusque dans sa famille. Je devine qu'il existe un rapport de force insidieux au sein de leur couple. J'ai, en effet, le drôle de sentiment que cet homme mature en pleine possession de ses moyens peine, pourtant, à trouver sa place ou à s'affirmer. En l'espèce, Il me semble que cet « empereur déchu » trahisse surtout un sentiment d'insécurité et d'inconfort.

L'arcane 7 (le Chariot) en position C me parle d'une continuité dans l'évolution du couple, et exprime de surcroît leur envie d'avancer et de cheminer ensemble. On y voit donc un couple qui se projette dans l'avenir. Hormis l'Empereur, que je soupçonne être le concubin de Sabine, je relève, à titre indicatif, que le Chariot représente le deuxième homme du tirage, généralement un jeune trentenaire. À ce stade je m'interroge réellement sur l'existence d'un autre homme dans la vie de Sabine.

L'arcane 6 (l'Amoureux) en position D matérialise un présent affectif dominé par les angoisses à peine feintes de la consultante. Je suppose, a priori, que Sabine nourrit de sérieux doutes sur la nature des sentiments de son conjoint. Elle me semble devant un choix cornélien. La présence de cet arcane augure aussi de la rencontre d'une tierce personne.

L'arcane 11 (la Force) en position E trahit une forme d'impatience de la part de Sabine. Elle a la ferme intention (11) d'aller de l'avant (7). Cet arcane est le signe qu'il existe une bonne énergie au sein du couple. Cette force qui fait face à l'Empereur confirme néanmoins une relation ponctuée de rapport de force entre les deux partenaires.

MON INTERPRÉTATION. En balayant l'angle mort du passé, j'observe d'emblée que le couple a déménagé récemment. Je relève la présence du trinôme 11 + 7 + 18 qui relate cette volonté (11) qu'ils ont manifestée de changer (7) de domicile (18). La présence du Chariot, qui préside aux déplacements terrestres, augure souvent d'un changement de lieu de vie, notamment lorsqu'il se tient à proximité de la Lune, l'arcane emblématique du foyer. Rappelons, par la même occasion, que l'arcane 11 matérialise les déménageurs (cf. chapitre 1), et le binôme 11 + 18, les déménagements (cf. *Guide d'interprétation des 462 binômes*). Je pense donc que Sabine vit depuis peu avec son concubin et qu'ils veulent (11) changer (7) de logement (18). En poussant l'analyse de cet angle mort, on y voit aussi un jeune trentenaire (7) en couple (19) qui souhaite (11) habiter (18) avec sa partenaire (19). Ils ont de toute évidence l'intention (11) de fonder un foyer (18). À ce stade, je constate avec allégresse que le passé du couple n'aurait pas pu être sous de meilleurs auspices. Je fais part de mes premières impressions à Sabine avant de m'aventurer sur son présent affectif. Elle me confirme aussitôt avoir demandé à Thierry, son concubin, de venir vivre chez elle, il y a deux mois de cela. Fort de ce retour quasi instantané, je décide de partir à la conquête de son actualité amoureuse. Je me rends vite compte que Sabine est confrontée à un choix affectif (6), elle semble confuse sur la nature de ses sentiments. L'arcane 6 qui apparaît dans son présent immédiat marque un temps d'hésitation (6), comme pour s'assurer que l'on fait le bon choix (6). Bien que j'aie l'intime conviction que ses sentiments amoureux (6) ont évolué (10) de manière empirique vers une plus grande ouverture (21), impression qui m'est confirmée par la présence du binôme 11 + 6 à la verticale, celui-ci m'évoquant de puissants (11) sentiments amoureux (6) ; je vois néanmoins se dessiner un tout autre scénario au fur et à mesure que je scrute l'angle mort du présent. En effet, à y regarder de plus près, le trinôme 6 + 10 + 4 me parle littéralement du retour (10) d'un amoureux (6), un homme mûr (4), que je devine étranger ou vivant à l'étranger (21). Je livre mes nouvelles observations à Sabine, qui esquisse un sourire teinté de gêne. Devant son embarras, je me sens obligé de lui rappeler que je ne suis pas là pour juger mes clients. Je demeure convaincu que cette situation alambiquée vient semer le doute (6) sur l'authenticité des sentiments que Sabine porte à son compagnon actuel. Le fait que l'Empereur soit placé en négatif me fait penser que le retour (10) de cet homme (4) n'est pas forcément souhaité. Je comprends alors que l'Empereur matérialise un ex-petit ami, tandis que le Chariot incarne le concubin de Sabine. Je rappelle, à titre indicatif, que l'Amoureux parle surtout d'amitié, de séduction ou de légèreté amoureuse, mais rarement de noblesse de cœur, un privilège qui appartient à l'arcane 19, celui-là même que l'on aperçoit à deux reprises dans le futur plus lointain de Sabine. En me penchant sur son futur proche, je m'aperçois que Sabine souhaite (11) poursuivre (7) sa relation actuelle avec Thierry. Si la présence du Mat m'évoque toutefois un amoureux éconduit (22), j'observe également que la consultante est animée d'une farouche volonté (11) d'aller de l'avant (22) et de poursuivre sa route (7). En naviguant dans le futur plus lointain, je relève la présence du trinôme 11 + 19 + 8, qui me renseigne sur les intentions de Sabine et Thierry, ceux-ci souhaitant (11) donner une légitimité (8) à leur couple (19). Je suppose que nos deux tourtereaux ont donc décidé de convoler en justes noces. Après une période de flottement et d'hésitation je constate avec joie que leur relation s'achemine (7) inéluctablement vers une reconnaissance (19) officielle (8) de leur amour (19). Je ne résiste pas à l'idée d'annoncer à Sabine que j'entrevois un futur mariage et deux enfants à la clé. Je date la cérémonie en été (19), et plus précisément en août (8). La présence répétée de l'arcane 19, arcane emblématique des enfants et de la famille, matérialise de surcroît une ou plusieurs grossesses. Je conclus mon interprétation en précisant à Sabine que ses inquiétudes vont s'estomper dans les prochains six mois, et qu'elle va former une famille heureuse avec Thierry, son futur fiancé.

Enfin, je demande à Sabine de recouvrir ces arcanes de cinq autres lames de tarot afin d'obtenir cinq nouvelles paires de binômes réparties de la sorte :

Le binôme 19 + 9 positionné en A m'évoque une relation de couple (19) qui s'inscrit dans la durée (9). Je remarque que Sabine est en quête (9) d'une histoire d'amour (19) durable (9). Je présume que Sabine aimerait également avoir des enfants (19) afin d'assurer sa descendance (9).

Le binôme 4 + 1 positionné en B matérialise une problématique liée à un homme (4) avec un enfant (1). Je suppose que cette figure paternelle est à l'origine des angoisses de Sabine. Paradoxalement, placé à cet endroit, ce binôme trahit souvent une peur de la paternité ou de s'assumer en tant que père. Je présume que son compagnon actuel appréhende de devenir papa.

Le binôme 7 + 5 en position C augure d'une relation qui va gagner (7) en sérieux (5) et en maturité (5). La conjonction de ces deux arcanes m'évoque aussitôt un projet (7) de mariage (5), une histoire d'amour qui tend à se sacraliser (5). L'arcane 5 apporte de la paix et une forme de bénédiction à leur union.

Le binôme 6 + 14 en position D me parle spontanément d'échanges et de contacts téléphoniques (14) avec une tierce personne, de toute évidence un séducteur ou un soupirant (6). Je note un climat propice à la séduction (6) et au farniente (14). Je subodore que Sabine joue le jeu de la séduction.

Le binôme 11 + 22 positionné en E me confirme d'entrée de jeu que la consultante souhaite (11) avancer (22) dans sa relation amoureuse. Ce binôme m'évoque par ailleurs une volonté (11) de mettre quelqu'un en fuite (22) ou de chasser (22) une personne de son existence avec force (11).

RETOUR D'EXPÉRIENCE. Sabine me téléphona un an après notre première rencontre pour me faire part de son actualité amoureuse. Sabine me remémora la consultation : David, son ex-compagnon avec lequel elle était restée trois ans, avait réapparu (10) dans sa sphère amicale (6). Il tentait alors de la relancer (10) et ne cessait de la harceler au téléphone (14) depuis que Thierry, son nouveau concubin, avait décidé d'emménager chez elle. Elle était tétanisée à l'idée que ce dernier puisse le découvrir. David, qui était alors âgé de quarante ans (4), avait déjà un enfant de 6 ans (1) d'une précédente union, et même si elle avait encore beaucoup d'affection (6) pour lui, elle n'en était plus amoureuse. Elle m'avoua volontiers avoir douté (6) un instant de ses sentiments envers son nouvel ami. Elle dut faire preuve de fermeté (11) et éconduire (22) David avant de reprendre le fil de son histoire avec Thierry. Elle traversa ensuite une période de déprime (22), qui dura approximativement trois mois. Puis, un soir de début janvier, Thierry lui confia vouloir officialiser (8) leur union. Elle m'indiqua s'être finalement pacsée (19+8) avec Thierry cet été (19), et elle attend aujourd'hui un heureux événement. Pourtant, elle confessa avoir eu de sérieux doutes (6) concernant l'engagement de son concubin qui, à l'époque, appréhendait énormément le fait de devenir papa (4+1 en B), un sujet qui fut à l'origine de nombreuses prises de bec (11).

b) Vais-je faire une rencontre amoureuse cette année ?

Élodie, 25 ans, est venue me consulter au printemps 2013. Elle se sent seule et déprimée et souhaiterait rencontrer le « grand amour », pour reprendre ses propos. Je me propose donc de répondre à sa question et lui demande de tirer cinq arcanes majeurs que je dispose de la sorte :

Je commence par « scanner » le tirage d'Élodie en le balayant du regard.

Une harmonie d'ensemble se dégage rapidement de ce tirage en croix. Hormis la « noirceur » de l'Arcane sans Nom (13), qui retranscrit son mal-être actuel et sa solitude de cœur, les autres arcanes sont plutôt lumineux. Néanmoins, je me rends compte que l'arcane 19, l'arcane emblématique du couple, est elle-même mal aspecté, ce qui me confirme que la consultante n'a pas encore rencontré son alter ego. L'iconographie du Bateleur, juché en haut de ce tirage, augure de la rencontre d'un jeune homme, et pourrait être le point de départ d'une nouvelle idylle.

Afin d'y voir plus clair, je pars aussitôt à la conquête des quatre angles morts. J'obtiens alors le schéma ci-après :

Afin d'exprimer toute la quintessence de ce tirage, je décide d'analyser chacun des arcanes choisis en fonction de leurs positions respectives :

L'arcane 14 (Tempérance) en A me présente Élodie comme une jeune femme douce et agréable qui aspire à trouver l'harmonie dans ses rapports à autrui et, a fortiori, dans sa vie amoureuse. Tempérance me donne l'image d'une personne sociable et accueillante qui se lie facilement d'amitié. D'un naturel jovial, je me dis que la consultante devrait faire la connaissance d'un jeune homme sans trop de difficultés.

L'arcane 19 (le Soleil) en B me parle indifféremment d'un couple mal assorti ou de la difficulté à se projeter dans une véritable configuration de couple. Le fait que cet arcane emblématique de la famille soit ainsi placé me conforte dans l'idée que la consultante n'a pas encore croisé le chemin de l'âme sœur.

L'arcane 1 (le Bateleur) en C, est une aubaine dans la mesure où il présage d'un nouveau départ. Dans le contexte qui est le nôtre, il m'annonce la rencontre d'un jeune homme dans la tranche d'âge de la consultante.

L'arcane 13 (l'Arcane sans Nom) en D matérialise les affres d'une rupture amoureuse. Il me semble évident que le présent affectif d'Élodie est marqué par les stigmates d'une récente séparation. Elle pourrait ne pas avoir fait le deuil de sa dernière relation amoureuse.

L'arcane 4 (l'Empereur) en E exprime l'état d'esprit d'Élodie, et notamment le besoin inavoué de se poser dans une relation stable et sécurisante. De toute évidence, la consultante cherche à construire une relation solide, avec un conjoint mature et protecteur qui a l'ossature d'un chef de famille.

MON INTERPRÉTATION. En scrutant l'angle mort du passé, je vois clairement que la jeune femme a vécu une séparation (13) douloureuse dans son passé (9). Deux grilles de lecture s'imposent spontanément à ma conscience. Si je constate d'entrée de jeu une ancienne (9) rupture (13), je devine aussi le décès (13) passé (9) de son père (4). Au fur et à mesure que je lui narre son histoire, je lis la détresse sur le visage de la jeune femme. La présence répétée de l'Arcane sans Nom dans le présent immédiat m'indique que la consultante traverse toujours une phase dépressionnaire (13), je me dois donc d'être extrêmement pédagogue et vigilant dans le choix des mots. Élodie m'interrompt et me fait savoir qu'elle souhaite tourner la page (13) de ce drame familial et renaître à la vie. Bien que la présence de l'Hermite au sein du trinôme 4 + 9 + 5 soit, certes, un clin d'œil aux réminiscences passées, celui-ci m'évoque surtout la recherche (9) d'une union (5) durable (9) et constructive (4), la priorité d'Élodie, à en croire ses propos. En l'occurrence, l'Hermite me parle davantage de la quête (9) d'un homme (4) mature (5), comme si Élodie recherchait (9) à la fois un mari (5) et un père (4) pour ses futurs enfants. Au fil de mon analyse, je me rends compte que le futur d'Élodie s'annonce prometteur. En effet, l'angle mort du futur proche me livre rapidement tous ses secrets. Je constate tout d'abord la présence réconfortante de l'Amoureux au centre du trinôme 4 + 6 + 20, un signe avant-coureur d'un mieux-être affectif. Ce trinôme m'évoque spontanément une correspondance (20) amoureuse (6) avec un homme mûr (4). En décryptant cette combinaison, j'observe que l'arcane emblématique de l'Internet (20) campe aux abords de notre Amoureux (6). J'en déduis aussitôt que la consultante ira consulter des sites (20) de rencontre (6) en ligne très prochainement. Je relève des contacts amoureux (6) sur la Toile (20) avec la gent masculine (4). À en juger par la position de l'arcane 19, qui parle d'amour avec un grand « A », il semblerait qu'Élodie ne soit pas encore parvenue à débusquer le grand amour (19). Cependant, je note que le Bateleur chapeaute le tirage d'Élodie, celui-ci m'évoquant l'image d'un jeune homme d'une vingtaine d'années. Je subodore que l'arrivée de ce petit ami sera le point de départ d'un renouveau dans la vie affective de la consultante. On voit que la jeune femme échange sur Internet (20) avec son nouvel (1) amoureux (6). En remontant le futur plus lointain, je comprends que la consultante tombera très vite sous le charme ensorcelant (15) de son nouveau petit ami (1). Le binôme 15 + 19 me parle en effet d'une attirance quasi magnétique (15), d'une passion dévorante entre deux amants qui, de surcroît, m'apparaissent comme fusionnels (19). Le trinôme 1 + 15 + 14 m'évoque de nouveaux (1) échanges (14) intimes (15) à venir. Je constate avec allégresse que l'arcane 19, qui alors était mal aspecté, rejaillit dans l'angle mort du futur lointain sous de bien meilleurs auspices. Ce rayon de soleil (19) matérialise sans nul doute son futur couple. Enfin, en scrutant l'horizon de son futur plus lointain, je ne distingue aucun nuage de nature à perturber ce nouvel équilibre. Je décide alors de lui livrer mes dernières impressions. Je lui dis qu'elle rencontrera un gentil garçon dans ses âges et que son cœur s'embrasera de nouveau, car l'amour frappera à sa porte au cours de l'été. Je lui prédis un jeune homme d'origine musulmane, qu'elle rencontrera fort probablement sur un chat ou sur un site de rencontre pour célibataires. Je lui avoue ne pas savoir avec certitude si cet homme est l'homme de sa vie, mais les tarots ne me parlent pas de rupture dans le futur plus lointain, sachant que je fais des projections sur deux ans maximum.

Afin de peaufiner mon analyse, je demande à Élodie de bien vouloir recouvrir son tirage initial de cinq autres arcanes majeurs. J'obtiens alors cinq paires de binômes qui se présentent de la manière suivante :

Le binôme 14 + 8 en position A accrédite la thèse selon laquelle Élodie a un besoin absolu d'équilibre dans sa vie privée. Ce binôme trahit une personnalité pondérée et conciliante qui envisage néanmoins un mariage à terme.

Le binôme 19 + 10 en position B m'informe que l'opportunité (10) de former un couple d'amoureux transis (19) ne s'est pas encore présentée. La conjoncture ne lui est pas favorable, du moins pour le moment. Le Soleil représentant l'été, je suppose qu'il n'y aura pas de scoop avant cette période, et que la rencontre se produira vraisemblablement au cours (10) de la saison estivale (19).

Le binôme 1 + 6 en position C symbolise cette nouvelle rencontre amoureuse tant espérée. On pourrait traduire mot à mot par « un nouvel (1) amoureux (6) ». La conjonction de ces deux arcanes majeurs apporte un vent de fraîcheur et de séduction qui vient égayer le quotidien amoureux de la consultante. Sans parler de noblesse de cœur, pour autant ce binôme décrit un renouveau affectif vécu dans l'insouciance de la jeunesse.

Le binôme 13 + 9 en position D me parle littéralement d'une rupture (13) passée (9). Je vois donc une consultante qui peine à faire le deuil de cette ancienne relation. Le présent immédiat retranscrit principalement ce traumatisme et confirme mon diagnostic de départ.

Le binôme 4 + 2 en position E m'évoque un homme phagocyté par sa mère. À en juger par la présence de la Papesse, qui matérialise fréquemment la religion musulmane en raison de sa tenue vestimentaire, je ne serais pas surpris outre mesure que ce jeune homme ait des origines moyen-orientales.

RETOUR D'EXPÉRIENCE. Aux dernières nouvelles, Élodie vie une passion dévorante (15) avec son petit ami marocain (2), Samir, qu'elle a rencontré sur le Web, sur un site (20) de sorties (6) en ligne, en août (19) de la même année. Elle reprend goût à la vie et profite de chaque instant. Il lui a fait oublier son chagrin (13) passé (9). Elle a promis de me faire un compte rendu détaillé sur l'évolution de sa relation d'ici un an. Je suis très content pour elle. Espérons que leur amour perdure...

4) SANTÉ

a) Comment va évoluer ma santé ?

Monique, 68 ans, est venue me consulter en janvier 2013 pour faire le point sur son état de santé. Je lui demande aussitôt de choisir cinq arcanes majeurs que je dispose selon le schéma suivant :

Je procède à une première lecture d'ensemble en balayant le tirage du regard.

Je trouve le tirage de Monique très mitigé, les couleurs n'étant pas particulièrement flamboyantes. Je note d'emblée la présence de la Papesse, qui me fait penser immédiatement à la consultante, une femme d'âge mûr. L'arcane 12, l'arcane emblématique de la santé, augure d'un dysfonctionnement quelconque à court et moyen terme. L'Hermite, en opposition, exprime une carence ou une baisse de vitalité. Enfin, la Maison-Dieu, qui symbolise les urgences médicales, m'apparaît dans son présent, celle-ci m'évoquant spontanément une chute ou une fracture. N'étant pas un professionnel de la santé, je pars à la conquête des angles morts afin de poser mon « diagnostic ». Après calcul des trinômes, j'obtiens le tirage en croix suivant :

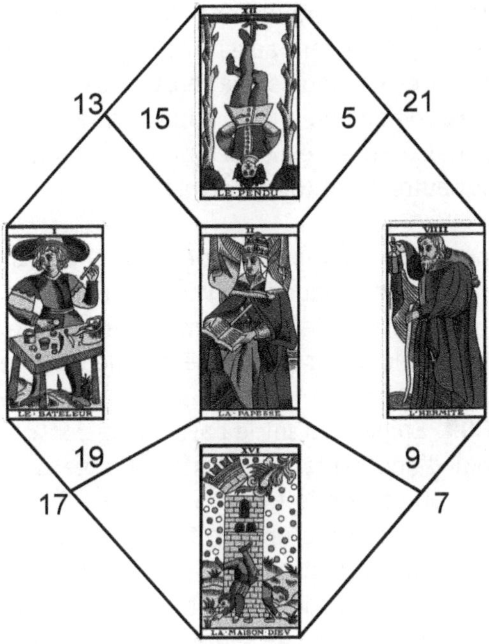

Je décide d'analyser les cinq arcanes majeurs sélectionnés par Monique selon leurs positions respectives dans le tirage en croix.

L'arcane 1 (le Bateleur) en position A me dépeint une consultante dynamique, qui ne présente pas, a priori, de problèmes de santé majeurs.

L'arcane 9 (l'Hermite) en position B me fait part d'une carence, d'un manque quelconque. Symbolisant le vieillissement du corps, cet arcane m'évoque tout naturellement les névralgies liées aux affres du temps qui passe. Je devine donc que Monique présente une insuffisance liée à son âge ou à son hérédité (9). Seule la combinaison de cet arcane à un autre me permettra d'identifier avec exactitude ce dont souffre la consultante.

L'arcane 12 (le Pendu) en position C augure d'un blocage à venir. Arcane emblématique de la santé, le Pendu apparaît principalement dans les problématiques associées aux membres inférieurs et aux ligaments. Sa présence présage ici d'examens médicaux ou d'une potentielle immobilité.

L'arcane 16 (la Maison-Dieu) en position D me parle tout d'abord d'une chute. Arcane emblématique des urgences médicales, la Maison-Dieu retranscrit tous les traumas impliquant des fractures ou de sérieuses lésions. Par extension, il intervient aussi très régulièrement dans les soucis de colonne vertébrale et de décalcification osseuse. Je soupçonne sinon une chute, au moins des douleurs post-traumatiques associées à un choc. Je précise que la Maison-Dieu évoque tantôt une chute physique, tantôt une chute d'un tout autre ordre (de glycémie...).

L'arcane 2 (la Papesse) en position E fait écho à la consultante. Toutefois, la Papesse et son livre m'évoquent davantage une doctoresse qui pose un diagnostic ou qui prescrit des examens médicaux. Je suppose que le médecin traitant de Monique est une dame proche de la retraite.

MON INTERPRÉTATION. En parcourant le passé de la consultante, je constate que Monique a joui d'une santé florissante. Je note d'entrée de jeu que l'arcane 19 apparaît au centre du trinôme 2 + 19 + 17, ce qui me porte à croire qu'elle bénéficie a priori d'un bon tonus (1) cardio-vasculaire (19). L'angle mort du passé me parle donc d'une dame (2) en forme (19) et bien dans sa peau (17). Sauf erreur de ma part, rien de son historique médical ne me permet de déceler un souci de santé majeur. Pourtant, je suis troublé par la présence de la Maison-Dieu dans son présent. On dirait que cette sérénité (17) d'antan est soudainement mise à rude épreuve (16). Je ne crois pas qu'il s'agisse uniquement de son stress, le simple fait de venir me consulter à ce sujet me dit qu'il y a forcément un souci. Je devine des vertiges ou des douleurs consécutives à une chute récente. Outre les urgences médicales, je sais pertinemment que la Maison-Dieu matérialise les douleurs dorsales, les névralgies coccygiennes et les polytraumatismes associés aux chutes. Sachant que la Maison-Dieu symbolise aussi le cartilage et la masse osseuse, je présume que celle-ci souffre très certainement de décalcification osseuse ou d'ostéoporose. S'agissant des os, je crains aussi la présence d'arthrose rhumatismale. Je décide de scruter l'angle mort du présent afin de lever toute ambiguïté sur son état de santé. Le trinôme 2 + 9 + 7 m'évoque spontanément une baisse (9) de mobilité (7). Je soupçonne qu'une chute (16) a été à l'origine de sa perte (9) de vélocité (7). Aux abords de la Maison-Dieu, le Chariot matérialise fréquemment les douleurs au niveau du bassin. À en juger par le trinôme 2 + 9 + 7, je crois que la consultante est sur le point de se rendre (7) chez son médecin (2) rhumatologue (9). Interloqué par son présent, je demande à Monique si elle a eu des vertiges ou des étourdissements dernièrement, ce à quoi elle m'indique être tombée chez elle avant-hier. Elle me confirme avoir très mal à la hanche depuis deux jours si bien qu'elle était sur le point d'annuler notre séance. Elle m'indique avoir en effet un rendez-vous de rhumatologie dans une petite semaine (ce que je considère encore comme du présent). Dès lors, Je comprends que Monique a probablement subi un traumatisme au niveau du bassin. En poursuivant mon analyse dans le futur proche, je relève d'emblée des examens (2) de santé dans un cabinet (5) d'analyses (9) médicales (12). Qui plus est, le trinôme 2 + 5 + 21 me parle d'un centre (21) de radiologie (2+5). En effet, le binôme 2 + 5 représente communément les radiologues, ceux qui lisent (2) et commentent (5) les clichés. La Papesse offre ici une double grille de lecture : elle matérialise Monique, au même titre qu'elle représente les examens (en référence au livre qu'elle tient sur les genoux). Le Pendu qui couronne ce tirage augure d'une immobilisation prochaine, voire d'une convalescence imposée par les circonstances. Il apparaît très souvent chez les sujets qui sont tenus de rester alités. Arcane emblématique de la santé, le Pendu présage sinon d'un dysfonctionnement, d'un problème de santé handicapant. Son graphisme évoque traditionnellement les pathologies associées aux jambes ou au bas du dos (cf. chapitre I). La lecture du futur plus lointain confirme mes craintes de départ. Je suis convaincu que Monique va devoir se faire opérer ou subir une chirurgie. En effet, je relève la présence du binôme 13 + 1 sur l'un des deux trinômes formant l'angle mort du futur lointain. Ce binôme matérialise un bloc (1) opératoire (13). Dès lors, je comprends que ce blocage (12) va nécessiter une intervention (1) chirurgicale (13). Je relève de surcroît des douleurs (15) osseuses (13) chez la consultante (2). Il s'agit vraisemblablement d'une opération (13) de la hanche ou du genou (15). À l'instar du Pendu, le Diable m'évoque le port de bas de contention, ce qui tend à confirmer une pathologie liée aux jambes. En observant uniquement l'iconographie des lames en action, je remarque aussi que le Bateleur se tient debout devant une table sur laquelle se trouve, entre autres, un couteau, l'Arcane sans Nom est armé d'une faux tandis que le Diable brandit une épée. Toute cette imagerie « guerrière » fait bien évidemment écho au scalpel utilisé par le chirurgien. J'annonce à Monique toute une batterie d'examens, et notamment des radios, puis une future opération dans un service d'orthopédie. En revanche, je ne suis pas certain qu'il existe une relation de causalité entre sa chute présente et cette opération à venir. Je l'encourage à consulter son médecin traitant de toute urgence et de ne pas rester comme ça.

Afin de peaufiner mon analyse, je demande à Monique de recouvrir son tirage de cinq arcanes supplémentaires. Cette nouvelle donne me permet d'obtenir les cinq paires de binômes suivants :

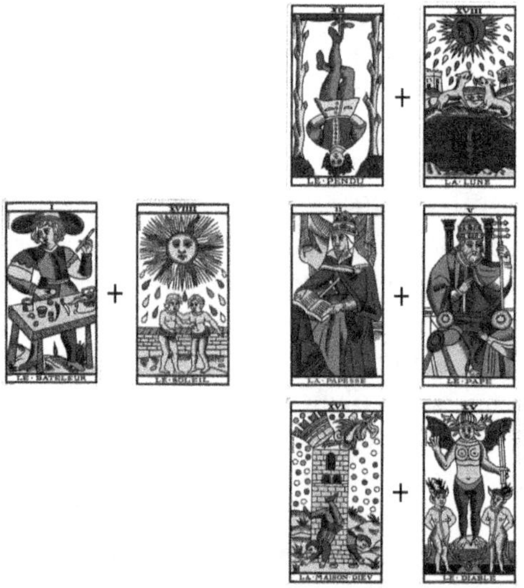

Le binôme 1 + 19 en position A me révèle une consultante tonique. Je devine que Monique s'entretient régulièrement, grâce à la pratique d'une activité (1) sportive (19). L'arcane 19 m'évoque des cours d'aérobic ou de danse. Quels que soient les secrets de sa forme actuelle, ce binôme est le reflet d'une bonne vitalité.

Le binôme 9 + 20 placé en B me dévoile une déficience (9) auditive (20). Je devine que Monique souffre d'une baisse (9) d'audition (20) qui serait peut-être à l'origine de vertiges ou d'une chute.

Le binôme 12 + 18 en position C matérialise les hôpitaux. On le traduit mot à mot par la maison (18) de la santé (12). Il m'est donc désormais possible d'affirmer que la consultante sera bientôt hospitalisée pour y suivre des examens.

Le binôme 16 + 15 en position D me parle d'emblée d'une chute (16) douloureuse (15). Le Diable m'évoque surtout de vives douleurs et la Maison-Dieu me fait penser au cartilage ou à la masse osseuse. Je soupçonne une ostéoporose naissante ou des soucis liés à une décalcification osseuse. Je sais également que l'arcane 15 apparaît essentiellement dans les traumatismes associés aux hanches, aux genoux, à la thyroïde et aux pathologies intra-utérines. À la lueur des éléments constatés, je diagnostique un problème de hanche ou de bassin.

Le binôme 2 + 5 en position E incarne les radiologues. Il m'évoque spontanément des consultations médicales auprès de spécialistes, en l'occurrence un homme (5) et une femme (2). Je pense aussi à Monique (2) qui consulte son médecin traitant (5). Quoi qu'il en soit, ce binôme augure d'une série d'examens.

RETOUR D'EXPÉRIENCE. Monique est venue de nouveau me consulter en août 2013, après avoir subi une opération (13) de la hanche (15) ! Elle a effectué toute une batterie d'analyses médicales dont un examen radiologique (2+5) et une scintigraphie dans les trois mois qui ont suivi notre consultation. Si ses douleurs s'étaient accentuées suite à la chute (16) qu'elle avait faite dans son appartement, ses rhumatismes étaient devenus de plus en plus handicapants au quotidien. En vérité, ces examens ont confirmé qu'elle souffrait d'une sévère arthrose (16) de la hanche (15), ce que sa rhumatologue lui avait déjà diagnostiqué l'an dernier. Monique m'avoua avoir alors refusé de se faire opérer. Hormis une légère forme d'ostéoporose liée à son âge avancé, il lui était de plus en plus difficile de se déplacer au fil des mois, si bien qu'elle a décidé, sur l'avis de son médecin traitant (2), une femme en âge de la retraite, de consulter un chirurgien orthopédiste afin d'entrevoir la pose d'une prothèse de hanche. L'opération fut un succès. Elle marche aujourd'hui tout à fait normalement, des séances de rééducation fonctionnelle lui ont été d'un grand secours. Elle m'a précisé qu'on lui a bien découvert une baisse (9) d'audition (20) au niveau de l'oreille gauche, et qu'il serait préférable de songer à l'appareiller dans un futur plus lointain.

b) Vais-je tomber enceinte ?

Amanda, 35 ans, s'est présentée à moi en novembre 2012 avec une seule idée en tête : tomber enceinte ! Sans plus attendre, je lui propose donc de choisir cinq arcanes majeurs, que je dispose de la manière suivante :

Fidèle à mon habitude, je commence par balayer le tirage du regard afin de m'en imprégner. À première vue, ce tirage est plutôt coloré, ce qui est de bon augure. Mon attention se porte immédiatement sur l'arcane 19, dont le graphisme parle de lui-même : les deux enfants qui figurent sur l'arcane m'évoquent spontanément une forte envie de materner. La présence de l'arcane 1 me ravit, car il symbolise tout autant un enfant en bas âge qu'un nouveau départ. Ma première bonne impression se confirme grâce à l'imagerie de l'arcane 12, dont la scène matérialise un fœtus relié au cordon ombilical. Seul l'arcane 8 semble exprimer un déséquilibre quelconque qu'il me conviendra de définir. Bien que je sois quasi certain qu'Amanda va mettre au monde un enfant dans l'avenir, je ne déroge pas à ma règle d'or en calculant les angles morts de ce tirage en croix. J'obtiens alors le schéma suivant :

Je commence par interpréter les cinq arcanes sélectionnés par Amanda selon leurs positions respectives, à savoir :

- l'arcane 19 (le Soleil) en position A, symbolise un fort attachement aux valeurs familiales traditionnelles. Arcane emblématique des enfants et de la vie (les grossesses), le Soleil me suggère notamment que la consultante a très envie de fonder une famille et d'avoir au moins deux enfants ;

- l'arcane 8 (la Justice) en position B m'évoque un déséquilibre comme, par exemple, une peur liée à la prise de poids (8) pendant la grossesse. La Justice retranscrit parfois une problématique autour du mariage : il pourrait s'agir d'un dilemme sur le fait d'avoir un enfant avant de se marier (8), mais je ne le crois pas dans ce cas de figure ;

- l'arcane 1 (le Bateleur) en position C me parle spontanément d'un nouveau-né. Cet arcane matérialise les nourrissons et les enfants en bas âge. Il augure surtout d'un nouveau départ ;

- l'arcane 20 (le Jugement) en position D me parle principalement d'une annonce ou de révélations. On y voit ici des pourparlers et des discussions en cours. Je présume qu'Amanda se tient informée des tenants et des aboutissants liés à la grossesse. Je pressens également des examens gynécologiques à titre préventif. En l'occurrence, une échographie ;

- l'arcane 12 (le Pendu) en position E m'évoque un fœtus de par son iconographie. Placé en plein centre de ce tirage, il m'apparaît être un bon présage pour l'avenir. Cet arcane, qui retranscrit généralement les blocages et les soucis de santé, m'inspire ici l'image d'un embryon.

MON INTERPRÉTATION. Je relève d'entrée de jeu une anomalie (12) au sein de l'angle mort du passé. La présence répétée de la lame 12 aux extrémités du trinôme 12 + 6 + 12 me suggère un dysfonctionnement lié au sang (6). L'arcane 6 matérialise les écoulements de sang (hémorragies, menstruations...). À première vue, il me semble que les menstruations (6) d'Amanda ont pris du retard (12). Je diagnostique des saignements (6) utérins potentiellement anormaux (12) qui pourraient être provoqués par un dérèglement hormonal. Pourtant, le trinôme 12 + 6 + 12 m'évoque tout autant un blocage (12) naturel des règles (6) causé par l'apparition d'un fœtus(12). Seule l'étude des angles morts du présent et du futur m'éclairera davantage sur la teneur de ce dysfonctionnement. En scrutant le présent immédiat, je relève aussitôt la présence du Jugement, qui m'informe de la tenue de pourparlers (20). Je soupçonne que de nouvelles informations lui sont parvenues aux oreilles. Sur la verticale, le binôme 12 + 20 m'évoque spontanément des nouvelles (20) d'ordre médical (12). L'arcane 20 symbolise également les appareils médicaux de dernière génération, tels les IRM. À ce stade, il m'apparaît fort possible que la consultante ait des examens médicaux plus pointus à l'ordre du jour. En poussant l'analyse, je découvre que ces discussions (20) portent en vérité sur l'avènement (22) d'un nouveau cycle (10) d'ovulation. Quant à l'arcane 8 en position B, j'ai l'intime conviction qu'il symbolise ici un déséquilibre alimentaire ou hormonal. Mal entourée, la Justice exprime principalement des pathologies liées au poids (8), qui trouvent plusieurs origines, tels un régime alimentaire carencé, un dérèglement hormonal, une obésité familiale... Toutefois, cet arcane, qui évoque communément la mathématique et les chiffres, fait d'abord référence à des taux (de cholestérol, de glycémie, d'hormones...). Selon le cas, cet indice exprimera un excédent ou un déficit quelconque. En l'occurrence, je devine que la jeune femme a un taux anormalement bas d'hormones thyroïdiennes qui explique un dérèglement (8) de nature à affecter sa fécondité. Je fais part de mon analyse à Amanda, qui acquiesce sur le fait qu'elle est suivie pour des désordres hormonaux et, notamment, pour une légère hypothyroïdie. Je ne perds pas de vue l'objectif premier d'Amanda, qui est de tomber enceinte. Je poursuis donc ma quête en parcourant l'angle mort du futur proche. Je comprends assez vite que cette grossesse est imminente. Le trinôme 12 + 21 + 9 me parle d'analyses (9) au sein d'un grand centre (21) médical (12) au cours desquelles on découvre (9) l'existence (21) d'un fœtus (12). En continuant ma lecture, je constate avec allégresse que cet embryon (12) donnera bien naissance (21) à un bébé (1) dans neuf mois (9). Je ne remarque pas la présence d'autres lames de tarot susceptibles de me suggérer une fausse couche. Dans ce cas précis, l'Hermite, qui incarne les accoucheurs (cf. chapitre I), me parle surtout de période de gestation (d'ermitage) et donc de suivi obstétrique. La présence du Bateleur en C vient conforter mes premières impressions, puisqu'il augure d'une nouvelle étape (1) dans la vie d'Amanda. Qui plus est, le graphisme de la carte me suggère automatiquement un nourrisson ou un enfant en bas âge. Au fur et à mesure que je progresse dans l'analyse de ce tirage, je ne ressens que du bonheur à venir. Je me rends compte qu'un professionnel (5) de la santé (12), sans doute son gynécologue, va lui annoncer (20) l'heureux événement (19). Situé à l'intersection des deux trinômes formant l'angle mort du futur plus lointain, l'arcane des révélations (20) est entouré par les deux seules lames du Tarot de Marseille, dont l'iconographie renvoie directement aux enfants, à savoir le Bateleur et le Soleil. Fort de mon interprétation, je lui prédis donc une grossesse imminente et une naissance pour le début (1) d'été (19).

Afin d'étoffer mes premières impressions je demande à Amanda de bien vouloir recouvrir les cinq lames d'origine de cinq nouveaux arcanes. J'obtiens cinq nouveaux binômes qui se présentent selon le schéma suivant :

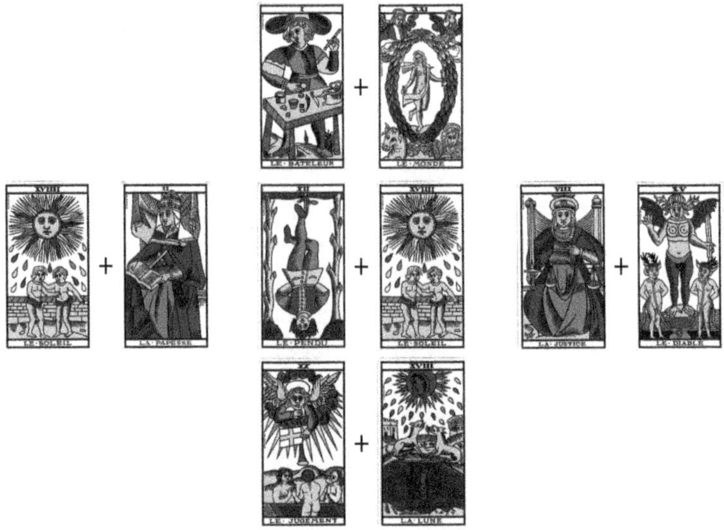

Le binôme 19 + 2 en position A est des plus réjouissants pour quiconque veut un enfant ! Arcane emblématique de la mère, la Papesse traduit ici le désir affiché de la consultante de devenir maman (2). Sa présence en A me dit qu'Amanda sera une bonne mère, une « mama » tournée toute entière vers sa progéniture. Ce binôme me suggère aussi qu'Amanda est déjà maman (2) de deux enfants (19).

Le binôme 8 + 15 en position B m'évoque spontanément un déséquilibre (8) hormonal (15). Je présume que la consultante présente une carence hormonale qui est peut-être à l'origine de difficultés de conception. L'arcane 15 matérialise aussi les infections urogénitales et les MST. Je soupçonne donc tout naturellement un désordre intra-utérin de nature à perturber l'équilibre de ma consultante.

Le binôme 1 + 21 en position C me parle littéralement d'un bébé (1) qui vient au monde (21). Dès lors, je n'ai plus aucun doute sur le fait que la consultante va donner naissance (21) à un enfant (1).

Le binôme 20 + 18 en position D m'évoque d'emblée une échographie. En effet, l'arcane 18 matérialise le ventre en général (y compris l'utérus), tandis que l'arcane 20 fait écho aux technologies de pointe (IRM, scanner). Il s'agit très vraisemblablement d'une échographie gynécologique visant à vérifier si Amanda ne présente pas d'anomalies particulières. Bien que je constate de surcroît des pourparlers (20) liés à un futur foyer (18), ce binôme me renvoie également à des vomissements (20) ou des haut-le-cœur liés à un état nauséeux (18), des symptômes avant-coureurs d'une potentielle grossesse. Amanda serait-elle déjà enceinte au moment de notre consultation ?

Le binôme 12 + 9 en position E me conforte dans l'idée que la consultante va donner naissance à un enfant. Si, à première vue, ce binôme n'est pas des plus enthousiasmants, il traduit néanmoins un début de grossesse. On y voit très nettement un embryon (12) examiné par un obstétricien (9). L'Hermite m'évoque d'autant plus la grossesse qu'il porte le chiffre 9.

RETOUR D'EXPÉRIENCE. Amanda me téléphona fin juillet 2013 pour m'annoncer la naissance de son fils Adrien. Elle mit au monde un beau petit garçon de trois kilos, en parfaite santé. Elle me relata certains propos de la consultation, dont le fait qu'elle avait eu des soucis médicaux dans le passé. Elle m'expliqua avoir également subi toute une série de tests en raison de ses dérèglements (8) thyroïdiens (15) et m'avoua avoir eu peur de prendre trop de poids (8 en C), car elle était déjà trop forte. D'après ces calculs, elle était déjà enceinte de quelques jours au moment de la consultation, ce qui expliquait que ses règles (6) ne venaient pas (12 = blocage). Elle eut rapidement des nausées, si bien qu'elle partit s'acheter un kit de grossesse à la pharmacie trois semaines après notre rendez-vous. Résultat : elle était bel et bien enceinte ! Elle m'informa également qu'elle était déjà maman de deux grands enfants d'un précédent mariage.

5) DIVERS

a) Vais-je réussir mon diplôme ?

Sylvain est venu à moi le 25 février 2011. Il souhaite savoir s'il va réussir son Master II de médecine, qu'il prépare en Belgique. Après avoir mélangé pêle-mêle les vingt-deux lames du tarot de Marseille, je lui demande d'extraire cinq arcanes majeurs, que je dispose de la manière suivante :

Je commence par balayer le tirage du regard afin de recueillir mes premières impressions. La majorité des lames présentes m'évoque spontanément une ambiance studieuse, à commencer par l'arcane 9, qui me dépeint sinon un jeune homme pétri de connaissances encyclopédiques, du moins un travail de recherche de longue haleine. Les arcanes 5 et 2 illuminent tour à tour ce parcours universitaire en symbolisant respectivement les épreuves orales et écrites. Représentant le précieux sésame, l'arcane 8, ici mal aspecté, me laisse perplexe quant aux résultats du Master II. En revanche, l'arcane 17 me dépeint un consultant plein d'espoirs au moment de la consultation. Je décide de partir à la conquête des angles morts, afin de donner du corps à mon interprétation. J'obtiens alors le schéma suivant :

Je me lance maintenant dans l'interprétation des cinq arcanes majeurs selon leurs positions respectives dans ce tirage en croix, à savoir :

- l'arcane 9 (l'Hermite) en position A me brosse le portrait d'un personnage pointu et méticuleux, soucieux du moindre détail. Je présume que les travaux de longue haleine qui exigent patience et persévérance n'effraient pas notre consultant, d'un naturel tenace et solitaire, bien au contraire. Je lui devine une vocation pour la recherche (9) médicale. L'arcane 9, qui matérialise les études de troisième cycle, et notamment les doctorants et les thésards, est de très bon augure pour une future carrière scientifique. Ainsi placé, cet arcane lui confère une grande érudition et le voue à un devenir un grand scientifique ou un professeur émérite ;

- l'arcane 8 (la Justice) en position B me fait frémir d'emblée. Matérialisant les diplômes et les certifications, la présence de dame Justice, aussi mal positionnée, me suggère un résultat inférieur à la moyenne aux partiels de fin d'année. Arcane emblématique des mathématiques par définition, je subodore tout naturellement que Sylvain pêche dans cette matière, et qu'il a tout à gagner à la travailler davantage ;

- l'arcane 2 (la Papesse) en position C m'évoque les écrits et les manuscrits. En l'occurrence, la Papesse me suggère ici l'écriture d'une thèse ou d'un mémoire, ainsi qu'un grand travail de documentation en bibliothèque. À première vue, il semblerait que son futur à court et moyen terme soit dominé par la rédaction de son mémoire ;

- l'arcane 17 (l'Étoile) en position D me parle des espoirs de Sylvain. Cette lame matérialise également les plantes et les sciences naturelles. Je présume qu'il prépare actuellement un examen en rapport avec la biologie ou la pharmacopée. Je le sens serein ;

- l'arcane 5 (le Pape) en position E m'évoque les concours et les études universitaires en général. Cette carte retranscrit également le sérieux et l'application avec lesquels le consultant aborde ses études universitaires.

MON INTERPRÉTATION. En me plongeant dans le passé du consultant, je devine aussitôt que Sylvain n'a pas obtenu (13) la moyenne (8) à ses précédents (9) partiels (5). À première vue, il semblerait que Sylvain ait eu un relevé de notes (8) négatif (13) et parte donc à ses partiels avec un déficit de points à rattraper en juin. Malheureusement, l'arcane emblématique des diplômes, réapparaît en B, ce qui augure de réelles difficultés à recouvrer l'équilibre, en l'occurrence, à décrocher la moyenne. L'arcane 8 est aussi connu pour représenter les chiffres et les calculs en tous genres ; je pense donc que son point faible est dans les épreuves de mathématiques. Au regard de ce premier bilan, je lui annonce que la partie n'est pas gagnée et qu'il convient de redoubler d'efforts dans les matières à fort coefficient de façon à rattraper son retard. Sylvain esquisse alors un large sourire, à la hauteur des espoirs (17) qu'il nourrit. De toute évidence, ce dernier semble traverser son présent en toute sérénité (17). Dans un tout autre domaine, l'Étoile m'évoque instinctivement la biologie, les matières liées à la pharmacopée et aux médicaments. On retrouve fréquemment cet arcane chez les pharmaciens. En poussant l'analyse, je constate que l'angle mort du présent immédiat parle tout naturellement d'études (5) de médecine (12) bien engagées (7). L'arcane emblématique du travail (7) me laisse pourtant à penser que Sylvain occupe un poste de travail (7) en parallèle de ses études (5) de médecine (12). Vu le contexte estudiantin, j'en déduis qu'il s'agit d'une formation (5) au sein d'un cabinet (5) médical (12) ou d'une officine (17), sous l'égide d'un maître de stage en médecine générale. Je crains que ce travail n'engendre un déséquilibre (8 en B) au niveau de la qualité de ses études (5). En remontant son futur proche, je note un véritable regain (10) d'énergie (15) au service de ses études (5), et notamment au niveau des écrits (2). En effet, je soupçonne que Sylvain s'investit énormément (15) dans la rédaction d'un mémoire (2) de fin d'études. En présence des arcanes 10 et 15, qui m'évoquent respectivement la biologie cellulaire et moléculaire, je présume que le sujet de son mémoire porte sur la biochimie ou sur la chimie moléculaire (15). N'étant en aucun cas un expert en la matière, je me contente de n'émettre alors qu'un simple avis au regard de la valeur médicale des arcanes précités. Enfin, en naviguant sur le futur à long terme, la présence du trinôme 2 + 11 + 9 me confirme que Sylvain mène d'importantes (11) recherches (9) liées à son mémoire (2). Ce même trinôme m'indique que les épreuves écrites (2) seront maîtrisées (11) en septembre prochain (9). En revanche, la Maison-Dieu située en plein cœur du trinôme 11 + 16 + 5, me parle d'emblée d'une déception (16) ou d'un échec. Il ne fait nul doute que ses études universitaires (5) auront ébranlé (16) la confiance (11) de Sylvain. Après que son directeur (5) de mémoire aura lu (2) ses écrits, je subodore que ce dernier (5) lui demandera de remanier (16) son mémoire afin de l'améliorer (11). À la lumière des éléments que j'ai relevés au cours de la dernière partie de mon analyse, je crains que Sylvain n'obtienne pas la moyenne à ces partiels de juin (8 en B) et qu'il soit abattu (16) sur le moment. En revanche, je lui prédis qu'il obtiendra son diplôme en septembre, grâce notamment à la soutenance de son mémoire de fin d'études, qui compensera les épreuves moins bien réussies. Je lui confirme aussi un brillant avenir de chercheur.

Afin d'étoffer mes premières impressions, je demande à Sylvain de bien vouloir recouvrir le tirage en croix de cinq autres arcanes majeurs. J'obtiens alors cinq paires de binômes répartis de la manière suivante :

Le binôme 9 + 12 en position A me conforte dans l'idée que Sylvain est un scientifique destiné à la recherche (9) médicale (12). Arcane emblématique de la médecine, le Pendu, ainsi placé, présage d'une carrière médicale, sans l'ombre d'un doute.

Le binôme 8 + 6 en position B est de bien mauvais aloi quant aux résultats finaux. La 8 en B indique un relevé de notes négatif et des difficultés potentielles avec certaines matières, comme les mathématiques... Arcane emblématique des examens, l'arcane 6, ainsi placé, augure d'un échec à ses partiels. Il semblerait donc, à première vue, que Sylvain n'obtienne pas la moyenne (8) à ses partiels de juin (6) et qu'il soit contraint de repasser certaines matières à la session de septembre (9).

Le binôme 2 + 20 en position C me parle spontanément d'une soutenance (20) de mémoire (2). À la lumière de cette combinaison d'arcanes, il apparaît évident que ses écrits (2) seront sanctionnés par un oral (20). En effet, le Jugement matérialise un jury, un panel d'examinateurs qui écoute ce que vous avez à leur dire. Cette association m'évoque aussi des recherches via internet (20).

Le binôme 17 + 4 en position D me dépeint un consultant (4) plein d'espoirs (17) et plutôt sûr de lui (4). Il m'apparaît serein et décontracté (17) et me donne l'impression de maîtriser (4) ses sujets.

Le binôme 5 + 16 en position E m'évoque tout autant des études universitaires (5) stressantes (16) qu'une déception (16). Il peut s'agir ici d'un échec (16) à un entretien (5) ou un mauvais (16) rapport de stage (5).

RETOUR D'EXPÉRIENCE. Sylvain me recontacta en novembre 2011 pour m'annoncer qu'il avait obtenu son Master II de médecine en septembre. Il obtint une moyenne de 14 à sa soutenance de mémoire, et rattrapa deux autres matières à fort coefficient auxquelles il avait échoué, respectivement en février et en juin. Ces notes lui permirent tout juste de compenser le mauvais (13) bulletin (8) qu'il obtint à ses partiels de février. Très heureux d'avoir réussi son diplôme (8), il envisage désormais de se spécialiser définitivement dans la recherche (9). Il m'informa aussi vouloir s'inscrire en thèse à la rentrée.

b) Vais-je gagner mon procès ?

Michel, 54 ans, vint me consulter en début d'année 2013 au sujet d'un procès qu'il souhaitait engager contre son ex-employeur. Il me demanda s'il était bien fondé à se lancer dans toutes ces démarches juridiques. Je lui demande donc de me tirer cinq cartes que je dispose ainsi :

Fidèle à mon habitude, je commence par recueillir mes premières impressions à brûle-pourpoint. Ni sombre ni lumineux en soi, ce tirage offre une belle harmonie d'ensemble, magnifiée par la présence de lames globalement positives. L'arcane 20 en A augure, a priori, d'un verdict favorable, alors que l'arcane 8 en négatif m'évoque des différents salariaux. Le Diable, qui chapeaute ce tirage en croix, présage certes de conflits larvés à venir, mais exprime également la hargne et la motivation de Michel. En plein centre, la présence du Chariot me parle spontanément d'un procès qui se joue sur le terrain professionnel. Seul le Mat dans le présent m'indique un moral en dents de scie. Afin de sonder les profondeurs abyssales de ce tirage, je pars à la conquête des quatre angles morts. Après calcul, j'obtiens le schéma ci-après :

Afin d'exprimer toute la quintessence de ce tirage, je débute mon analyse en interprétant chaque arcane à l'unité en fonction de sa position, à savoir :

- l'arcane 20 (le Jugement) en position A m'évoque spontanément un verdict favorable. Cet arcane suggère que de nombreux arguments juridiques plaident en votre faveur. Le Jugement demeure l'arcane emblématique de la Justice ! Placée en A, cette lame de tarot m'indique que le consultant est bien fondé dans sa requête. À première vue, je reste optimiste pour la suite des événements. Si Michel saisit les conseils prud'homaux, il gagnera son procès ;

- l'arcane 8 (la Justice) en position B prête à confusion. On pourrait facilement imaginer une justice peu clémente à votre égard. Positionnée à cet endroit, dame Justice parle essentiellement d'imbroglios administratifs et de conflits salariaux. Elle renvoie ici à un vice de procédure, à un contrat dolosif, à des salaires impayés... L'arcane de la Justice matérialise ici un blocage lié à des indemnités, un désaccord sur un montant (8) ;

- l'arcane 15 (le Diable) en position C augure de conflits larvés à court et moyen terme. Le Diable donne le tempo à ce tirage, et se positionne d'emblée sur le plan des négociations. Je devine donc que le consultant s'oriente vers une transaction financière avec son employeur ;

- l'arcane 22 (le Mat) en position D m'informe que Michel veut aller de l'avant. Le Mat m'indique aussi une forme de harcèlement moral, un individu meurtri dans sa chair ;

- l'arcane 7 (le Chariot) en position E situe l'action juridique sur le plan professionnel. Cet arcane renseigne également sur l'état d'esprit du consultant : il insuffle de l'énergie et du dynamisme à l'ensemble du tirage. Il y a fort à parier que Michel décide d'aller jusqu'au bout du processus.

MON INTERPRÉTATION. En parcourant l'angle mort du passé, je constate un conglomérat d'arcanes qui m'oriente directement vers un licenciement (13). J'observe tout d'abord des angoisses (6) liées à un arrêt (13) de travail (7). Des suppressions (13) de postes (7), assorties de départs (22), ont été annoncées (20) aux équipes (6) de travail (7). La présence du binôme 13 + 22 enfonce le clou, dans la mesure où celui-ci augure systématiquement d'une vague de licenciements. Le Mat me brosse le portrait d'un consultant qui a l'impression d'avoir été abusé. Je subodore donc que Michel a été victime d'un licenciement (13) abusif (22). Néanmoins, ce dernier m'apparaît décidé (7) à rebondir (10) et à aller de l'avant (22). L'angle mort du présent m'évoque l'envoi (22) en A/R (8) de courriers (3) administratifs (8) relatifs à des indemnités (8) et, notamment, à une rétrocession (10). Il est question de calculer (8) des indemnités à effets rétroactifs (10). Je devine que Michel va rencontrer une femme (3) juriste (8) très prochainement afin de faire évoluer (10) sa situation au mieux de ses intérêts. Son actualité semble donc très chargée. En remontant le futur proche, je relève une consultation (5) médicale (12). Il s'agit très vraisemblablement de la consultation de son médecin (5) généraliste (12) ou de la médecine (12) du travail (7). Dans tous les cas de figure, il ressort que Michel constitue un dossier (5) médical. Je subodore que Michel reçoit un traitement médical lié à un état dépressif (22 + 13 dans le passé). Je sais aussi par expérience que l'arcane 12 matérialise une trahison, en l'espèce une trahison (12) professionnelle (7). Quoi qu'il en soit, ce Pendu m'évoque spontanément un blocage et un enlisement dans les mois à venir. Je préviens donc Michel sur le fait qu'il va se trouver prochainement dans une situation de statu quo (8). Cependant, je le rassure aussitôt sur le dénouement de son histoire : en me projetant dans son futur plus lointain, je constate avec satisfaction que des négociations (15) salariales (8) vont être portées à l'ordre du jour. Si, d'aventure, Michel venait à porter l'affaire devant les conseils prud'homaux, il obtiendrait des dédommagements financiers (8) à l'issue d'une décision (20) de justice (8). À la lumière de ce faisceau d'indices, j'invite Michel à partir sur le terrain des négociations (15) et, à défaut, à engager des poursuites pour obtenir réparation. Je lui assure qu'il aura gain de cause ainsi que des indemnités à la hauteur du préjudice subi. Je lui prédis un dénouement pour juillet (7)-août (8), dates auxquelles je relève la présence répétée du Diable, l'arcane emblématique de l'argent et des transactions financières.

Afin d'affûter mes prédictions, je demande à Michel d'extraire cinq nouvelles lames de tarot afin de recouvrir les précédentes. Le tirage se présente alors comme tel :

Le binôme 20 + 5 en position A m'évoque des arguments juridiques (20) éclairés (5). À première vue, il me semble que Michel est d'un naturel plutôt conciliant (5) et qu'il croit fermement aux vertus du dialogue (20). Ses propos (20) sont pertinents et avisés (5). Dans l'éventualité d'un conflit, il bénéficiera d'une véritable immunité (5) sur le plan juridique (20). Ce binôme parle également d'un jugement clément.

Le binôme 8 + 12 trahit un blocage (12) financier (8). Il augure d'un retard (12) de paiement (8) ou d'une malversation financière quelconque. En l'espèce, je présume qu'il est l'expression d'un contrat (8) dolosif (12).

Le binôme 15 + 19 présage d'un accord (19) transactionnel (15). On essaie de trouver un terrain d'entente (19) sur le chiffrage des indemnités (15). Au vu de cette conjonction d'arcanes, je présume que Michel n'aura pas à ester en justice. Il devrait parvenir à un compromis.

Le binôme 22 + 3 me parle spontanément de l'envoi (22) de courriers (3). Ce binôme m'évoque aussi la présence d'une femme dans ce processus transactionnel.

Le binôme 7 + 13 est sans ambiguïté : il retranscrit autant un arrêt (13) de travail (7) que de vives tensions (13) au niveau professionnel (7). Il démontre surtout à quel point notre consultant est bien parti (7) pour aller au clash (13).

RETOUR D'EXPÉRIENCE. Michel me tint informé de sa situation assez rapidement. Il me remémora le contexte de la consultation et me rappela avoir été victime d'un licenciement abusif. On l'accablait alors pour des fautes (12) qu'ils n'avaient absolument pas commises. Il m'annonça avoir rencontré une juriste (3) à qui il avait confié son affaire. Cette dernière envoya (22) un courrier (3) juridique (8) à son ex-employeur avec lequel la communication (20) avait été rompue (13) depuis plusieurs mois. Après trois mois de silence, et la menace grandissante de porter son affaire devant les conseils prud'homaux, il fut invité à rejoindre la table des négociations. Au terme d'un véritable tour de force, son avocate réussit à régulariser sa situation financière, parvenant à lui faire empocher une jolie somme d'argent sous réserve d'abandonner toute poursuite. Il me remercia chaleureusement, m'assurant que notre rencontre lui fit le plus grand bien au niveau moral et sur un plan humain.

EN SUPPLÉMENT

1) Le tarot et les animaux

Un véritable bestiaire se dégage des scènes dépeintes sur les 22 arcanes majeurs, à savoir :

- les animaux domestiques sont essentiellement matérialisés par l'arcane 11 (la Force), l'arcane 18 (la Lune) et l'arcane 22 (le Mat). Selon les versions successives du Tarot de Marseille, les animaux représentés sur ces arcanes prennent tantôt l'apparence de félins, tantôt celle de canidés. La Lune fait apparaître deux chiens qui hurlent à la mort (ils font écho à une meute de loups dans l'inconscient collectif), la Force évoque un dresseur de chiens (l'animal fait également écho à un lion), le Mat est poursuivi par ce qui ressemble fort à un chien (le graphisme de certaines versions évoquant tout autant un chat) ;

- les oiseaux. On en retrouve un spécimen perché sur un arbuste sur l'iconographie de l'arcane 17, l'Étoile. De couleur noire, celui-ci fait penser à un freux, une corneille, voire un merle. Une autre espèce d'oiseau est également visible en haut de l'arcane 21, le Monde. Il s'agit davantage d'un rapace ou d'un oiseau de proie, tel un aigle royal. Par ailleurs, l'arcane 3, l'Impératrice, et l'arcane 4, l'Empereur, présentent tous deux une tête d'aigle sur leurs écus ;

- les chevaux. Leur présence est manifeste sur l'arcane du Chariot. Ils sont au nombre de deux. La carte du monde matérialise un taureau (un centaure) qui donne pourtant l'impression de partager des airs de famille avec le cheval ;

- le monde aquatique et ses fonds marins sont matérialisés par l'arcane 18 (la Lune). L'écrevisse qui est immergée à la surface de cette grande étendue d'eau évoque la faune qui peuple nos océans. La Lune est tout naturellement l'arcane emblématique des marins et des poissonniers.

2) Le tarot et les transports

Tous les moyens de transport sont représentés dans la symbolique du Tarot de Marseille, à savoir :

- les transports terrestres sont matérialisés par l'arcane 7, le Chariot. Ce drôle de véhicule, muni de deux roues, évoque autant une voiture moderne, un train qu'une grosse cylindrée ou une bicyclette ;
- le transport aérien est matérialisé par l'arcane 14, Tempérance. Les ailes déployées, tel un aigle royal, Tempérance évoque volontiers les planeurs et les gros-porteurs. À un moindre degré, l'arcane 20, le Jugement, incarne également les voyages aériens du fait de l'ange ailé, mais davantage à cause de la trompette qui évoque le souffle, donc l'air et le vent ;
- les transports maritimes sont matérialisés par l'arcane 18, la Lune. En effet, la carte fait état d'une écrevisse qui gît dans un bassin. Cet animal marin évoque les océans et les mers et, donc, les croisières et tous les moyens de transport maritimes (paquebot, bateau de pêche, chalutier, barque...).

Un certain nombre d'arcanes participent à cette sémantique du voyage, à savoir :

- le Chariot matérialise un déplacement. C'est l'arcane emblématique des transports. Il symbolise également l'équitation, mais aussi, à un moindre degré, les balades à dos d'âne ou de dromadaire ;
- le Mat qui transporte son baluchon sur les épaules matérialise les voyageurs (les randonneurs, les globe-trotters...). Il représente aussi les flux migratoires et les exodes ;
- le Monde matérialise le globe et présuppose des voyages lointains. Cet arcane incarne les voyages long-courrier, lorsqu'il est aux abords de Tempérance ou du Mat.

3) Le tarot et la politique

À toutes fins utiles, permettez-moi de vous présenter ici les principaux partis politiques de notre pays sous le prisme du Tarot de Marseille. Ce petit supplément d'informations montre à quel point le symbolisme des arcanes majeurs est d'une grande richesse divinatoire.

- L'arcane 15 matérialise l'UMP pour la raison suivante : le Diable représente l'univers de la finance et de l'entreprenariat ; il incarne les investisseurs et les patrons de toute mouvance.

- L'arcane 19 matérialise le PS pour la raison suivante : le Soleil représente la cohésion sociale et les solidarités actives. Il matérialise toutes les aides sociales, c'est l'arcane de la famille et des enfants.

- L'arcane 13 matérialise invariablement le FN et le Front de gauche en raison de son nom et de son iconographie : seul arcane à représenter un « front », en l'espèce, un guerrier qui part au front, notre faucheuse symbolise la politique de la terre brûlée. C'est l'arcane des extrêmes.

- L'arcane 6 matérialise le PC pour la raison suivante : ici, l'important est de noter la prédominance de la couleur rouge sur l'arcane, celle-ci faisant écho au parti communiste.

- L'arcane 12 matérialise l'EELV pour la raison suivante : de la même façon, la prédominance de la couleur verte évoque le parti des écologistes. Comme il a été rappelé en première partie de cet ouvrage, cet arcane incarne l'environnement. Il suffit à lui seul pour représenter le parti des verts et leurs thématiques.

Les différents ministères sont matérialisés par l'arcane 21 suivi de leurs spécificités. Ainsi, le ministère de la Justice répond au binôme 21 + 8, le ministère de la Culture au binôme 21 + 17, le ministère de l'Environnement au binôme 21 + 12, le ministère de l'Intérieur au binôme 21 + 15, le ministre de la Défense au binôme 21 + 13.

TABLE DES MATIÈRES

Remerciements

Je tiens à rendre hommage à Monsieur Edmond Mozogo Mbega, un homme d'une rare intelligence, pour ses encouragements de la première heure. J'adresse également mes plus sincères et chaleureux remerciements à Madame Laurence Nadolny, pour avoir pris soin de relire cet ouvrage dans son intégralité. Mes pensées les plus affectueuses vont également à Messieurs Guy Cassiot et Didier Remer, pour leur indéfectible soutien.

J'embrasse également tous les autres de mes ami(e)s avec lesquels j'ai échangé inlassablement sur ce sujet, dont Madame Édith Thiercelin.

Je salue enfin tous mes consultant(e)s, sans lesquels ce livre n'aurait pas pu être !

Achevé d'imprimer en février 2021
sur les presses de la Nouvelle Imprimerie Laballery – 58500 Clamecy
Dépôt légal : mars 2014 N° d'impression : 101315
Imprimé en France

La Nouvelle Imprimerie Laballery est titulaire de la marque Imprim'Vert®